premium

Edvard Hambro

Liv Ullmann

Szenen eines Lebens

Aus dem Norwegischen
von Ina Kronenberger

Deutscher Taschenbuch Verlag

Deutsche Erstausgabe
September 2001
Deutscher Taschenbuch Verlag GmbH & Co. KG,
München
www.dtv.de
© 1998 Gyldendal Norsk Forlag ASA
Titel der norwegischen Originalausgabe:
›Liv Ullmann. Scener fra et liv‹
© 2001 der deutschsprachigen Ausgabe:
Deutscher Taschenbuch Verlag GmbH & Co. KG,
München
Umschlagkonzept: Balk & Brumshagen
Umschlagfoto: © KPA/Everett
Satz: Fotosatz Reinhard Amann, Aichstetten
Gesetzt aus der Bembo 10,5/13˙ (QuarkXPress)
Druck und Bindung: Kösel, Kempten
Gedruckt auf säurefreiem, chlorfrei gebleichtem Papier
Printed in Germany · ISBN 3-423-24268-X

Für Agnes Moxnes,
die mir drei rote Rosen gab
und hundert leere Seiten

Inhalt

Teil IV

Das Licht im Nidarosdom

»Hier vor dem Kreuz soll Lavrans liegen, auf dem Boden, die Arme und Beine zur Seite gestreckt, als sei er selbst gekreuzigt worden, und dann soll das göttliche Licht durch die Glasmalerei der Fenster auf ihn fallen, und hier, hinter ihm, soll die Kamera stehen. Das geht doch, Sven, oder?«

Liv Ullmann sah ihren alten Freund, den Kameramann Sven Nykvist, vergnügt an. Er stand neben ihr und lächelte sein schelmisches Lächeln.

»Oje, oje, das wird wohl eher schwierig«, sagte er.

»Bestimmt nicht, du bist doch Meister für dieses Licht, du und Gott. Und ihr seid schließlich beide hier im Nidarosdom, da wird das schon klappen.«

Der Stab an Elektrikern, Kameraleuten und Produktionsassistenten blickte Sven Nykvist erwartungsvoll an. Würde man alle Scheinwerfer der Fußballstadien Ulleval und Bislett zusammennehmen, sie in der richtigen Höhe anbringen und außerdem noch Unterstützung durch die Sonne bekommen, dann, und nur dann, würde das Licht vielleicht durch die Fenster dringen, gebrochen und gefärbt von den vielen verschiedenen Glasstückchen, dann würde es sich über Lavrans ergießen, der etwa hundert Meter davon entfernt am anderen Ende des Kirchenschiffs auf dem Boden lag.

Sven Nykvist war sich darüber im klaren, daß Liv das Unmögliche verlangte, aber er mochte es ihr nicht gerne sagen. Liv hatte sich nie um die technischen Details gekümmert, zum Beispiel, wieviel Licht notwendig wäre, um ihre Vision zu realisieren.

Denn Visionen hat sie, Bilder, die ihr leuchtend klar vor Augen stehen, ihrem Stab aber nicht immer gleich verständlich sind, und erst recht nicht Sven Nykvist, der auf dem einen Ohr ein wenig taub ist.

Liv und Sven kennen sich, seit Liv 1965 nach Fårö kam, um die Rolle der Elisabeth Vogler in Ingmar Bergmans Film ›Persona‹ zu spielen. Seit dieser Zeit haben sie in neun Bergman-Filmen zusammengearbeitet – sie vor, er hinter der Kamera. Sie kennen sich gut. Nur wenige können in Livs Gesicht besser lesen als Sven. »Ich muß sie nur eine Sekunde lang anschauen, dann weiß ich genau, was sie empfindet«, sagt er.

Für Liv ist Sven ein Meister seines Fachs, ein Künstler, der stets nach dem Unmöglichen strebt und der das Essentielle in einer Szene spürt. Darüber hinaus gehört er zu ihren engsten und besten Freunden. Daher war es selbstverständlich, daß sie ihn bat, für die praktische Umsetzung der Bildersprache in ›Kristin Lavranstochter‹ die Verantwortung zu übernehmen.

Mit dem Film über Kristin betätigte sich Liv Ullmann zum zweiten Mal als Filmregisseurin. Die Geschichte hat einen besonderen Platz in ihrem Herzen, denn diese Rolle hat sie selbst im Theater gespielt. Über ein Jahr lang hat sie am Drehbuch gesessen, und jetzt steckt sie schon mitten in der Produktion dieses Films, der der aufwendigste in der Filmgeschichte des »Norsk Film« werden soll.

Die Aufnahmen im Nidarosdom waren Liv sehr wichtig. Die Handlung war nicht weiter kompliziert, vielmehr ging es darum, die Stimmung richtig zu treffen. Die Zuschauer sollten regelrecht spüren, daß der Mensch des Mittelalters an Gott nicht glaubte, sondern um seine Existenz *wußte*.

Bei den Aufnahmen ging es um Kristin als Kind wie als Erwachsene. Lavrans war mit dabei, ebenso Erlend und der Mönch Edvin, der von Erland Josephson gespielt wurde. Durch die vielen Komparsen sollte der Gottesdienst möglichst authentisch wirken. Aber am schwierigsten und wichtigsten war das Licht.

Sven Nykvist behauptete, es sei eine der kompliziertesten Aufgaben gewesen, die ihm je gestellt worden waren. Aber Liv hatte ihre sehr genauen Vorstellungen, und wie üblich setzte Sven alles in seiner Macht Stehende daran, damit sie bekam, was sie sich wünschte. Aber wie immer – oder fast immer – beim Film würde es schließlich auf einen Kompromiß hinauslaufen. Es war schlechterdings nicht möglich, daß das Licht durch die Fenster auf Lavrans fiel. Man würde Lavrans zunächst mit Schablonen vor den Scheinwerfern filmen müssen, die das Spiel der Bleifenster erahnen ließen, und später dann das Fenster filmen, das mit allem, was an leistungsfähigen Scheinwerfern vorhanden war, von außen angestrahlt wurde. Die Scheinwerfer mußten mit Lastkränen hochgehievt und so angebracht werden, daß sie in die richtige Richtung zeigten.

Auch wenn Sven ein Meister des göttlichen Lichts war, so hatte Gott selbst beschlossen, am eigentlichen Aufnahmetag nicht mitzuspielen. Es regnete, und der Himmel war bleiern – kein einziger Sonnenstrahl kam der Beleuchtung zu Hilfe – und auch nicht der Stimmung.

Die Dreharbeiten sollten in zweieinhalb Tagen abgeschlossen sein. Alle arbeiteten wie besessen, aber Livs Stimmung war nicht mehr die beste. Sie hat es gern, wenn alles nach ihren Vorstellungen läuft. Hier war Lavrans mit seiner kleinen Tochter auf Pilgerreise nach Nidaros, um dort für Ulvhild zu beten, und da hatte das Licht gefälligst so zu sein, wie sie es sich vorgestellt hatte!

Ich fange ihr Gesicht mit meiner Kamera ein. Zoome sie heran, stelle das Bild scharf und halte sie fest, wie sie sekundenlang bewegungslos auf dem Steinboden steht. Sie ist völlig in ihrer eigenen Welt. Merkt nicht, daß ich filme.

Im Sucher sieht Liv Ullmann aus wie im Kino. Ich habe dieses

Gesicht in unzähligen Rollen gesehen. Weiß, daß es sämtliche Nuancen des menschlichen Gefühlsspektrums ausdrücken kann. Dieses Gesicht ist ihr Arbeitsgerät, und gleichzeitig spiegelt es ihr Inneres. Es ist Maske wie Seele, Versteck wie Fenster.

Ich versuche es zu deuten, aber ich kenne sie nicht so gut wie Sven Nykvist. Ich kann in ihrem Gesicht nicht so deutlich lesen, kenne ihre unterschiedlichen Gesichtsausdrücke nicht so genau. Aber sie ist weit weg, soviel ist sicher. Sie ist ganz nah und doch weit weg, anwesend und doch nicht da.

»Liv, es ist soweit, jetzt kann's losgehen!«

Schnell setzt sie sich in Bewegung. Ich zoome sie weg, um die ganze Szene ins Bild zu bekommen. Kerzen überall, Komparsen und Schauspieler, Kameraleute und Techniker, kurzum alle, die gebraucht werden, um die Aufnahme »in den Kasten« zu bekommen.

Ich stehe in einiger Entfernung und schaue mir das Ganze an. Ich bin dabei und trotzdem außen vor. Ich bin hier, um einen Film über den Film ›Kristin Lavranstochter‹ zu drehen und außerdem ein Porträt von Liv Ullmann zu machen. Es ist fünf Monate her, daß ich ihr zum ersten Mal begegnet bin. Seit Beginn der Dreharbeiten habe ich sie Tag für Tag mit der Kamera begleitet.

Teil I

Der Auftakt

Papa Henie und die kleine Sonja tanzen in Finse über das Eis. Papa Henie probiert eine kleine Pirouette und schlägt der Länge nach hin. Sonja bricht in Lachen aus. Papa Henie zuckt mit den Schultern und lächelt. Das Bild bleibt stehen. Dann kommt der Nachspann. Es handelt sich um die letzte Aufnahme im Dokumentarfilm über die ›Königin auf dem Eis‹.

Zwei Jahre lang habe ich an diesem Projekt gearbeitet. Jetzt ist der Film fertig. Ich stehe im Büro des Amerikaners Bud Greenspan, der den Film über die Olympiade in Lillehammer gedreht hat. Als er erfuhr, daß ich mit Sonja Henie arbeitete und auf dem Weg nach New York war, bot er mir an, sein Büro in Manhattan zu benutzen. Jetzt ist die amerikanische Version des Films fertig. Wir haben ihn soeben noch einmal kontrolliert.

Sonja war fast so sehr Amerikanerin wie Norwegerin. Von 1937 an hatte sie in Hollywood gelebt. Sie war sehr beliebt und von der Ostküste bis zur Westküste bekannt. Sie war schon zu Lebzeiten eine Legende und ist es nach wie vor.

Bud Greenspan schiebt die Brille auf seinen kahlen Kopf, nickt zufrieden und sieht mich an.

»Okay, der Film ist fertig. Was hast du jetzt vor? Wer ist als nächstes dran?«

»Ich weiß es nicht«, antworte ich.

Das stimmt nicht ganz. Während der letzten Handgriffe an dem Sonja-Film war der Name Liv Ullmann mehrfach gefallen. Vielleicht lag es daran, daß sie in vielerlei Hinsicht das genaue

Gegenteil von Sonja war? Vielleicht lag es daran, daß so viele Amerikaner sie kannten?

Bud Greenspan fährt fort: »Mach einen Film über Liv Ullmann. Ihr Norweger habt Sonja, Thor Heyerdahl und Liv Ullmann. Mit Sonja bist du fertig, über Thor Heyerdal gibt es schon genug, aber von Liv Ullmann wissen die Leute nicht sonderlich viel.«

Er setzt sich und zündet seine Pfeife an.

»Kennst du sie?« fragt er.

»Nein, wir haben uns nie kennengelernt.«

»Nun, dann mußt du mit dem Telefonbuch anfangen, such nach ihr.«

Das Telefon klingelt, und seine Sekretärin behauptet, es sei wichtig. Gespräch beendet. Zusammenpacken. Hinaus ins Gewimmel der Madison Avenue. Hinüber zum Hotel auf der anderen Seite des Central Park. Ich bin immer traurig, wenn ich diese Stadt verlassen muß.

Liv Ullmann.

Ich bin ihr einmal im fünften Stock im Gebäude des Norwegischen Rundfunks begegnet, als ich noch beim Fernsehtheater gearbeitet habe. Ich war Produktionsassistent, sie längst ein Star. Wir nickten einander zu und grüßten kurz, wie man es in den Fluren des Weißen Hauses in Marienlyst für gewöhnlich tut. Das war zwanzig Jahre her. Später habe ich sie nur noch im Film und im Fernsehen gesehen – einmal im Theater. Und zwar im »Oslo Nye«, dem »Neuen Osloer Theater«, zusammen mit Toralv Maurstad und Espen Skjønberg in ›Ein Mond für die Beladenen‹ des Amerikaners Eugene O'Neill.

Liv Ullmann. Ein quicklebendiger Mensch. So anders als Sonja Henie. Die letzten zwei Jahre hatte ich mich nahezu nekrophil gefühlt. Tag für Tag hatte ich mich mit Sonja beschäftigt, hatte sie gewissermaßen verfolgt. War in ihrem Haus gewesen. Hatte mit ihren Freunden gesprochen. Hatte einige ihrer Männer kennengelernt. Von ihr geträumt. Sie war keineswegs tot. Sie wohnte in einer großen Wohnung in Oslo hinter dem Schloß. Heimlich. Ich begegnete ihr zufällig auf der Straße. Zusammen mit zwei älteren deutschen Soldaten, die nach dem Krieg geblieben waren... im Traum, natürlich.

Liv Ullmann. Ja, es könnte schon Spaß machen, einen Dokumentarfilm über sie zu drehen. Aber würde sie es selbst wollen?

Sonja Henie hatte ja keine Wahl gehabt. Obwohl sie seit mehr als zwanzig Jahren tot war, als ich mit dem Film begann, tat ich die ganze Zeit über so, als lebte sie noch. Es war mir wichtig, jederzeit für alles geradestehen zu können, was ich in dem Film zeigte, *falls* sie plötzlich auftauchen sollte. Die Toten sind wehrlos. Sie können sich nicht vor Gerüchten und leichtfertig dahingeworfenen Worten schützen. Wir müssen behutsam mit ihnen umgehen. Trotzdem sollten wir aufrichtig sein. Bisweilen glich das ganze Unterfangen einem Drahtseilakt.

Als ich uneingeschränkten Zutritt zum Archiv des »Twenthieth Century Fox« in New York bekam, stolperte ich über Bilder, die Sonja bei der Winterolympiade in Garmisch-Partenkirchen 1936 beim Hitlergruß zeigten. Ich war verzweifelt. Die Bilder waren weggeschnitten worden und hatten mehr als fünfzig Jahre lang ausgesondert im Archiv gelagert. Seither hatten sie unbeachtet in ihren kleinen Metalldosen gelegen.

Nun hatte ich sie entdeckt. Sollte ich sie vergessen? Sie verwenden? Ich verwendete sie.

Hätte ich bei Liv Ullmann genauso gehandelt? Wenn ich etwas gefunden hätte, das wirklich an ihrem Ruf gerüttelt hätte? Eine offene Frage.

Doch wo befand sie sich zur Zeit? Wie sollte ich sie ausfindig machen? Sie hat zahlreiche Telefonanschlüsse, aber alle haben eine Geheimnummer.

Zurück in Oslo starte ich einen Rundruf. Schließlich finde ich heraus, daß sie sich in Stockholm aufhält und im Hotel »Diplomat« logiert. Ich kenne das Hotel. Ich habe die Nummer in meinem kleinen Palmpilot. Ich schicke ein Fax:

»Liebe Liv Ullmann, Sie kennen mich nicht, aber ich würde gerne einen Dokumentarfilm über Sie drehen ... usw. Können wir uns treffen?«

Ausdrucken. Fax füttern. Nummer eingeben. Abschicken.

Es geht nicht durch. Ich versuche es noch einmal und noch mal und noch mal. Das Fax will einfach nicht raus.

Ich rufe die Rezeption an. Die Nummer stimmt. Nein, das Fax ist in Ordnung.

»An wen soll es denn sein?«

»Liv Ullmann, logiert sie zur Zeit bei Ihnen?«

»Ja, doch, sie wohnt hier. Warten Sie einen Augenblick. Sie kommt gerade zur Tür rein. Ich gebe Sie weiter ...«

»Nein, nein, ich will gar nicht mit ihr sprechen, nur ein Fax schicken!«

Zu spät. Schon hat man mich auf den kleinen Apparat durchgestellt, der, wenn man hereinkommt, gleich links auf dem Tisch steht und auf dem frühmorgens, wenn der Kaffee noch heiß ist, die Zeitungen liegen.

Ich will ja überhaupt nicht mit ihr sprechen. Menschen wie sie hassen es, mit Fremden zu telefonieren. Sie bevorzugen Faxe oder Briefe und wünschen keine unbekannte Stimme im Telefonhörer. Genau deswegen haben sie Geheimnummern. Jetzt ist es außerdem schon spät am Abend.

Das Telefon ist nicht geeignet. Der Zeitpunkt ist falsch.

»Hallo, ja, Liv Ullmann am Apparat ...«

»Hallo, mein Name ist Edvard Hambro. Ich wollte Sie eigentlich nicht am Telefon belästigen, ich hatte lediglich versucht, ein

Fax zu schicken. Sie kennen mich nicht, aber ich arbeite für den Norwegischen Rundfunk und würde gerne einen Dokumentarfilm über Sie drehen. Alles steht in dem Fax. Ich wollte Sie wirklich nicht...«

»Einen Dokumentarfilm über mich? Nein, ich glaube, das will ich nicht. Ich habe so viel zu tun. Aufgehalten zu werden und noch mehr Leute um mich herum zu haben, ist das letzte, was ich jetzt brauchen kann. Nehmen Sie es mir nicht übel, aber ich glaube, die Antwort lautet eher nein.«

»Ich verstehe, aber wollen Sie nicht trotzdem das Fax lesen?«

»Okay, ich werde Ihr Fax lesen. Ansonsten auf Wiederhören, ich muß los. Man wartet auf mich.«

Klick.

Ich drücke noch einmal auf »Senden«. Dieses Mal geht das Fax durch. Drei Minuten zu spät.

Ich muß mir ein anderes Projekt suchen. Es muß ja nichts Biographisches sein.

Ein Glas Wein wäre nicht schlecht. Nichts ist schöner als ein widerspenstiger Korken, der sich zu guter Letzt dem mechanisch bedingten Kräftevorteil eines guten Korkenziehers beugen muß.

Ich beschließe für mich, daß es die kleinen Freuden des Alltags sind, die das Leben lebenswert machen. Nicht die Arbeit. Nicht die großen Projekte. Nicht die Berühmtheit. Und auch nicht der Reichtum. Nein, genießt man ausreichend kulinarische Freuden und ein geregeltes Sexualleben, sollte man zufrieden sein. Hat man darüber hinaus ein bißchen Familie, die einem in schwierigen Zeiten das Gefühl von Wärme und Harmonie vermitteln kann, ist man dem Paradies ziemlich nahe. Man vergißt das zwischenzeitlich nur zu leicht.

Dieses verdammte Faxgerät.

Gerade erwacht es wieder zum Leben ... Ein eingehendes Fax, aha.

Es ist mein eigenes Fax an Liv Ullmann, das zurückkommt! Ich nehme es in die Hand. Langsam, ganz langsam. Ich denke an Meister Olof bei Strindberg: »Das Leben ist kurz, aber es kann einem ganz lang vorkommen, solange es andauert.«

Ich sehe, daß jemand unten auf der Seite ein paar Sätze hingekritzelt hat.

»Schicken Sie mir etwas, das Sie bereits gedreht haben, dann werde ich mich entscheiden. Ich wohne bis Ende der Woche im ›Diplomat‹. Gruß, Liv Ullmann.«

Die Tür ist einen Spaltbreit offen.

Ich setze mich hin, um mir die Nachrichten des Norwegischen Rundfunks anzuschauen. Das hat nichts mit Loyalität zu tun, es liegt am Zeitpunkt. Auf den anderen Kanälen laufen jetzt nur Seifenopern und Talk-Shows.

Es kommt das übliche. Und eine Nachricht aus der Rubrik Kultur. Dann ist in der Welt wohl nicht viel passiert.

»Liv Ullmann wird einen Spielfilm über Kristin Lavranstochter drehen. Es ist das größte Projekt, das die Filmgesellschaft »Norsk Film« je geplant hat.« Ein Zufall.

Einen Tag später schicke ich die Kassette mit dem Sonja-Henie-Film an das Hotel »Diplomat« in Stockholm. Drei Tage später kommt ein Fax.

»In Ordnung. Sie können drehen, was Sie wollen. Komme nächste Woche nach Oslo. Nehmen Sie Kontakt zu »Norsk Film« auf, und lassen Sie sich einen Termin geben. Liv Ullmann.«

Die lange Reise

»Noch bist du fromm und sanft, aber mit der Zeit wirst du wohl eine richtige Wildkatze werden!«

Liv war knapp ein halbes Jahr alt, als Papa Viggo Ullmann diese Worte in ihr Album eintrug. Er und Mutter Janna schrieben kleine Briefe in die Alben ihrer Töchter. Die Alben beginnen jeweils mit der Geburt und gehen bis zur Konfirmation. Sie gehören für Liv und ihre ältere Schwester Bitten zu den wenigen greifbaren Erinnerungen an den Vater.

Janna Erbe Lund hatte Erik Viggo Ullmann im April 1932 im Dom zu Trondheim geheiratet. Er war Ingenieur, sie Hausfrau. Vier Jahre nach der Hochzeit erwarteten sie ihr erstes Kind. Es kam am 15. September 1936 zur Welt. Für die Geburtshilfe und einen zwölftägigen Klinikaufenthalt bezahlten die Eltern 100 Kronen. Das Kind erhielt den Namen Janna Erika Ullmann, wurde aber von Anfang an stets Bitten genannt.

In ihr Album schrieb Mutter Janna: »Niemals werde ich die Zeit vergessen, in der ich schwanger war und darauf gewartet habe, daß du auf die Welt kommst. Niemals habe ich mich Gott so nahe gefühlt wie in dieser Zeit! Und als du endlich kamst, warst du süßer, als ich in meinen kühnsten Träumen zu hoffen gewagt hatte. Mutter zu werden ist das Größte auf Erden.«

Erik Viggo Ullmann war der Sohn von Halfdan Andreas Ullmann und Dagmar Jenny Ullmann. Sie hatten zwei Kinder, Viggo und Tochter Nan, Viggo war der ältere. Die Eltern ließen sich scheiden, als die Kinder längst im Teenageralter waren. Halfdan Ullmann war Berufssoldat.

Der Vater von Halfdan Ullmann – Liv Ullmanns Urgroßvater – hieß ebenfalls Viggo Ullmann und war mit einer Vilhelmine, geborene Eriksen, verheiratet. Seine Schwester Ragna Nielsen war eine aktive Frauenrechtlerin und außerdem Vorkämpferin für das Riksmål, eine der beiden norwegischen Schriftsprachen. 1885 gründete sie in Oslo die erste gemeinsame Schule für Jungen und Mädchen und schlug damit eine wichtige Schlacht für das Recht der Mädchen auf eine gleichwertige Schulbildung. Sie war lange Jahre Vorsitzende der norwegischen Frauenbewegung.

Die Mutter von Ragna Nielsen und Viggo Ullmann hieß Vilhelmine. Sie betätigte sich als Künstlerin in Kristiania, dem Oslo der zwanziger und dreißiger Jahre des 19. Jahrhunderts und betrieb selbst ein Laientheater. In einer Autobiographie, ›Fra Tyveårene og lidt Mer‹ (›Von den Zwanziger Jahren und noch ein bißchen darüber hinaus‹), schrieb sie:

»Mein Theaterdasein war kurz und keineswegs dornenreich, aber ich gewann doch einen Einblick, wie gefährlich dieser Weg sein kann, auch daß die Bühne ein Tummelplatz ist, auf dem sich niedere Instinkte leicht ausbreiten können und nicht eben häufig den menschlichen Geist veredeln. Eins aber ist gewiß: Sie übt eine magische Anziehungskraft aus auf den, der Lust und Neigung in dieser Richtung verspürt.«

Vilhelmine Ullmanns Mutter hieß Conradine Dunker, sie war Schriftstellerin und Tante von Aasta Hansteen – der bekannten Malerin und Frauenrechtlerin. Aasta Hansteen diente bekanntlich als Vorlage für Lona Hessel in Ibsens ›Die Stützen der Gesellschaft‹ und für Tante Ulrike in Gunnar Heibergs gleichnamigem Stück.

Urgroßvater Viggo Ullmann hatte für freien Schulunterricht und freien Universitätszugang gekämpft. Er hatte sich eingesetzt für das Recht der Gesellschaft auf, wie er sagte, »Ablösung der humanistischen Bildung der Oberschicht zugunsten einer allgemeinen Volksbildung und freiem Zugang zur wissenschaftlichen Fachausbildung für alle, die es wünschen«.

Er gründete eine Reihe von Schulen und reiste durch das Land, um für seine Sache zu kämpfen. Er war ein begnadeter Volksredner, der beste seiner Zeit neben Bjørnson, mit dem er gut befreundet war. Viggo Ullmann hatte Hans Jæger verteidigt, als dieser wegen seines Romans ›Kristiania-Bohème‹ angegriffen wurde. Er war der Meinung, Jægers Verfolgung würde die Geistesfreiheit verletzen.

Während er einerseits eine radikale Sicht auf die Freiheit des Geistes verkörperte, war er andererseits zutiefst religiös und sah es als seine historische Aufgabe, »das Bewußtsein für den inneren Zusammenhang zwischen dem Christentum, der Freiheit des Volkes und aller wahren menschlichen Aufklärung zu wecken und danach zu streben, ein entsprechendes Leben zu leben, denn das Christentum will schließlich nichts anderes, als uns zu wahren Menschen zu machen.«

Von 1885 bis 1910 saß Viggo Ullmann im Parlament und vertrat die Sozialisten. In dieser Zeit war er vorübergehend auch Parlamentspräsident.

Die Eltern von Janna Ullmann hießen Janna und Johan Tobias Lund. Sie heirateten in jungen Jahren und bekamen zehn Kinder. Liv Ullmanns Mutter war die Zweitjüngste.

Johan Tobias Lund war ein reicher Geschäftsmann. Die Familie bewohnte den schönen und stattlichen Gutshof Rosenlund. Sie litten keine Not. Aber er verstarb bereits 1919 im Alter von 53 Jahren. Damals war Janna neun Jahre alt.

Ihre beiden ältesten Brüder übernahmen die Geschäfte des Vaters, waren aber nicht in gleichem Maße erfolgreich. Bald war das Unternehmen gezwungen, Konkurs anzumelden, und die Witwe Janna mußte den schönen Hof verkaufen und mit den jüngsten Kindern nach Trondheim ziehen, wo sie ein Haus in der Veimester Krogsgate im Stadtteil Singsaker erstand. Die kleine Janna entwickelte ein sehr enges Verhältnis zu ihrer Mutter, was das ganze Leben über hielt.

Livs Vater, Viggo Ullmann, hatte ein Stellenangebot aus Japan erhalten. Als Ingenieur sollte er Maschinen und Werkstätten für die Papierindustrie einrichten. Im Mai 1937 packten sie ihre Sachen und bestiegen den Zug. Die lange Reise begann in Trondheim und führte die Familie Ullmann durch Deutschland, Polen, Rußland und Sibirien. Am Ende der Reise stand die Schiffsüberfahrt nach Japan.

Nach der strapaziösen Reise durch Rußland waren alle erleichtert, als sie ihre neue Heimat erreicht hatten und den Fuß auf japanischen Boden setzen konnten. In Tokio bezogen sie ein geräumiges Haus und suchten sich ein japanisches Kindermädchen. Sie waren rundum zufrieden. Sie fühlten sich sicher und willkommen und begeisterten sich für die japanische Kultur. Bitten würde japanisch können, bevor sie norwegisch sprach.

Nach anderthalb Jahren folgte das zweite Kind. Der Vater schreibt an seine kleine Tochter:

»Stell dir vor, du bist jetzt über zwei Monate alt, Liv, und schon ein großes Mädchen. Und jetzt wird dein Vater dir erzählen, wie du geboren wurdest: Wir haben über zwei Monate auf dich gewartet! Du Schelm! Wir hatten angenommen, du würdest schon im Oktober kommen, und als dein Vater Ende Oktober nach Manshukuo fahren mußte, war Mutter verzweifelt. Sie war ganz sicher, daß es während Vaters Abwesenheit soweit sein würde! Aber Vater kam zurück, und du strampeltest immer noch in Mutters Bauch!

Am 16. Dezember fuhr Mutter ins Tokyo Sanatorium Hospital, weil ihr ein wenig komisch war, und Vater ging zu einem »Oxford-Treffen« mit japanischen Freunden. Um halb neun rief das Krankenhaus an: »Mr. Ullmann, your wife got a big baby at eight o'clock – a girl baby.« Und obwohl du eigentlich ein Junge hättest werden sollen, weil Bitten schon ein Mädchen war, so war dein Vater froh, so froh – und jetzt bist du Papas liebes Kind!

Und dann wurden wir uns einig, daß du Liv heißen solltest,

was »Leben« bedeutet, denn das ist der schönste Name, den es gibt – und nun wollen wir uns dafür bedanken, daß du zu uns gekommen bist – Liv.«

Im November 1939, kurz vor Livs erstem Geburtstag, schreibt Viggo Ullmann erneut in ihr Erinnerungsalbum:

»Es ist lange her, seit ich Dir zuletzt geschrieben habe, aber nicht, weil sich nichts ereignet hat, sondern es geschieht ständig soviel, daß Vater gar nicht weiß, womit er beginnen soll. Heute hast Du zum ersten Mal im Laufstall gestanden. Du hast auch vorher schon auf Deinen zwei Beinen gestanden; vor mehr als zwei Wochen hast du zwischen Vaters Knien gestanden, und ich habe Dich nur ganz leicht an den Fingerspitzen gehalten – ja, allmählich wirst Du zu einem *Menschen*, Liv – zu einem richtigen Menschen!

Und nun möchte ich Dir kurz erzählen, was in den letzten Monaten passiert ist, und Du darfst es niemals vergessen, Liv, wenn Du das liest, und Du sollst wissen, wie es hier in Deinem ersten Lebensjahr war, daß wir einander so lieb haben, Papa, Mama, Bitten und Du, und wir sind so glücklich miteinander und Gott so dankbar, daß wir am Leben sind und glücklich sein dürfen.

Denn zur Zeit herrscht in Europa Krieg, Liv, und Menschen bringen sich gegenseitig um und sind böse zueinander, und niemand weiß, was morgen sein wird! Aber wir müssen immer zusammenhalten, Liv, und einander lieb haben, wie wir es heute tun. Und Papa und Mama werden dafür beten, daß Du in einer Welt groß wirst, für die man sich nicht schämen muß! Und dafür sollst auch Du Dich einsetzen, wenn Du einmal groß bist!«

Es war das letzte Weihnachtsfest in Friedenszeiten für Familie Ullmann. In Europa herrschte Krieg, aber weder Norwegen noch Japan waren bislang involviert. Viggo und Janna sprachen häufig über ihre Situation. Sicher war nur, daß im Hinblick auf die Zukunft nichts sicher war. Immerhin waren sie hier sicher – auch wenn sie dadurch von ihrer Familie getrennt waren.

Trotzdem waren die Gedanken oft in Norwegen bei Viggos Mutter. Sie saß allein in Oslo und verging vor Sehnsucht nach ihrem Sohn und seiner Familie. Vor allem wollte sie gerne ihr neues Enkelkind sehen, Liv.

Die Reise von Norwegen nach Tokio war nach Ausbruch des Kriegs nicht leichter geworden. Als die Deutschen 1940 in Norwegen einfielen, hatte sie beinahe schon die Hoffnung aufgegeben, aber sie war keine Frau, die sich leicht geschlagen gab. Sie schrieb an die neuen Machthaber des Landes und erzählte ihnen, ihr früherer Mann, der in Trondheim lebte, hätte so wenig Geld, daß er ihren Unterhalt nicht zahlen könne. In den letzten Jahren sei sie deshalb von ihrem Sohn Viggo abhängig gewesen, aber dieser wohne derzeit in Japan. Sie würde dem Land daher weniger zur Last fallen, wenn sie eine Ausreisegenehmigung erhielte. Für die Reise nach Japan habe sie genug Geld gespart.

Ihre Darstellung entbehrte nicht einer gewissen Logik. Ihr wurde ein deutscher Paß ausgestellt, damit die Reise so einfach wie möglich vonstatten gehen würde. Knapp drei Monate, nachdem die »Blücher« im Oslofjord versenkt worden war, klopfte Dagmar Ullmann bei ihrem Sohn in Tokio an die Tür. Es hatte ihr nicht an Mut und Tatkraft gefehlt.

Ihrem Sohn Viggo muß das Wiedersehen mit seiner Mutter wie ein Wunder vorgekommen sein. Auch für sie war es ein Erlebnis, wieder mit ihrer Familie vereint zu sein. Aber am schönsten war es für sie, ihr neues Enkelkind zu Gesicht zu bekommen. Dies war in den Augen der Großmutter *wahrhaftig* ein Wunder.

Viggo Ullmann schrieb in Livs Erinnerungsalbum: »Im Juli 1940 kam Großmutter nach Tokio, war das eine Freude! Sie schloß Dich sofort ins Herz, und wir waren Bittens wegen fast ein wenig eifersüchtig.«

Die Großmutter und Liv verspürten vom ersten Augenblick an eine innige Verbundenheit. Ob man es Chemie, Liebe auf den ersten Blick oder Instinkt nennen wollte: Dagmar war hin und weg von Liv, und die Kleine mit ihren anderthalb Jahren fühlte sich auf Großmutters Schoß bald mehr zu Hause als anderswo.

Und ihre gegenseitige Zuneigung wuchs von Jahr zu Jahr.

Bis zu diesem Zeitpunkt waren sie eine harmonische vierköpfige Familie gewesen. Sie hatten sich nur um sich selbst kümmern müssen, und sie hatten relativ isoliert in Tokio gelebt. Auch wenn es ihnen nicht an Kontakten und Bekannten fehlte, hatten sie im großen und ganzen für sich und für einander gelebt.

Für Janna und Viggo war es selbstverständlich, die Großmutter in ihrem Haus willkommen zu heißen. Natürlich empfing Janna Ullmann ihre Schwiegermutter mit offenen Armen, auch wenn klar war, daß sie in ihrer Rolle als Mutter und Ehefrau Belastungen ausgesetzt sein würde. Eine Schwiegermutter nahm immer Einfluß auf Haushalt, Enkelkinder und Kinder.

In jeder Hinsicht waren sie nun zu fünft eine Großfamilie. Und das sollten sie noch für fast fünf weitere Jahre bleiben. Sie waren zusammen und liebten einander. Das war das Wichtigste.

Das Zweitwichtigste war, aus Japan wegzukommen.

Little Norway und die USA

Viggo Ullmann hatte sich als Soldat zum Truppenstützpunkt Little Norway nach Kanada gemeldet. Am 1. Februar 1941, zehn Monate vor dem japanischen Angriff auf Pearl Harbor, verließ die Familie Ullmann das Land auf dem norwegischen Öltanker »Bralanta«. Nach einer wochenlangen Seereise liefen sie in San

Pedro, Kalifornien, ein, von wo aus sie mit dem Auto nach Toronto in Kanada weiterfahren wollten. Die Reise war lang und strapaziös, und Liv war nicht immer so glücklich darüber. Viggo schrieb: »Im Moment schreist Du nachts viel, weckst uns zwei- oder dreimal, so daß Papa richtig böse auf Dich sein muß! Und Mutter wie auch Großmutter verwöhnen dich und sagen ›arme kleine Liv‹! Aber ich glaube einfach, daß in Dir ein kleines Teufelchen steckt!«

Liv war gerade mal zwei Jahre alt.

Von nun an hieß es ständig neue Hotels, neues Essen, erneuter Aufbruch. Das Reisebudget war nicht groß, und von Luxus konnte keine Rede sein. Mit kleinen Kindern zu reisen ist fast immer anstrengend; mit kleinen Kindern in ein fremdes Land und eine höchst unsichere Zukunft zu reisen, muß besonders schwierig gewesen sein.

In Toronto zog die Familie in ein hübsches Häuschen und richtete sich behaglich ein. Viggo Ullmann fing als Flugzeugtechniker auf dem Stützpunkt Little Norway an. Hierher kamen junge Norweger, denen es gelungen war, vor den Deutschen zu fliehen. Hier sollten sie ihre Ausbildung erhalten, bevor sie overseas geschickt wurden, um sich an den Kampfhandlungen zu beteiligen. Hierher zu Besuch kamen auch der König und Kronprinz Olav mit seiner Familie. Little Norway wurde rasch zum Inbegriff des norwegischen Widerstandswillens.

Kein Mensch wußte, wie lange der Krieg in Europa dauern würde, aber Familie Ullmann machte sich auf einen längeren Aufenthalt gefaßt. Kanada war noch nicht in den Konflikt involviert, hier herrschte Frieden, hier waren sie in Sicherheit. Sie fühlten sich gut aufgehoben. Sie wohnten ein paar Kilometer von der Truppenunterkunft entfernt, und Viggo ging wie seine kanadischen Nachbarn jeden Tag zur Arbeit.

Janna war mit den Kindern und der Großmutter zu Hause. Nach und nach engagierte sie sich in der Frauenvereinigung, die zur Bereicherung und zum Zusammenhalt auf dem Militärstützpunkt beitrug. Einmal nahm sie ihre Schwiegermutter und die Kinder mit. Die Mädchen sollten vorgezeigt werden, nicht ohne Stolz.

Als sie eintrafen, verwandelte sich Liv von einem Augenblick zum nächsten, rollte heftig mit den Augen, plapperte unzusammenhängendes Zeug und führte sich schrecklich auf. Im Club hatte niemand geahnt, daß Janna Ullmanns jüngstes Kind geisteskrank war! Zu Beginn glaubten Janna, die Großmutter und Bitten, die Kleine würde nach kurzer Zeit aufhören und sich wieder beruhigen. Sie ließen sie gewähren. Lächelten etwas entschuldigend in die Runde. Aber dann fand Janna, es sei genug.

»So, Liv, jetzt ist es genug. Hör auf damit!«

Aber Liv hörte nicht auf. Sie war nicht dazu zu bewegen, sich normal zu benehmen. Janna schleppte sie nach draußen, und Liv kam wieder zu sich. Sie wurde ermahnt und mußte versprechen, sich ordentlich aufzuführen.

Neuer Versuch. Das gleiche wiederholte sich. Dieses Mal war Janna verzweifelt und wütend, schnappte sich die Familie und ging. Sobald sie wieder draußen waren, verhielt sich Liv normal. Fast jagte es ihnen Angst ein. Kein Mensch begriff, was sie da trieb. Keiner außer der Zweijährigen selbst.

Sie hatte ihre erste Vorstellung gegeben. Die Vorführung war äußerst überzeugend gewesen. Sie hatte sogar ihre Großmutter zum Narren gehalten.

Am 7. Dezember 1941 griffen japanische Flugzeuge den amerikanischen Stützpunkt Pearl Harbor im Pazifik an. Mit einem Schlag waren die USA in dem großen Krieg zu einem Alliierten geworden. Japaner wie auch Menschen mit japanischen Wurzeln, die in den Vereinigten Staaten lebten, wurden in Lager interniert. Kanada wurde nun ebenfalls in den Krieg hineingezogen.

Rußland war bereits im Juli 1941 von den Deutschen angegriffen worden, und in Norwegen wurden Widerständler verhaftet, gefoltert und umgebracht.

Weihnachten 1941 waren Bitten und Liv fünf und drei Jahre alt. Sie hatten sich mittlerweile mit ihrer neuen Heimat angefreundet. Für Bitten war der Krieg nur mehr ein Echo dessen, worüber die Erwachsenen die ganze Zeit sprachen. Für Liv existierte er überhaupt nicht. Anders für die Erwachsenen. Im Grunde war Kanada für sie einer der besten Orte. Daß Viggo zum aktiven Kriegsdienst eingezogen wurde, solange Little Norway existierte, war wenig wahrscheinlich. Und trotzdem hatte der Krieg alle ihre Pläne verändert, und ihre Zukunft war höchst unsicher.

Sie mußten froh sein, daß sie sein durften, wo sie waren. Alles andere wäre Undank gegenüber dem Schicksal oder Gott. Livs Eltern nahmen es mit Gott sehr ernst. Viggo Ullmann engagierte sich in der Oxford-Bewegung, und Janna hatte sich stets als gläubige Christin betrachtet. Trotzdem konnte keiner von ihnen im Innersten die Sehnsucht nach einem anderen Land, einem anderen Leben leugnen. Und nach mehr Zeit füreinander.

Der erste Weihnachtsgottesdienst war sehr ergreifend. Er fand in der St. John's Garrison Church in Toronto statt und war ein militärisches Fest. Mehr als fünfhundert Menschen nahmen daran teil. Der Feldgeistliche, Leutnant Berge Øverland, hielt die Predigt und sollte die kleine Liv taufen. Sie hatte ihn bereits kennengelernt und nannte ihn Onkel B.

Als Liv der Meinung war, er würde allzuviel Zeit auf die Zeremonie verwenden, stieß sie laut und ungeduldig hervor: »Bist du nicht bald fertig, Onkel B.?«

Das Timing war perfekt. Onkel B. hatte alles gesagt, und der kleine Ausbruch lockerte die feierliche Stimmung. Liv ging hinauf zum Altar, und Onkel B. goß ihr Wasser über den Kopf – nun war sie Mitglied der norwegischen Staatskirche.

Großmutter war ihre Patin. Mutter und Vater waren bewegt.

Fast alle Anwesenden empfanden diesen Gottesdienst als etwas Besonderes. Für viele war es die erste Weihnacht in der Fremde, seit Norwegen okkupiert worden war. Sie hatten es geschafft, das Land zu verlassen und Schweden oder England zu erreichen, bevor sie weiter nach Kanada geschickt wurden. Ihre Gedanken waren bei den Menschen zu Hause. Was würde der morgige Tag bringen? Wieviel Zeit mochte vergehen, bis sie wieder norwegischen Boden unter den Füßen hatten? Würden die Alliierten den Krieg gewinnen? Wer von den hier Versammelten würde den Krieg aus nächster Nähe erleben? Wer würde ihn überleben?

»In jedem Auge glitzerte an diesem Weihnachtsabend eine Träne«, schrieb Janna in Livs Erinnerungsalbum.

Liv ist nicht sicher, ob sie sich wirklich an diese Kriegsjahre erinnern kann. Vielleicht schildert sie nur mit eigenen Worten die Berichte aus ihrem Erinnerungsalbum?

Es existieren Bilder und Berichte darüber, wie sie unter Aufsicht von Oberst Reistad mit Prinzessin Astrid und Prinz Harald spielt. Ein kleines, verblichenes Farbfoto der Fünf mit folgendem Kommentar von Livs Vater:

»Wie groß Du warst, als Du mit den Prinzenkindern gespielt hast, und wie frech zu Kronprinzessin Märtha! Als Bitten, Du und Märtha auf dem Flugplatz in Little Norway bei einer Parade wart, fandest Du offensichtlich, daß die Kronprinzessin zuviel mit Bitten redete und dich zu wenig beachtete, denn plötzlich sagtest Du laut und deutlich:

›Why are you so stuckup?!‹

Aber Märtha lachte nur! Du kannst Dir vorstellen, Mama und Großmutter waren peinlich berührt – ja, Du bist mir schon eine!«

Toronto war ein angenehmer Ort für Kinder, und die Familie litt keine Not. Bitten und Liv spielten und gingen in den Kindergarten wie alle Kinder. Im Sommer waren sie auf dem Land, zelteten und zogen los zum Angeln. Alles ging gut bis zum Sommer 1943.

Da ereignete sich auf dem Flugplatz Little Norway ein schlimmer Unfall. Irgendwie geriet Viggo Ullmann unter einen sich drehenden Propeller. Der Unfall kostete ihn beinahe das Leben. Er wurde mit schweren Kopfverletzungen ins Krankenhaus eingeliefert. Keiner der Ärzte konnte Prognosen über eventuelle Folgeschäden abgeben. Wie durch ein Wunder erholte er sich wieder, wurde aber von seinen Pflichten auf dem Stützpunkt entbunden.

Viggo Ullmann wurde nach New York versetzt, wo er in einem Komitee eingesetzt wurde, das Pläne für die Zeit nach dem Krieg in Norwegen ausarbeiten sollte. Alle waren sich einig, daß die Befreiung bevorstand; die meisten gingen davon aus, daß es nicht mehr lange dauern konnte.

Familie Ullmann zog zunächst in eine ländliche Gegend auf Long Island, etwas außerhalb von New York, aber im Oktober 1944 bezogen sie eine Wohnung in Manhattan. Janna schrieb in Livs Buch:

»Zur Zeit wohnen wir in New York, 241 East 79th Street, und Du besuchst einen Kindergarten in der 82nd Street. Du bist die Beste in der Gruppe im Zeichnen, behauptet Deine Lehrerin, und sie sagt, Du und Bitten, ihr wärt ein Vorbild für die restlichen Schüler, weil ihr so höflich und wohlerzogen seid! Und es ist drollig, daß norwegische Kinder soviel Lob ernten!

Und außerdem sagt Deine Lehrerin: ›I hope she will never, never lose her imagination!!‹

Denn Phantasie hast Du, soviel ist sicher. Gestern zum Beispiel: Zuerst hast Du gefragt: ›Können Frauen auch Präsident werden?‹ Und dann: ›Warum wird Papa nicht Präsident von

Amerika?‹ Und als wir antworteten, daß man, um Präsident zu werden, in dem Land geboren sein muß, hast Du gelacht und gesagt: ›Ja, aber dann kann ich ja Präsidentin von Japan werden!‹«

Die Gegend um die 79. Straße und die 2. Avenue galt 1944 nicht gerade als fein. Janna bezeichnete die ganze Ecke als Slum. Das ist vielleicht ein bißchen übertrieben, aber wenn die Gegend damals auch kein richtiges Armenviertel war, war sie dennoch bei weitem nicht so hübsch wie heute.

Das Haus, in dem Familie Ullmann damals gewohnt hat, wurde abgerissen, und an seine Stelle kam ein modernes Hochhaus. Einige der alten Häusern stehen noch heute. Es sind zwei-, drei- und vierstöckige Häuser mit den charakteristischen Feuertreppen an der Fassade. Wie in ›West Side Story‹.

Nach wie vor sind in den meisten Häusern im Erdgeschoß Geschäfte. In der 2. Avenue herrscht starker Verkehr, wie überall in Manhattan, doch als Familie Ullmann hier wohnte, hatte sie zusätzlich die Untergrundbahn, die damals noch überirdisch verlief. Von dicken Betonpfeilern getragen, donnerten die Züge mehrmals stündlich in nördlicher oder südlicher Richtung vorbei.

In der Wohnung tummelten sich Kakerlaken, Mäuse und Wanzen. Bitten bekam Läuse. Die Wanzen bissen sich an der großen Schwester fest und ließen die kleine Schwester in Ruhe.

Für Familie Ullmann bildete die 79. Straße einen gewaltigen Kontrast zu der ländlichen Umgebung, die sie von Japan, Kanada und Long Island her gewöhnt war. Aber für Bitten und Liv muß es durchaus abenteuerlich gewesen sein.

Für die Erwachsenen war es ebenfalls erträglich. Sie waren jetzt sicher, daß es nicht mehr lange dauern könne, bis der Krieg vorbei sein würde. Bald würden sie in ein befreites Norwegen zurückkehren können. Sieben lange Jahre waren vergangen, seit sich Viggo und Janna mit der kleinen Bitten nach Japan aufgemacht hatten. Jetzt träumten sie nur noch davon, in ein normales Leben nach Hause zurückzukehren.

Als Viggo auf einer seiner langen Reisen von New York nach Washington D. C. unterwegs war, schrieb Janna ihm im März 1945:

»Du bist noch nicht lange weg, ein paar Tage nur, aber ich habe schon schreckliche Sehnsucht nach Dir. Du mußt am Freitag nach Hause kommen, ich glaube nicht, daß ich noch eine weitere Enttäuschung verkrafte ...

Liv wünscht sich eine Puppe. Puppen sind für sie zu einer richtigen Leidenschaft geworden, sie sollte ruhig noch eine bekommen. Die braucht ja nicht sonderlich groß zu sein, weißt Du. Ich glaube, sie kriegt gerade Mumps. Sie hat jetzt höheres Fieber - - -

Schatz – nur noch ein paar liebe Worte. Ich liebe Dich – und ich freue mich so darauf, daß bald alles vorbei ist und wir wieder anfangen können, für uns zu leben – und die Minuten zu zweit zu genießen –, wo immer wir sind. Mit Dir gehe ich bis ans Ende der Welt – ich und die Kinder. Mach's gut, Viggo – viele Grüße und Küsse von Deinem Schmusekätzchen.«

Im Frühjahr plagten Viggo erneut starke Schmerzen im Kopf. Er ging zum Arzt, aber nicht einmal Spezialisten konnten mit Sicherheit sagen, ob sie von den Verletzungen herrührten, die er sich in Little Norway zugezogen hatte, oder ob sich jetzt eine Geschwulst gebildet hatte und die Schmerzen hervorrief. Aber sie wagten nicht, ihn zu operieren.

Liv glaubt sich zu erinnern, daß sie einmal zusammen mit ihren Eltern im Krankenhaus war. Janna war allein beim Arzt, um mit ihm zu reden, während Papa und sie im Wartezimmer saßen. Er soll ihre Hand genommen und gesagt haben:

»Papa ist jetzt sehr krank, Liv, und bald wird er zu Gott reisen. Aber darüber sollst Du nicht traurig sein, denn bei Gott ist es sehr schön.«

Vielleicht spielt ihr die Erinnerung einen Streich. Vielleicht ist es ihre Phantasie. Aber vielleicht stimmt es auch. Vielleicht hat er genau das gesagt. Aber er kam wieder nach Hause.

Zum Kriegsende am 8. Mai bekamen die Kinder schulfrei. Viggo weinte vor Freude. Ein paar Wochen vorher hatte er ein Telegramm erhalten, sein Vater Halfdan sei im Konzentrationslager Dachau ums Leben gekommen. Kurze Zeit später ging es Viggo wieder schlechter, und er wurde ins Krankenhaus eingeliefert. Die Mädchen besuchten ihn und durften mit ihm sprechen. Sie wußten, daß er sehr krank war und daß ihm niemand helfen konnte. Sie gingen weiterhin in den Kindergarten, und Janna besuchte Viggo im Krankenhaus. Als Bitten und Liv eines Tages vor der Wohnung auf der Straße spielten, kam Janna in einem Taxi vorgefahren.

Die große Schwester erzählt: »Als ich Mama aus dem Taxi steigen sah, wußte ich, daß Papa tot ist. Es war die Art, wie sie lief. Sie ging gebeugt und ganz langsam. Liv und ich durften nicht weinen. Papa war nämlich bei Gott, und dort ging es ihm besser als hier unten auf der Erde. Ich weinte sowieso nie bei derlei Anlässen, aber Liv weinte viel und war todtraurig. Und dann wurde Mama wütend auf sie.«

Es war am 15. Juni 1945. Bitten war acht, Liv sechs und Janna fünfunddreißig.

Viggo Ullmann wurde in New York beigesetzt. Janna war jetzt Witwe. Die Großmutter hatte ihren Sohn verloren und den Mann, mit dem sie einmal verheiratet gewesen war. Bitten und Liv hatten innerhalb kürzester Zeit Vater und Großvater verloren.

Die Ärzte bescheinigten, daß Viggo Ullmann an den Folgen des Unfalls in Little Norway gestorben sei. Janna erhielt somit eine Kriegerwitwenrente. Außerdem erhielt sie die Erlaubnis, mit dem ersten Schiff, das Zivilpersonen aufnahm, nach Norwegen zurückzukehren. Janna, die Kinder und die Großmutter erhielten im August einen Platz auf einem alten Frachtschiff.

Als sie in Norwegen ankamen, blieb Großmutter in Oslo, während Janna mit den Kindern weiter nach Trondheim fuhr. Der Zug war voll, und sie saßen auf Klappsitzen im Gang.

Bitten erzählt: »Ich erinnere mich, daß wir im Gang saßen. Eine Zeitlang hatte ich Papas Urne auf dem Schoß. Ich weiß nicht, ob ich damals wußte, was ich hielt. Vielleicht mußte Mama zur Toilette oder hatte etwas anderes zu erledigen. Ich weiß es nicht, aber ich erinnere mich, daß sie mir die Urne gab mit den Worten: ›Paß gut darauf auf, Bitten, das ist das Wertvollste, was wir haben!‹«

In Livs Buch trug Janna ein: »Nun sind wir in Trondheim – nur wir drei. Unser lieber Papa ist in New York gestorben und ist jetzt im Himmel, von wo aus er jeden Tag auf uns aufpaßt. Wir hatten viel Glück, Liv, daß wir einen solchen lieben Papa haben durften, aber jetzt müssen wir uns gegenseitig helfen, Du, Bitten und ich, damit wir so sind, wie er uns haben wollte – damit wir einander lieb haben und immer froh sind.

Liebe kleine Liv!«

Daneben klebt eine rosa Karte, auf der ein roter Weihnachtsmann abgebildet ist, der auf einem weißen Pferd reitet. Auf die Karte hat Liv geschrieben: »Mama, meine liebe, liebe Mama. Ich hab dich so lieb.«

Kindheit in Trondheim

Als Janna mit den Kindern im Herbst 1945 nach Trondheim kam, wohnten die drei zunächst bei Jannas Mutter in der Veimester Krogsgate. Schnell sprach sich herum, daß die kleine Schwester in Japan auf die Welt gekommen war. Es dauerte nicht lange, da stand eine Horde Kinder vor der Tür und wollte das Mädchen sehen, das in Japan geboren war. Groß war die Neugier, bis Liv auftauchte – noch größer war da die Enttäuschung: Sie hatte weder Schlitzaugen noch schwarze Haare, im Gegenteil, ein durch und durch norwegisches Mädchen mit blauen Augen – ein Blondschopf und ziemlich schüchtern.

Die erste Zeit in Norwegen, in der sie »auf die Gnade der Familie angewiesen waren«, war für Viggo Ullmanns Witwe nicht einfach. Sie hatte den brennenden Wunsch, alleine zurechtzukommen. Sie hatte wenig Geld, keine Arbeit und keine Bleibe für sich und die Ihren. Sie wurden wohl von Verwandten und Freunden zum Essen eingeladen, was schön war, aber ganz oben auf der Wunschliste stand eine eigene Wohnung – und Arbeit.

Weihnachten verbrachten sie im »Hotel Britannia«, weil Janna glaubte, es täte allen dreien gut, ein wenig für sich zu sein.

Diese erste Zeit in Trondheim war spannend und voller Überraschungen für Liv und Bitten. Sie gingen auf die Singsaker Schule. Neue Freundschaften wurden geschlossen. Auch wenn Liv schüchtern war, hatte sie keine Probleme, sich in der Klasse wohlzufühlen. Sie saß neben einem Mädchen, das Britt Kvaale hieß. Britt wurde zu ihrer besten Freundin, und beide interessierten sich sehr fürs Theater.

Sie hatten viel Phantasie und sorgten ständig für Unruhe. Gemeinsam schrieben sie Geschichten, verfaßten Einakter, veranstalteten Lesungen und suchten überall nach einem Publikum. Vielleicht bestand ja sogar die Möglichkeit, mit Livs offenkundigem Talent ein paar Groschen zu verdienen?

Die Vorstellung sah in aller Regel so aus: Liv stellte sich an den Kellerschacht vor dem »Hotel Britannia«. Sie kniete nieder und blickte sehnsüchtig durch den Gitterrost. Dann fing sie an zu weinen – laut, wenn es erforderlich war, um die Aufmerksamkeit der Leute auf sich zu ziehen. Irgendein Erwachsener erbarmte sich immer des untröstlichen kleinen Mädchens und fragte, weshalb sie weinte.

Liv trocknete sich die Tränen ab, schniefte und sagte: »Ich sollte für meine Mama einkaufen gehen und hatte das Geld in den Handschuhen. Dann habe ich angefangen, mich an der Nase zu kratzen, und da fiel das Geld heraus und ist durch den Gitterrost gerollt. Jetzt wird meine Mama bestimmt ganz wütend auf mich sein.«

Die Beträge variierten von Mal zu Mal, und nur selten kehrte sie mit leeren Händen vom Kellerschacht zurück.

Zum Neujahr fanden sie eine Wohnung. Sie zogen in ein Versicherungsgebäude in der Søndre gate. Das Haus gehörte der »Trondheimer Versicherungsgesellschaft«, war modern und mit Fahrstuhl ausgestattet. Außen an der Wand prangte eine senkrechte Leuchtreklame über die Höhe des ganzen Hauses, die allen, die noch im Zweifel sein mochten, mit großen Buchstaben verkündete: »Versicherung«. Die Ullmanns wohnten im sechsten Stock in der Eckwohnung direkt auf Höhe des ersten »E«. In der Nacht beleuchtete es die Zimmer.

Die Wohnung war schön und bestand aus Wohnzimmer, Küche, Bad, Schlafzimmer und Flur. Liv und Bitten teilten sich das Schlafzimmer, Janna machte ihr Bett abends im Wohnzimmer zurecht.

Die Søndre gate war noch jahrzehntelang nach dem Krieg die Straße der Banken in Trondheim. Sie war breit und gepflastert, große, prächtige Bäume säumten die Bordsteine, unter die Autos mischte sich gelegentlich ein Pferd oder ein Karren. Es war eine Einbahnstraße, die zwar befahren war, aber übersichtlich. Kein Mensch hatte damals etwas von »verkehrsberuhigten Zonen« oder »sicherem Schulweg« gehört. Liv und Bitten gingen täglich zu Fuß vom Versicherungsgebäude in der Søndre gate über die Kjøpmannsgate, die alte Stadtbrücke den Lillegårdsbakken hinauf bis Bakklandet, wo sie die meisten ihrer Schulkameraden trafen. Der Weg war zwei bis drei Kilometer lang.

Lange vor ihrem Umzug nach Japan hatte Janna in Bruns Buchhandel gearbeitet. Nun konnte sie die gleiche Arbeit wieder aufnehmen und war froh, ein paar Kronen dazuzuverdienen. Die Kriegerwitwenrente war nicht gerade üppig. Damit die Kinder nicht allzuviel alleine waren, suchte sie sich eine Hilfe, Karen.

Karen war bald unentbehrlich. Alle drei entwickelten eine enge Beziehung zu ihr, allen voran Liv. Karen kam früh morgens und wenn Janna von der Arbeit kam, ging sie. Sie wohnte in einem winzigen Zimmerchen am anderen Ende der Stadt. Niemand durfte sie zu Hause besuchen. Sie war sehr präsent, solange sie sich bei ihnen aufhielt, den Rest der Zeit aber war sie für niemanden zu erreichen.

Das beflügelte die Phantasie der Mädchen. Liv, Bitten und ihre Freundinnen dichteten Karen etwas Geheimnisvolles an, sie gingen davon aus, ihr sonstiges Leben müsse sehr spannend und unheimlich sein. Liv und Britt Kvaale schrieben lange Detektivgeschichten über Karens Dasein jenseits der Søndre gate.

Aber sie nutzten nicht allein Karens heimliches und sündiges Leben als Hintergrund für ihre weitschweifigen Geschichten. Auch im Versicherungsgebäude gab es genug Stoff. Die ersten drei Etagen bestanden aus Büroräumen, der Rest aus Wohnungen.

Wenn der Arbeitstag vorbei war und Karen verschwand, verließen allmählich auch die strengen Herren im Anzug das Gebäude. Dann übernahmen Liv, Bitten und die anderen Kinder das Ruder. Sie fuhren mit dem Fahrstuhl auf und ab, spielten Fangen in den Gängen, versteckten sich im Keller, erzählten Gespenstergeschichten und phantasierten über unheimliche Komplotte, die während der Bürozeiten geschmiedet wurden.

Gelegentlich wählten sie einen Büroangestellten aus, dem sie dann folgten – meist einem, den sie von Janna aus nicht grüßen durften, weil er eine »leicht braune« Vergangenheit hatte.

Mama haßte die Deutschen. Erfuhr sie von irgendwelchen

Norwegern, daß sie mit ihnen während des Kriegs kollaboriert hatten, mußten sich die Kinder von den Betreffenden fernhalten. Bitten und Liv erinnern sich beide ganz deutlich an Situationen, wo sie gemeinsam mit einigen dieser Männer im Fahrstuhl standen. Janna hatte ihnen befohlen, so zu tun, als seien diese Menschen Luft; Nicken oder Grüßen kam nicht in Frage. Wenn sich der Fahrstuhl in Bewegung setzte, wurde es immer klaustrophobischer. Die Luft wurde schwer, die Hitze unerträglich.

Auch wenn die Betreffenden nie höher als zum zweiten Stock und tiefer als zum Erdgeschoß wollten, wirkte die Fahrt unendlich lang. Aber Liv und Bitten taten wie geheißen und hatten das Gefühl, sich ein wenig an den Nazis gerächt zu haben, wenn die Betreffenden endlich den Fahrstuhl verließen und sie ihn wieder für sich hatten.

Direkt vor dem Versicherungsgebäude lag der kleine Marktplatz, und dort befand sich ein öffentliches Pissoir. Es roch natürlich keineswegs angenehm, war aber deswegen nicht weniger faszinierend. Das Spiel bestand darin, so schnell wie möglich quer durch das Etablissement zu rennen – so schnell, daß die eventuellen Besucher beim Verrichten ihrer mehr oder weniger legitimen Geschäfte kaum begreifen konnten, wer oder was da vorbeisauste. Nicht alle Mädchen hatten dafür den nötigen Mumm.

Hier lag auch die Methodistenkirche mit ihren soliden Mauern, die zum Ballspielen verwendet wurden. Sie hüpften Himmel und Hölle, und gelegentlich gesellte sich sogar Mama dazu und spielte mit. Bitten und Liv fanden es peinlich, wenn diese »alte Frau« plötzlich mitspielen wollte und darüber vergaß, daß sie längst erwachsen war.

Die »alte Frau« war gerade mal Mitte Dreißig. Sie war lebhaft und bei ihren Freunden beliebt. Liv war der Meinung, sie solle wieder heiraten, und hatte schon den Glücklichen ausgeguckt.

Er hieß Kjell Erbe und war Besitzer einer Schokoladenfabrik. Mama ihrerseits behauptete, eine neue Ehe käme für sie nicht in Frage.

»Hat man vom Besten im Leben gekostet, gibt man sich nicht mit dem Zweitbesten zufrieden!« lautete ihre Standardantwort. Sie wurde es niemals müde, den Mädchen zu erzählen, was für ein phantastischer Mann Viggo gewesen war und wie schön sie es zusammen gehabt hatten. Es habe nie ein böses Wort zwischen ihnen gegeben.

Janna hatte sich vorgenommen, die Erinnerung an ihren Mann lebendig zu halten. Sie sprach häufig von ihrem »geliebten Viggo«. Wohingegen Bitten und Liv nicht allzuviel von ihrem Vater sprechen durften. Es genügte, wenn sie wußten, daß er es »oben bei Gott« besser hatte.

In gewisser Weise ist es verwunderlich, daß Janna Ullmann so versessen darauf war, die Trauer um ihren Mann für sich allein zu beanspruchen. Auf der anderen Seite hatte sie selbst ihren Vater im Alter von nur neun Jahren verloren. Sie hatte auf einem Apfelbaum gesessen, als sie die Nachricht erfuhr. Das ist die einzige Erinnerung an diesen Tag. Und dann weiß sie noch, daß Rosenlund wenige Jahre später verkauft wurde.

Vielleicht lag es an diesen Erinnerungen, daß sie an der Trauer ihrer eigenen Kinder über den Verlust des Vaters nicht teilhaben konnte? Vielleicht fand sie es auch einfach nur zu schmerzhaft, darüber zu sprechen. Es war eine Sache, Witwe zu werden, etwas anderes war es, die Trauer über den eigenen Vater erneut zu durchleben. Da war es leichter, den Töchtern zu erzählen, daß er es gut hatte, wo er jetzt war.

Sie hatte sich so sehr darauf gefreut, gemeinsam mit Viggo nach Hause zurückzukehren und ein neues Leben zu beginnen, nur mit ihm und den Kindern. Jetzt hatte sie genug an ihrem eigenen Verlust zu tragen.

Für Liv und Bitten war dies schlimm und schwer zu begreifen.

Wenn ihre Mutter traurig war, weshalb sollten sie dann nicht auch das Recht haben zu trauern?

Für Liv war es wohl am schlimmsten. Ob es daran lag, daß sie die Jüngste war, gefühlsbetonter oder phantasievoller, ist schwer zu sagen. Liv war es, die am Fenster saß und nach einem Mann in Uniform Ausschau hielt, der die Straße entlangspaziert kam, sie war es, die sich einen Engel vorstellte, der vom Himmel schwebte und ihren Papa auf Flügeln trug, und sie war es, die Bitten vorschlug, Puppen in seinem Grab auf dem Domfriedhof zu vergraben, damit er etwas Gesellschaft bekam.

Liv war es, die bisweilen heimlich daran zweifelte, daß ihre Mutter die Wahrheit sprach, wenn sie sagte, der Papa sei tot. Vielleicht war er gar nicht tot, sondern hatte sie einfach nur verlassen?

Außerdem vermißte Liv die Großmutter und wunderte sich, weshalb sie ebenfalls so weit weg war. Irgendwo in ihr gab es eine Stimme, die sagte, daß die Mama vielleicht ihre große Schwester Bitten lieber habe als sie. Aber die Stimme war so leise, daß sie kaum durchdrang.

Während sie sehnsüchtig am Fenster saß oder hinter Männern in Uniform herrannte, um ganz sicherzugehen, daß es wirklich nicht ihr Papa war, der da lief, und während sie Puppen auf dem Friedhof vergrub und mit Gott über Papa sprach, hatte sie ebenfalls ganz schwach das Gefühl, sich selbst dabei zu beobachten. Es war, als ob sie ab und zu für einen Augenblick neben sich stünde und spürte, daß sie Liv war und gleichzeitig jemand, der Liv zusah, wie sie trauerte.

Das war beängstigend und gleichzeitig ein wenig prickelnd. Sie begriff nicht ganz, wieso es so war und was es bedeutete, aber sie ahnte, daß es etwas war, was sie von Bitten unterschied – und natürlich auch von Mama – und vielleicht von den meisten anderen Menschen.

Manch ein Erwachsener würde das kindliche Flausen nennen, überzogene Einbildungen, das nach Aufmerksamkeit heischende überspannte Gebaren eines Kindes. Für andere wäre es ein Zeichen von ausgeprägter Phantasie oder von Wirklichkeitsflucht.

Daß man sich selbst als dritte Person sieht, erleben zweifellos viele Kinder. Das war keineswegs etwas Besonderes, aber bei manchen Kindern ist das Phänomen ausgeprägter als bei anderen. Bei Liv war es sehr ausgeprägt.

Für einen Menschen, der gerne Theater spielt, ist die Fähigkeit, sich selbst von außen sehen zu können, eine Mischung aus Gnade und Fluch. Eine Gnade, weil es die mehr oder weniger angeborene Fähigkeit ist, etwas zu erleben, während man gleichzeitig das Erlebte studieren kann, um es später in einem anderen Zusammenhang und zu einem anderen Zeitpunkt wieder abzurufen.

Gleichzeitig ist es ein Fluch, weil es dem Erlebten nahezu immer etwas Gespaltenes verleiht, den Eindruck vermittelt, irgendwie geteilt, ein bißchen unecht zu sein. Und noch etwas hat es mit dieser Fähigkeit auf sich: Besitzt man sie erst einmal, kann man sie nicht wieder loswerden. Man kann den Geist nicht wieder in die Flasche stopfen. Er verfolgt einen ein Leben lang.

Von klein auf hatte Liv kleine Vorstellungen gegeben, aber zu Beginn war es mehr ein Spiel gewesen. Allmählich bekam sie jedoch eine Vorstellung davon, wofür sie ihr spezielles Talent einsetzen könnte.

Und so begann sie ganz vorsichtig, in ihrem Leben Theater zu spielen. Immer wieder führte sie heimlich in ihrem eigenen Leben Regie.

Der Alltag hatte Flügel bekommen.

Für Janna war Livs theatralische und überspannte Ader eine ständige Quelle der Provokation. Mehr als alles andere brauchte sie Ruhe, Ordnung und Disziplin, um den Alltag einigermaßen zu überstehen. Sie war Livs Phantasien leid. Die erinnerten sie an Viggos Mutter. Außerdem hatte sie Angst, ihre jüngste Tochter würde den Kontakt zur Wirklichkeit verlieren. Wohl gab es Gott und die Engel, aber sie fand, es ginge zu weit, wenn Liv direkt mit ihnen kommunizierte. In ihren Augen wäre es von Vorteil, wenn Liv versuchte, etwas mehr wie Bitten zu sein.

Janna setzte alles daran, den beiden eine gute und behütete Erziehung angedeihen zu lassen. Sie war streng, hielt sich aber für gerecht. Wenn sich Bitten oder Liv danebenbenommen hatten, erhielten sie Hausarrest und durften dann auch keine Freunde mit nach Hause bringen. Liv traf diese Form der Bestrafung am häufigsten. Doch solange Mama arbeitete, konnte sie ja mit nach Hause bringen, wen sie wollte. Wenn Janna nachmittags nach Hause kam, wurden die Freunde vor die Tür gesetzt, und Liv wurde eingesperrt.

Trotzdem waren die meisten ihrer Freundinnen gern im Versicherungsgebäude zu Gast und fanden Janna nett und lustig. Was sie gelegentlich etwas störte, war die Tatsache, daß sie die Kinder nie ganz in Ruhe ließ. Sie war ausgesprochen kontrollierend. Wollte stets wissen, was vor sich ging. Liv reagierte darauf mit Wut und Eigensinn. Dadurch kam es häufig zum Streit.

Janna Ullmann war ein Mensch, der das Leben liebte. Sie war ausgesprochen sozial, impulsiv, nett und liebenswürdig, aber auch aufbrausend und eine Spur unberechenbar. Sie war alles andere als ein langweiliger Mensch. Bei ihren Freunden war sie ungemein beliebt und begehrt.

Das gesellschaftliche Leben wurde im Versicherungsgebäude großgeschrieben. Bitten und Liv durften an den Festen zu Hause teilnehmen. Es ging stets ganz gesittet zu. Mitunter ging Janna auch zu den Festen ihrer Freunde. Dann mußten Liv und Bitten die Stellung halten. Das ging gut, solange sie noch klein waren, aber im Laufe der Zeit mußte Liv allein zu Hause bleiben, während die große Schwester mit ihrer jeweils aktuellen Eroberung unterwegs war.

Liv vergötterte ihre große Schwester und bettelte darum, mitkommen zu dürfen. Aber für Bitten war es natürlich undenkbar, mit der kleinen Schwester im Schlepptau zu erscheinen. Liv fühlte sich doppelt verlassen, während Bitten und Mama auf Abenteuerjagd waren. Sie war sehr ängstlich und furchtsam. Gelegentlich schloß sie sich im Badezimmer ein und wartete darauf, daß eine der beiden nach Hause kam. Sie stellte sich vor, was Mama und Bitten da draußen trieben.

Bitten war auf dem Weg, die Welt zu erobern – und es schien, als sei sie dazu imstande. Wenn auch Janna nicht unbedingt das gleiche tat, gab es durchaus viele, die es auf sie abgesehen hatten. In Trondheim nannte man sie inzwischen »die lustige Witwe«.

Mutter und Tochter

Janna Ullmann verbrachte nicht selten gemütliche Abende mit ihren Töchtern zu Hause. Dann setzte sie sich ans Klavier und sang. Am liebsten sang sie Liebeslieder. Liv und Bitten war es nicht so wichtig, was sie sangen, Hauptsache sie waren zusammen. Aber als Bitten anfing, die meisten Abende mit ihren Freunden zu verbringen, war es mit den gemütlichen Abenden vorbei. Mama hatte zwar immer noch Liv, aber es sah nicht so aus, als sei die ihr genauso wichtig wie die ältere Tochter.

Bitten war mittlerweile fünfzehn, Liv dreizehn Jahre alt. Kurz vor Weihnachten 1951 waren sie bei Freunden gewesen und befanden sich auf dem Heimweg, um den Weihnachtsbaum zu schmücken. Das hatten sie vorher abgesprochen und genau geplant. Aber auf dem Heimweg beschloß Bitten, lieber einige ihrer Freunde zu besuchen. Liv war nicht besonders überrascht, und sie rechnete damit, daß Mama und sie den Weihnachtsbaum alleine schmücken würden. Aber nein, plötzlich war das Schmücken nicht mehr so wichtig. Das könne warten, sagte Mama. Liv reagierte enttäuscht und wütend. Sie beharrte darauf, den Weihnachtsbaum zu schmücken, auch wenn Bitten nicht mit nach Hause kam. Janna behielt ihren Standpunkt bei. Liv lenkte nicht ein.

Zu Hause angekommen, endete das in einem handfesten Streit zwischen Mutter und Tochter. Liv fühlte sich ungerecht behandelt und flüchtete sich, aufgewühlt wie sie war, ins Bett zu ihren nahezu drei Dutzend Puppen und Kuscheltieren.

Die Mama saß allein im Wohnzimmer. Der Weihnachtsbaum stand daneben, nackt und grün.

Obwohl Liv viele Freunde hatte, fühlte sie sich in dieser Zeit ziemlich einsam. Es fiel ihr nicht sehr schwer nachzuvollziehen, daß Bitten für sich sein wollte. Liv hatte andere Freundinnen mit großen Schwestern, die sich genauso benahmen. Aber sie kannte keine anderen Mütter, die sich genauso verhielten wie Janna. Liv fand es gleichermaßen erschreckend wie verwirrend. Weshalb mußte sie den Kontakt zu ihr ebenfalls verlieren? Gerade jetzt, wo sie die Mutter mehr denn je brauchte?

In dieser Zeit war Liv dünn, blaß und eckig. Sie selbst behauptet, sie sei regelrecht häßlich gewesen. Das ist sicher übertrieben, aber verglichen mit der blühenden, süßen Bitten kann man bestimmt sagen, daß sie nicht gerade vor Charme und Anmut sprühte. Am sichersten fühlte sie sich im Bett mit ihren Tieren und Puppen.

Janna Ullmann wollte ihren Kindern durchaus eine perfekte Mutter sein. Gleichzeitig wollte sie die korrekte Witwe sein und eine tüchtige Karrierefrau mit Ehrenämtern im Verein zur Pflege des Riksmål und in der konservativen Partei. Aber irgendwo mußte schließlich auch Raum für andere Freuden des Lebens sein? Sie hatte nicht den Wunsch, wieder zu heiraten, aber konnte sie sich nicht etwas mehr Privatleben gönnen, ohne gleich eine nennenswert schlechtere Mutter zu sein?

Die Familie war mittlerweile in die Elgesetergate gezogen, und Liv hatte die Schule gewechselt. Ihr größtes Interesse galt weiterhin dem Theater, aber sie hatte auch keine Probleme, in der Schule mitzukommen. Trotzdem wollte sie weg, weg aus der Schule und weg aus Trondheim. Sie beschloß, einen Brief an ihre Großmutter in Oslo zu schreiben. Sie wollte ihr erzählen, wie es ihr ging und daß sie am liebsten eine Zeitlang bei ihr wohnen würde.

Der Brief blieb mehrere Tage lang in der Schublade liegen – lange genug, daß Janna ihn finden konnte.

Und Janna fand ihn. Und las – und war außer sich.

Liv war zu dem Zeitpunkt in der Schule.

Janna nahm kurzerhand den Brief, suchte Liv in der großen Pause auf dem Schulhof auf und schimpfte sie gehörig aus, warf ihr Illoyalität, Klatsch und Lügerei vor. Es war eine Szene, die für die anderen kaum zu überhören war. Liv fühlte sich verraten und gedemütigt – und hilflos.

Sie hatte nicht gewollt, daß ihre Mama den Brief fand. Es war ein Hilferuf an die Großmutter gewesen. Sie verfluchte sich selbst, weil sie ihn nicht sofort abgeschickt hatte. Jetzt hatte Mama ihn in der Hand und zerriß ihn.

Janna besaß ein Buch, das ihr genauso wichtig war wie die Bibel. Es war ihr Tagebuch. Darin trug sie die wichtigsten Dinge ein, die sich in der Woche ereigneten. Neben den reinen Beschreibungen war das Buch gefüllt mit religiösen Notizen und frommen Worten für den Tag, Gebete und kleine, vertrauliche Worte an Gott mit der Bitte um Hilfe und Stütze im Alltag.

Als Liv an diesem Tag von der Schule nach Hause kam, ging sie direkt zu Jannas Bücherregal und zog ihr kostbarstes Buch heraus. Dann zerriß sie es Seite für Seite.

Das Verhältnis zwischen Mutter und Tochter wurde angespannter. Liv fühlte sich rundum fehl am Platze. Bald hatte sie keine Lust mehr, länger zur Schule zu gehen.

Eines Tages beschloß sie, die Schule zu schwänzen. Sie blieb im Bett liegen bis weit in den Tag hinein, stand aber auf, bevor die Mutter nach Hause kam. Janna war wütend, sah aber zunächst von einer Strafe ab. Statt dessen zog sie einen Arzt zu Rate – einen Psychiater. Liv wurde »zur Beobachtung« in die Psychiatrie zwangseingewiesen. Janna wollte wissen, ob sie vielleicht nicht ganz normal war; ihre Angst vor dem Alleinsein, das Tagebuch, das sie in blinder Wut in Stücke gerissen hatte, und zuletzt das Schuleschwänzen.

Liv protestierte heftig, aber es half nichts. Die Übermacht war zu groß. Sie wurde eingewiesen, schaffte es aber zu flüchten. Doch man fand sie bald wieder, und sie wurde zurück ins Krankenhaus gebracht. Dort mußte sie eine Woche bleiben. Der Psychiater kam schließlich zu dem Ergebnis, daß Liv Ullmann nicht das geringste fehlte. Man schickte sie nach Hause, und ihr Leben ging anscheinend wieder seinen gewohnten Gang.

Aber Liv Ullmann hatte diesen unfreiwilligen Aufenthalt nicht so ohne weiteres verkraftet. Es war ein Vorfall, der sich in ihr Gedächtnis einbrannte. Er wurde zum Inbegriff der Übermacht, gegen die sie sich wehren mußte. Das Vertrauen in die Mutter wurde dadurch auch nicht größer.

Als Liv im Frühjahr 1954 konfirmiert werden sollte, waren achteinhalb Jahre vergangen, seit sie einen roten Weihnachtsmann auf einem weißen Pferd in ihr Erinnerungsalbum geklebt und dazugeschrieben hatte: »Mama, meine liebe, liebe Mama. Ich hab dich so lieb«.

Mama hatte mit folgenden Worten darauf reagiert: »Ich hoffe, Liv, ich werde so sein, daß Du mich immerzu so liebhaben wirst wie jetzt, Liebes. Ich werde jetzt Vater und Mutter für Euch sein müssen, und ich werde bestimmt auch Dinge falsch machen, aber wenn Ihr einmal groß seid, werdet Ihr den Grund verstehen, werdet Ihr wissen, daß ich es einfach nicht besser konnte, obwohl ich es so gerne wollte.«

Vor der Konfirmation kommt es zu Jannas allerletztem Eintrag ins Erinnerungsalbum: »Am 9. Mai 1954 wirst Du im Dom zu Trondheim von Pastor Sandvik konfirmiert werden. In dieser Kirche wurden auch Papa und Mama getraut. Ich will dafür beten, daß das Leben leicht für Dich sein wird, liebe kleine Liv, daß Du es schaffst, an dem festzuhalten, was Du in dieser Zeit gehört und gelernt hast. Du wirst schwierige Zeiten erleben und allerhand durchmachen müssen – wie Du in der zurückliegenden Zeit schon manches Mal gesehen hast; aber alles wird leichter für Dich, wenn Du immer daran denkst, an Deinem Abendgebet festzuhalten, und wenn Du dieses Lied, das Dein Papa so sehr mochte, stets in Erinnerung behalten wirst:

> Immer aufrecht, wenn du gehst
> Wege, die Gott kennt,
> auch wenn du das Ziel erreichst
> erst am Lebensend.

So will ich Dir noch einen Spruch mit auf den Weg geben: ›Denn was hülfe es dem Menschen, wenn er die ganze Welt gewönne und nähme Schaden an seiner Seele?‹

Gott segne dich, Tupsi,
Deine Mama.«

»Ich liebe Jan —«

Als Liv im Dom konfirmiert wurde, war sie fünfzehneinhalb. Sie wurde größer und bekam allmählich weiblichere Formen. Zu Anfang war der BH zwar mehr mit Strümpfen und dergleichen ausgestopft, aber der ganzen Familie war klar, daß Liv nun ebenfalls Einzug in eine Welt halten sollte, die bis dato Bitten vorbehalten gewesen war – eine Welt voller Spannung und verbotener Früchte.

Janna hatte versucht, mit gutem Beispiel voranzugehen, was das Verhältnis zwischen Frauen und Männern betraf. Man wartete auf den Richtigen. Dann heiratete man ihn und blieb solange verheiratet, bis daß der Tod einen schied. Eine solche Einstellung zur Liebe stand im Einklang mit ihrer religiösen Anschauung. Sie hoffte inständig, daß etwas davon auf ihre Töchter abfärben würde. Aber wenn man ins Teenageralter kommt, gibt mehr die Natur den Ton an als jede noch so gutgemeinte Ermahnung. Grundsätzlich war nichts an Livs Interesse für das andere Geschlecht auszusetzen. Es war natürlich, nur bisweilen so intensiv, daß alles andere in den Hintergrund trat.

Sie fing an, Tagebuch zu schreiben. Darin führte sie Protokoll über ihre Kämpfe mit Mama und Bitten, aber meist schrieb sie über ihren neuesten Schwarm.

Es sind Sommerferien, sie ist allein in der Stadt, sie ist einsam, aber dann passiert etwas.

29. Juli: »Hurra! Annelise ist gekommen. Wir haben eine ganze Gruppe toller Osloer Jungs kennengelernt und sind morgen mit ihnen verabredet.«

30. Juli: »Es sind alles in allem achtzehn Jungen – zwischen siebzehn und zwanzig. War mit drei von ihnen heute auf Munkholmen.«

1. August: »Gute Güte, was bin ich in Jan verliebt. Er ist ganz süß! Blond gelockt. Gestern sind sie um zwei nach Hause gegangen. Er ist achtzehn oder neunzehn und küßt richtig gut. War ich je einsam?«

4. August: »Ich *liebe* Jan, ich weiß es. Er hat mir einen Ring geschenkt, bevor er um vier bei Annelise gegangen ist. Er sah, daß ich weinte und wischte alle Tränen fort. Noch nie ist ein Junge so zärtlich und leidenschaftlich zu mir gewesen. Bin ich zu jung, um mich wirklich in einen Jungen zu verlieben? Noch nie habe ich mich so von jemandem angezogen gefühlt wie von Jan...«

Jan war ihre erste wirklich ernstzunehmende Liebe, aber er und die anderen »Osloer Jungen« mußten natürlich bald wieder abreisen. Liv vereinbarte mit ihrer Großmutter, daß sie und Annelise zu ihr fahren und bei ihr wohnen könnten, in der Hoffnung, die Auserkorenen zu treffen. Sie fuhren, aber die Vögel waren ausgeflogen. Sie mußten unverrichteter Dinge zurückkehren.

Sie beide, Annelise und Liv, »vergingen vor Sehnsucht«, aber als die Schule im Herbst wieder anfing, ließ die Sehnsucht ein wenig nach. Es wurden ständig »Tanzabende« arrangiert, und wenn die Osloer Jungen nicht da waren, hatten sie halt Pech gehabt.

Sie verliebten sich von neuem.

25.9.: »War heute auf einer Tanzveranstaltung. 18 junge Leute. Ein voller Erfolg. Zwar sind viele paarweise in die verschiedenen Zimmer verschwunden, aber so ist es ja immer. Ich *mag* Gunnar so!«

Zwei Monate später, immer noch mit dem gleichen Schwarm: »Ich vergehe vor Sehnsucht nach Gunnar. Ich kann mich nicht länger auf das Jetzt konzentrieren. Guter Gott!«

Wenn bei niemandem zu Hause ein Fest stattfand, gingen sie zu Studentenfesten oder auf Militärbälle. Mitunter gelang es Liv und einigen Freundinnen sogar, mit ihren Angebeteten ein Hüttenwochenende zu verbringen, ohne daß die Eltern Verdacht schöpften, aber es »passierte nichts«. Alle wußten, wo die Grenzen waren, und die durften nicht überschritten werden.

Ein Jahr später – kurz bevor Liv siebzehn wurde – hatte sie einen anderen Freund, aber er machte von sich aus Schluß. Und der Grund?

»... er müßte mir näher sein, als erlaubt war, behauptete er, und weinte, daß es mir ins Herz schnitt.«

An anderer Stelle schreibt Liv: »Es kommt vor, daß man der Liebe nur ein einziges Mal im Leben begegnet. Nur eine kurze Zeitspanne im Leben wird von Liebe und Wärme erfüllt. Ein glücklicher kleiner Windstoß im Schilf, wenn der Wind freudig über das Wasser streicht. Selten bringt der Wind nur Freude ... allzu selten. Der kleine Windstoß kann leicht zum Untergang führen.«

Sie träumte von der Liebe – und vom Theater. Und inmitten aller heftigen Gefühle und Gefühlsschwankungen mußte Liv sich auch noch auf die Schule konzentrieren. Sie war keine schlechte Schülerin, aber man kann getrost sagen, daß ihre Gedanken nicht unbedingt im Klassenzimmer weilten. Als sie einen Aufsatz mit der Note »gut« zurückbekam, schrieb sie: »Meine Darstellungen seien von seltener, aber etwas überzogener Art, lautete das Urteil des Lehrers. Am Abend war ich zu Hause.«

Sie strebte für das Frühjahr einen guten Abschluß an. Sollte sie aber durchfallen, hatte sie sich vorgenommen, mit der Schule aufzuhören und als Schülerin am Trøndelag Theater anzufangen. Dort, glaubte sie, würde sie sich mehr zu Hause fühlen.

Ende Juni 1955 schreibt sie in ihr Tagebuch:

»Habe lange geschlafen – so lange es nur geht, wenn die Schulferien angefangen haben und der Tag der Zeugnisverleihung noch aussteht. Falle ich durch, laß Frieden über meiner Erinnerung leuchten, wenn meine Überreste an das Ufer des Nidelven gespült werden. Heute abend war ich mit Freunden im Kino.«

Aber Liv fiel nicht durch. Sie bestand mit der Note »gut« in den Fächern Norwegisch, Englisch und Mathematik, und der Note »befriedigend« in Nynorsk, der zweiten norwegischen Sprache, und Deutsch. Es waren noch zwei Jahre bis zum Abitur.

Weihnachten 1955, kurz nach ihrem siebzehnten Geburtstag, wollte sie nicht mehr. Sie hatte die Schule gründlich satt und wollte nach England fahren, um die Sprache und das Theaterspielen zu erlernen.

Das konnte nicht ohne Konflikte mit der Mama abgehen, die der Meinung war, ihre Tochter solle zu Hause bleiben und die Schule beenden, bevor sie in die Welt hinauszog. Janna sprach mit dem Rektor.

»Denken Sie an Livs Zukunft oder an sich selbst?« fragte er Janna Ullmann. Sie mußte zugeben, daß sie wahrscheinlich mehr an sich dachte.

Liv erhielt die Erlaubnis zu fahren.

Teil II

London und die Staatliche Schauspielschule

Daß Liv so ohne weiteres in die Millionenstadt London aufbrechen konnte, mag zunächst verwundern. Die Erklärung dafür liegt im CVJM-Heim am Holland Park – »das Haus mit dem großen Herzen«. Der CVJM war in London bereits 1908 gegründet worden und hatte dreißig Jahre später seine Adresse am Holland Park erhalten. Während des Krieges hatte das Heim als Krankenhaus für norwegische Seeleute gedient.

Das CVJM-Heim wurde seit 1947 von Annie Graff geleitet, und sie war mit der Zeit in der Öffentlichkeit bekannt geworden. Wahrscheinlich hatte Mutter Ullmann sowohl von dem CVJM-Heim als auch von dessen fähiger Leiterin gehört. Sie wußte, daß Liv keine bessere Unterkunft bekommen konnte. Hier mußten alle vor elf Uhr abends zu Hause sein. Alkohol war streng verboten. Personen des anderen Geschlechts waren nur einmal pro Woche willkommen – mittwochs – und dann ausschließlich als Gäste zum Essen.

Holland Park liegt in einer angenehmen Gegend von London, und das CVJM-Heim selbst ist ein stattliches Gebäude mit vier Stockwerken und hohen, herrschaftlichen Fenstern, einer einladenden Eingangstür, die von zwei Säulen umrahmt wird, sowie einer großen norwegischen Flagge, die von der Veranda des zweiten Stockwerks weht. Hierher kam Liv irgendwann im Februar, nachdem sie es zunächst auf einer englischen Internatsschule versucht hatte. Dort hatte der Begriff »Schulverdrossenheit« eine völlig neue Bedeutung für sie erlangt.

Liv teilte das Zimmer mit vier weiteren Mädchen, erhielt ihre eigene Kommode und einen halben Schrank sowie einen festen Platz für die Zahnbürste und das Notwendigste im Bad. Sie hatte bedeutend weniger Platz für ihre Sachen als zu Hause, aber das spielte keine Rolle. Das CVJM-Heim war für sie ein Paradies, in dem sie sich zum ersten Mal in Freiheit entfalten konnte.

Die meisten anderen waren über Zwanzig. Liv fand es peinlich, daß sie gerade mal siebzehn war, also machte sie sich zwei, drei Jahre älter. Ihre Zimmergenossinnen fanden sie reichlich kindisch und unreif. Sie schwärmte in romantischen Tönen vom »Theater« und erzählte allen, daß sie nach London gekommen war, um Schauspielerin zu werden. Die anderen Mädchen waren dort, weil sie Wirtschaft studieren wollten, einige waren Sekretärinnen, andere wollten als Au-pair arbeiten. Auf sie wirkte Liv Ullmann eine Spur wirklichkeitsfremd, aber in einem Punkt waren sich alle einig: Sie war unglaublich fleißig und zielstrebig. Nichts konnte sie ablenken. Wenn sie nicht im Theater war oder in die Dramen der Weltliteratur vertieft, nahm sie bei einer beleibten Dame namens Irene Brent Sprechunterricht.

Irene Brent war Sprachpädagogin. Janna hatte es arrangiert, daß Liv zu ihr gehen konnte. Unterricht und Aufenthalt wurden aus einem Legat finanziert, das Liv und Bitten von Viggo Ullmann bekommen hatten. Das Vermächtnis belief sich auf zweitausend Kronen. Da eine Woche mit Vollverpflegung im CVJM-Heim nicht mehr als zweieinhalb Pfund kostete, würde das Geld eine Zeitlang vorhalten.

Irene Brent war Norwegenfan, kannte ihren Ibsen und sprach sogar ein wenig Norwegisch. Der Unterricht fand auf Englisch statt und sollte in ein »Certificate of Merit in the Art of Speaking Verse« münden. Es wurde Liv am 5. Mai 1956 ausgehändigt.

Für Liv war dieses halbe Jahr in London ein Erlebnis. Die Stadt selbst kam ihr schön und anregend – und auch spannend vor. Sie war zum ersten Mal in ihrem Leben allein. Nicht einsam, aber allein – auf eigenen Wunsch. Und es gefiel ihr. Sie stellte fest, daß sie wunderbar ohne die Ermahnungen von Bitten und Mama auskam. Hier war kein Mensch, der ständig hinter ihr her war und ihr sagte, was sie tun und lassen sollte. Zwar gab es eine strenge Hausordnung am Holland Park, aber wenn sie nach einer Theatervorstellung eine Stunde zu spät heimkam, war stets eins der anderen Mädchen bereit, sie hereinzulassen.

Es gab nicht viele Feste und überhaupt keine Hüttenwochenenden mit Jungen, aber eine angenehme Atmosphäre. Außerdem gab es mehr Theatervorstellungen in London, als sie sich anschauen konnte. Einmal wurde sie nach Stratford on Avon eingeladen, um Laurence Olivier und Vivien Leigh zu sehen. Liv war in ihrem Element. Sie brauchte nicht länger ihre Zeit mit Deutschunterricht und Nynorsk zu verschwenden. Tag für Tag lernte sie etwas dazu über das, was sie wirklich interessierte: Was man brauchte, um eine gute Schauspielerin zu werden.

In ihr Londoner Tagebuch schrieb sie: »War auf einem ›Playreading‹, und man stelle sich vor, ich habe großen Eindruck gemacht mit Nora in ›Ein Puppenheim‹ von Ibsen. Bin so glücklich. Das Geld kam heute abend.«

Gelegentlich unterhielt sie auch die Bewohner des CVJM-Heims. Beim Essen wurde angekündigt, daß die »Schauspielerin Liv Ullmann« abends Gedichte und dramatische Texte vortragen würde. »Ich las Bergljot und sprach hier im CVJM-Heim über meinen Beruf. Es lief sehr gut. Lieber Gott … erhalte mir die Gabe, mit der du mich ausgestattet hast, und beschütze mich.«

Aus London schrieb sie an die Staatliche Schauspielschule in Oslo. Die Schule war 1953 gegründet worden, und Liv wollte gerne dort anfangen.

Aber die Zeit verging. In ihr Tagebuch schrieb sie: »Habe aufgehört, auf Antwort von der Schauspielschule zu hoffen. Sie reagieren überhaupt nicht.«

Am 18. Juni hatte sie ihr letztes Playreading in London, zwei

Tage später fuhr sie nach Hause, »ohne eine Träne zu vergießen, obwohl der Abschied schmerzlich war.«

Sie war ein halbes Jahr im Ausland gewesen, aber es kam ihr wie ein halber Tag vor. Liv hatte sich verändert. Sechs Monate auf sich allein gestellt, hatte sie Geschmack an der Selbständigkeit gefunden. Die Heimkehr war nicht einfach.

Aber mittlerweile hatte sie Antwort von der Schauspielschule erhalten. Sie sollte im Herbst zum Vorsprechen kommen, und sie war besessen davon, die Aufnahme zu schaffen. Die Schauspielschule war nicht nur wichtig für ihre Karriere als Schauspielerin, sie war auch wichtig für sie als Mensch. Vieles hatte sich verändert. Die große Schwester Bitten hatte geheiratet und ein Kind bekommen. Sie wohnte nicht länger zu Hause bei Janna. Nun wollte auch Liv – ja, sie hatte fast das Gefühl, sie müsse – alleine wohnen und von ihrer Mutter unabhängig sein. Die Schauspielschule war gleichbedeutend mit der Eintrittskarte in die Freiheit.

Im Herbst 1956 fuhr sie nach Oslo. Die erste Probelesung bestand aus Julias Monolog in Shakespeares ›Romeo und Julia‹. Sie hatte zu Hause in Trondheim mit Bittens Mann Kjell als Romeo geübt. Den Text kannte sie jedenfalls in- und auswendig.

In ihr Tagebuch notierte sie am 28. August 1956: »War im Nationaltheater und habe ›Drei Frauen‹ gesehen. Wie mag es wohl sein, auf dieser Bühne zu stehen? Werde ich das erleben?« Am Tag darauf sollte sie zu ihrem ersten Vorsprechen. Am gleichen Abend schreibt sie: »Habe heute zum ersten Mal in der Schule vorgespielt. Julia ist hervorragend gelaufen, und ich habe sehr viel Lob eingeheimst. Wird es das nächste Mal auch so gut laufen?«

Toralv Maurstad gehörte in diesem Jahr der Jury an. Er hatte selbst die Schauspielschule in London, die »Royal Academy of Dramatic Art« besucht. Maurstad erzählt:

»Ich erinnere mich, daß ich zusammen mit Tore Foss und Fritz von der Lippe in der Jury saß, und wahrscheinlich auch noch mit Gerda Ring. Wer die Hedvig in Ibsens ›Wildente‹ nicht spielen konnte, etwas heiser war, häßlich und dicke Beine hatte, kam überhaupt nicht erst rein. Tore und ich stimmten für die hübschen Mädchen und gingen davon aus, daß Liv aufgenommen würde. Ich habe ihr Vorsprechen nicht gesehen, ich weiß also nicht, wie sie war, aber das entsprechende Aussehen hatte sie auf alle Fälle!«

Liv sprach zum zweiten Mal vor und wartete gespannt auf das Ergebnis, das in Form einer kurzen Namensliste bekanntgegeben wurde. Stand man darauf, war man aufgenommen − falls nicht, war man ausgeschieden. Gewogen und für zu leicht befunden.

Am 1. September, einem Samstag, wurde die Liste in der Schule ausgehängt. Liv Ullmanns Name war nicht dabei. In ihr Tagebuch schrieb sie: »Fange ich heute an der Schauspielschule an − oder überkommt mich die Verzweiflung? Ich bin völlig am Boden. Das Probespiel ist daneben gegangen!«

Arne Thomas Olsen war Rektor an der Schauspielschule und hatte sie gesehen. Er erzählt, Liv sei sehr gut gewesen und man habe sie als vielversprechend eingestuft. Das Problem waren zu viele Anwärter. Es gab kein Mindestalter für die Aufnahme an der Schauspielschule, aber als Folge der großen Nachfrage wurde festgelegt, die Untergrenze bei achtzehn Jahren anzusetzen. Infolgedessen war Liv vier Monate zu jung! Sie mußte bis zum nächsten Jahr warten.

Arne Thomas Olsen rief bei Janna Ullmann an und teilte ihr das Ergebnis mit. Er versicherte ihr, daß ihre Tochter nächstes Jahr automatisch aufgenommen würde. Aber bei Liv »saß der Schock tief«, wie sie schrieb.

»Ich sitze allein in meinem Zimmer und fühle mich furchtbar einsam. Was ist nur aus mir geworden? Kein Abitur. Keine Schauspielschule.«

Bei den Dreharbeiten

»Mach dir keine Sorgen, Kirsti, wenn du nicht aufgenommen wirst.«

Wir sind bei den Aufnahmen zu ›Kristin Lavranstochter‹. Adresse: »Norsk Film«, Jar.

Sverre Anker Ousdal liegt auf dem Bett seiner todkranken Tochter Ulvhild, alias Kirsti Torhaug. Er versucht sie zu trösten, ihre Nerven zu beruhigen.

Es ist jedoch keineswegs der Tod, vor dem sie Angst hat, oder die Tatsache, daß sie in Liv Ullmanns Film den Tod spielen muß – gleich nach der Kaffeepause ist sie dran. Nein, ihre Nerven flattern, weil sie die ersten beiden Aufnahmetests an der Staatlichen Schauspielschule bestanden hat. Das heißt, daß sie jetzt vor der letzten und entscheidenden Aufnahmeprüfung steht. Alle, die je versucht haben, durch dieses Nadelöhr zu kommen, wissen, was das bedeutet.

»Schauspielschule?« fragt Liv. »Das einzige, was du dort lernst, ist Fechten und richtiges Gehen. Aber fechten mußt du nicht können als Mädchen, und richtig gehen kannst du ja schon, soweit ich sehe. Du bist so gut, du brauchst diese Schule nicht, du solltest lieber weitere Rollen in meinen Filmen übernehmen.«

Sie lacht. »Ich bin ja nicht reingekommen, wie du vielleicht weißt. Oh Gott, wie ich damals gelitten habe. Ich erinnere mich an die Niederlage, als wäre es gestern gewesen. Aber eigentlich spielt es keine große Rolle, wenn du mich fragst! Laurence Olivier war nicht auf der Schauspielschule und Joachim auch nicht.«

Sie nickt Joachim Calmeyer zu, der das Kostüm des Pfarrers Sira Eirik trägt. Er soll den Segen über Ulvhild sprechen, wenn sie stirbt.

»Sverre war auf der Schule, das stimmt, aber er hat dort trotzdem nichts gelernt, bei ihm gibt es am meisten zu verbessern. Nein, auf diese Schule mußt du wirklich nicht.«

Sverre zuckt mit den Schultern: »Erinnerst du dich an Romeo und Julia, Liv? Und du, Joachim? Erinnert ihr euch an die Vorstellung im Nationaltheater? Du hast die Julia gespielt, und Joachim den Romeo. Und wir von der Abgangsklasse der Schauspielschule haben die restlichen Rollen besetzt. Per Bronken führte Regie, Stein Winge war mit von der Partie und viele andere. Erinnert ihr euch an die Vorstellung? Erinnert ihr euch an die Kritik in der Zeitung? Auf der Titelseite war ein Foto vom Nationaltheater mit der Flagge auf Halbmast, darunter hatte Odd Eidem geschrieben: ›Es ist uns keineswegs gleichgültig, wenn wir gestern abend im Namen der Nation ein Unbehagen verspürt haben.‹«

Sverre zitiert mit kräftiger Stimme und ausgeprägter Gestik.

»Mein Gott, das hatte ich ganz vergessen, das hatte ich wirklich vergessen«, sagte Liv.

»Ja, aber das war noch nicht alles, es geht noch weiter, hört zu.« Sverre setzt eine intellektuelle Miene auf, macht mit den Fingern ein paar Schreibmaschinenübungen, rückt die Brille auf der Nase zurecht und deklamiert aus Odd Eidems Nekrolog zur Vorstellung im Oktober 1964. Er kann den Text Wort für Wort auswendig. Die Darstellung von Eidems Kritik, in der Gestalt Lavrans' auf dem Bett sitzend, hätte ihm die Aufnahme in die Schauspielschule beschert, egal in welchem Alter.

»In weltberühmten, schwierigen Rollen poltert eine Reihe junger Schauspieler auf die Bühne, die nicht zu sprechen vermögen, nicht zu gehen, nicht zu tanzen. Als schließlich aus Stein Grieg Halvorsens Mund die ersten Worte erklingen, merkt man, daß hier plötzlich ein wahrhaftiger Schauspieler steht und spricht! Was wir vor seinem Auftritt über uns ergehen lassen mußten, sind schätzungsweise neunhundert Kilo Frischfleisch, die über das norwegische Theaterleben hereinbrechen. Selbst ein Bergman hätte nicht vermocht, einen Wal in eine fliegende Lerche zu verwandeln. Stein Winge, Georg Thommessen, Lars Wikdal, Sverre Anker Ousdal und Rannov Nilsen sollten nachdrücklich an die Erwiderung erinnert werden, die Harriet Backer seinerzeit einer jungen Malerin gab, die nicht sicher war, ob sie mit dem Malen fortfahren sollte: ›Wenn Sie es lassen können, lassen Sie es!‹«

»Ja, so war es damals, also sieh dich vor!«

Sverre wirft Ulvhild einen gebieterischen und warnenden Blick zu. Sie lacht und schüttelt den Kopf.

Liv und die anderen wollen sich ausschütten vor Lachen. Zum Schluß sagt Liv: »Ja, es stimmt, Kirsti. Du brauchst diese Schule wirklich nicht. Aber jetzt müssen wir wieder an die Arbeit, genug gelacht!«

Die Dreharbeiten gehen weiter. Ulvhild soll in den Armen von Henny Moan und Sverre Anker Ousdal sterben. Und wir wollen weiter in der Geschichte. Das hier ist trotz allem erst der erste Akt.

Liv Ullmanns Gesicht ist verschlossen, konzentriert, streng. Sie beugt sich über den kleinen Bildschirm, der ihr genau zeigt, was die Kamera »sieht«. Dicht neben ihr steht Sven Nykvist. Sie drückt seine Hand. Die Sterbeszene beginnt.

Mit einem Mal ist alles Wirklichkeit. Die Illusion ergreift von uns Besitz. Lavrans und Ragnfrid sitzen miteinander am Totenbett ihres jüngsten Kindes. Kristin geht auf Lavrans zu, der den Arm um sie legt und spürt, wie sie zittert und bebt. Sira Eirik kommt näher und beugt sich über die Tote. Er schlägt das Kreuz: »Der Herr Jesus Christus selbst hat die kleinen Füße auf einen Pfad gestellt, auf dem sie sicher Gottes Reich finden können. Das arme Kind durfte ohne Sünde in sein zweites Heim eingehen.«

Als die Szene vorbei ist, herrscht im Studio Totenstille.

»Danke.«

Liv spricht ganz leise, sie ist sichtlich mitgenommen. Auch wir anderen sind froh, daß es nur ein Film ist. Der Aufnahmeleiter drückt auf den grünen Knopf. Das heisere, schrille Nebelhorn signalisiert, daß das Bild im Kasten ist. Die nächste Aufnahme kann vorbereitet werden.

Eine Woche später erhielt Kirsti Torhaug die Nachricht, sie sei in die Schauspielschule aufgenommen worden.

Wartezeit

Wenn Liv zurückschaut, benutzt sie bisweilen den Ausdruck »unbedarft« im Hinblick auf ihre eigene Person. »Ich war ja völlig unbedarft«, sagt sie oft.

Gemeint ist, sie sei ein wenig einfältig oder naiv gewesen, nicht gerade die Schnellste. »Doch für mich war das von Vorteil, denn es hat immer bedeutet, daß ich viel mehr arbeiten mußte, als ich es ansonsten getan hätte.«

Vielleicht war es für sie sogar ein Glück, daß sie an der Schauspielschule nicht angenommen worden war? Vielleicht war es sogar gut, daß sie mit einer Niederlage beginnen mußte? Vielleicht war es für sie gerade richtig, daß sie besonders hart arbeiten mußte, um ihren größten Wunsch zu realisieren? Vielleicht war es ganz gesund, daß sie sich anfangs eher auf der Verliererseite befand und sich nicht für eine der wenigen Auserwählten an der Staatlichen Schauspielschule hielt? Vielleicht paßte es zu ihrem Charakter, daß sie zunächst den steinigen Weg gehen mußte?

Tore Foss, der selbst in der Jury gesessen hatte, bot Liv Gratisunterricht an. Sie sollte zwei- bis dreimal die Woche bei ihm Unterricht haben. Die Stunden bei Tore Foss kosteten wirklich nichts. Wenn Liv mitunter von ihrem alten Lehrmeister erzählt, dann mit viel Wärme in der Stimme.

Tore Foss hatte am Centraltheater gelernt. Damals wurde es von Reidar Otto geleitet, dem Sohn des Gründers. Bevor es die Schauspielschule gab, galt diese Bühne als einer der geeignetsten Orte, an dem junge Bühnenkünstler ihre Karriere beginnen konnten. Es war ein Komödientheater, in dem das richtige timing, das rechte Wort zur rechten Zeit alles bedeutete. Und das soll heißen, hier ist die Rede von einer hochempfindlichen inneren Uhr, einem Chronometer, der die Hunderstel Sekunden zählt und das Gehirn informiert, wann die Sprechwerkzeuge in Gang gesetzt werden müssen, wie schnell oder langsam ein Satz gesprochen werden soll und ob die Pause davor oder danach kurz oder lang zu sein hat.

Es ist eine Technik. Manche erlernen sie einigermaßen. Andere entwickeln sie zu einem zuverlässigen und treuen Diener im Dienste Thalias. Tore Foss gehörte der letzten Kategorie an. Er war ein guter und technisch geschulter Schauspieler. Einer, der genausogut Professor Higgins spielen konnte wie den Vater von Eliza Doolittle, einer, der auf der Bühne sein Gesicht innerhalb kürzester Zeit völlig überzeugend verändern konnte. Außerhalb des Theaters war er immer der gleiche. Großzügig und nett, rund und kompakt. Alle mochten und respektierten ihn.

Und Tore Foss kümmerte sich tatsächlich um Liv Ullmann. Er erteilte ihr Unterricht, er verschaffte ihr an verschiedenen Theatern Zugang zu Proben, er besorgte ihr Eintrittskarten für Vorstellungen, machte sie mit verschiedenen Regisseuren bekannt, so daß gelegentlich ein kleiner Nebenjob als Statistin für sie abfiel oder sogar eine kleine Rolle, und er erzählte viel Positives über diese junge Schauspielerin, die nicht an der Schauspielschule angekommen war, aber Talent hatte. Dessen war er sich sicher.

Diesen unerschütterlichen Glauben an ihr Talent brauchte Liv am allermeisten. Und er kam überdies von einem Mann, der sein

Fach beherrschte. Als wäre das nicht schon genug: Tore Foss erwies sich auch noch als sehr korrekt im Umgang mit seiner jungen Schülerin. Aber die Türen der Theater standen Liv Ullmann keineswegs offen, und die Tage waren lang.

An einem Tag im August 1956 brachte die norwegische Tageszeitung »Aftenposten« ein kleines Foto von Olav Hestenes, dem nicht unbekannten Vorkämpfer für Riksmål und zugleich jungen Strafverteidiger, zusammen mit Liv Ullmann. Alle wußten natürlich, was Hestenes auf der Veranstaltung suchte, aber daß dieses junge Mädchen aus Trondheim zur Unterhaltung beitragen sollte, war neu. Liv hat das Bild und den Artikel in ihr Album eingeklebt und dazugeschrieben: »Da mich die Theater nicht haben wollten, blieb mir nichts anderes übrig, als in einem Büro anzufangen. Und wo konnte ich bessere Freunde finden als im Riksmålsverband, der mir kleinere Jobs verschaffte und mich auch an die konservative Partei Høyre vermittelte.«

Livs »Freunde« im Riksmålsverband waren einfache und gleichmütige Männer wie die Schriftsteller André Bjerke, Jens Bjørneboe, Rannik Halle, Sigurd Hoel und Arnulf Øverland – und natürlich auch der junge Hestenes. Liv wurde mit kleinen, einfachen Arbeiten im Büro des Riksmålsverbandes betraut. Sie klebte Briefmarken und zog Matrizen ab. Aber im Laufe der Zeit erhielt sie immer häufiger die Erlaubnis, auf Veranstaltungen aufzutreten.

Nach einigen Wochen wurde sie im Veranstaltungsprogramm, in dem sie mittlerweile einen festen Bestandteil bildete, zum ersten Mal als »Schauspielerin« aufgeführt. Sie war von den hohen Herren adoptiert worden und zu ihrem Maskottchen avanciert.

Liv Ullmann begleitete sie auf Tourneen durchs ganze Land. Sie fuhren mit dem Zug oder Bus und übernachteten in billigen Hotels. Liv trug ihre Gedichte vor, und wenn die Veranstaltungen vorbei und die Pflichten erledigt waren, wurden die Abende zum Diskutieren, Polemisieren und Philosophieren genutzt. Gelegentlich floß dann auch der Alkohol.

Für jeden Jugendlichen wäre diese Gesellschaft interessant und anregend gewesen. Für eine werdende junge Schauspielerin, die von Literatur und vom Theater begeistert war, muß sie das reinste Manna gewesen sein.

Nicht allein waren diese Herren aufs Wundersamste belesen und gelehrt, sie waren auch charmant, weltgewandt, höflich, einige waren zudem auch noch nett anzusehen, sie wußten, wie man eine Dame behandelt. Außerdem waren sie zumeist brillante »Darsteller« – sie konnten auftreten, sowohl auf der Bühne als auch in der weniger vorhersagbaren Manege des Lebens.

Zu fortgeschrittener nächtlicher Stunde war es mit Sicherheit eher ein Zirkus. Aber Liv wurde in Ruhe gelassen. Im Verlauf aller Zusammenkünfte in diesem Herbst und Frühjahr gibt es nur einen einzigen Eintrag im Tagebuch, der streng genommen nichts mit der Sprache Norwegens zu tun hatte: »Fest im Riksmålsverband. Wurde zum zweiten Mal in meinem Leben von einem verheirateten Mann geküßt. Er hat behauptet, nicht betrunken zu sein, was zeigt, wie schäbig er sich verhält.«

Liv wurde im Dezember achtzehn. Sie war ein hübsches Mädchen. Sie hatte nichts gegen Männer. Aber sie wirkte offensichtlich so unschuldig und naiv, daß die alternden Löwen wohl folgerten, ein Übergriff käme in diesem Falle reiner Wilderei an einer jungen und zarten Beute gleich.

Sie fühlte sich akzeptiert. Sie wußte, daß sie mit einigen der »Großen« ihrer Zeit zusammensein durfte. Sie liebte es, dabeizusitzen und ihnen beim Reden und Diskutieren zuzuhören. Sie war sich darüber im klaren, daß ihr vieles zu hoch war, aber auch dann nahm sie vieles auf. Sie sog soviel sie konnte in sich auf. Verdaut wurde später.

Ihre neuen Freunde kämpften nicht nur für die Sprache. Im November 1956 gab es auf dem Universitätsplatz eine große

Demonstration gegen die Unterdrückung der Ungarn durch die Sowjets. Arnulf Øverland war der Hauptredner. Seine Worte machten noch größeren Eindruck auf Liv als sein Gedicht: ›Du darfst nicht schlafen! . . .‹

Ja, gerade in diesem Jahr tat es Liv Ullmann gut, von den Riksmålsrittern umringt zu sein.

Sie hatte ein Zimmer in Røa, am westlichen Stadtrand von Oslo. Die Zeit im Riksmålsverband war spannend, bei Tore Foss war es schön und lehrreich, die Theaterproben waren interessant, aber Liv hatte trotzdem noch sehr viel freie Zeit. Sie verbrachte Hunderte von Stunden in der Deichmanschen Bibliothek – denn sie las gerne, und dort kostete es nichts.

Des weiteren war sie häufig Gast bei der Wochenschau in der Karl Johansgate. Das war nicht gratis, aber sie fand, es war die Krone wert, die es kostete, hineinzukommen. Sie konnte dort im Dunkeln sitzen und sich die gleichen Nachrichten ein übers andere Mal anschauen. Wenn sie am Donnerstag endlich wechselten, erfüllte es sie mit unsagbarer Erleichterung und Begeisterung. Endlich wieder *neue* Nachrichten!

Noch hatte sie keine Freunde in ihrem Alter gefunden, kein Umfeld, das sie ihr eigenes nennen würde. Ihre beste Kameradin war nach wie vor die Großmutter. Sie gingen häufig zusammen ins Kino, sahen sich manchmal zwei Vorstellungen an einem Abend an. Dazu lud die Großmutter sie meistens ein. Anschließend nahm sie Liv mit zu sich nach Hause in ihre kleine Wohnung im Viertel Majorstua. Dort konnten sie stundenlang zusammensitzen, wenn die Großmutter aus ihrem unendlichen Reservoir an Phantasie und Erzählerfreude schöpfte. Liv wurde niemals müde, ihr zuzuhören.

Wenn sie abends im Theater war, suchte sie häufig anschließend ihre Großmutter auf, um etwas Gesellschaft zu haben. Im Oktober schreibt sie in ihr Tagebuch: »Wenig Geld für Lebensmittel. War in Großmutters Wohnung, aber sie war nicht zu Hause. Bin bis um zehn geblieben und dann nach Hause gegangen.« Und ein paar Tage später: »Auch heute wieder früh nach Hause in die Einsamkeit. Trage mich mit dem Gedanken, mir einen Hund zuzulegen. So wie es jetzt ist, halte ich es nicht mehr lange aus.«

Der Winter und die Dunkelheit haben Einzug gehalten. Eine kleine Aufmunterung täte nun gut. Anfang November erhält sie von der Zeitung ›Morgenposten‹ einen Brief, in dem steht, daß die Zeitung ein Bild von ihr ausgewählt hat und sie zu den Finalistinnen der Lucia-Show gehört. Livs Kommentar: »Es tut sich immer irgendwas, auch wenn die Türen der Theater für mich hermetisch verschlossen bleiben. Warum sehe ich auf Bildern immer aus wie ein Pferd?!«

Sie war als eins von sechs Mädchen ausgewählt worden, um an der Lucia-Show der Zeitung mitzuwirken. Am 17. Dezember 1956 – am Tag nach ihrem achtzehnten Geburtstag – druckt die Zeitung ›Adresseavisen‹ eine kleine Geschichte über das Trondheimer Mädchen ab, das in die Hauptstadt gekommen war, um in Thalias Dienste zu treten und jetzt als eine der Begleiterinnen der Lucia auftritt. Für Liv ist das ein schwacher Trost. Sie bräuchte eine größere Aufmunterung. Ein paar Wochen später bekommt sie die.

Das Telegramm trägt das Datum vom 24.1.1957:

»Sie sind engagiert. Brief mit Vertrag folgt. Gisle Straume.«

Gisle Straume war Intendant am »Rogaland Theater«. Er war mit dem Rektor der Schauspielschule, Arne Thomas Olsen, befreundet. Und Tore Foss und er kannten sich ebenfalls.

Livs Tagebucheintrag war kurz: »Bedarf es irgendwelcher Worte??«

Amors Pfeile

Auf einmal stand ihr die Tür zum Theater sperrangelweit offen. Aber es dauerte noch mehr als ein halbes Jahr, bis Liv am »Rogaland Theater« erscheinen sollte. Sie setzte ihre Stunden mit Tore Foss fort. Es ergaben sich auch ein paar kleinere Rollen an den Osloer Theatern. Am »Oslo Nye Theater« spielte sie das Hausmädchen im Lustspiel ›Sjarmøren‹ (›Der Charmeur‹) und bekam ihre erste, öffentlich abgedruckte Kritik.

»Bezaubernd ist die blonde Liv Ullmann, die sicher bald die Schürze des Stubenmädchens auf der Bühne ablegen wird«, schrieb die Tageszeitung ›Dagbladet‹.

In Otto Carlmars Volksstück ›Fjols til fjells‹ (›Trottel in den Bergen‹) bekam sie ebenfalls eine kleine Rolle. Carlmar hatte zu dieser Zeit bereits als Filmemacher einen Namen. Er fungierte als Produzent, und seine Frau Edith führte Regie. Gemeinsam produzierten sie ohne staatliche Zuschüsse einen Spielfilm nach dem anderen – und mit Gewinn.

Das lag wohl größtenteils an Otto Carlmars legendärer Zurückhaltung im Umgang mit Geld. Nie wurde auch nur eine Öre verschwendet. Konnte ein Requisit, ein Malerpinsel oder ein Kostüm mehr als einmal verwendet werden, sorgte er stets dafür, daß sie zu Wiedergängern wurden. Wenn die Kamera den unteren Teil einer Wand nicht sehen konnte, wurde diese auch nicht bis auf den Boden gestrichen und mit Fußbodenleisten ausgestattet.

Otto Carlmar verstand sein Fach. Er war stets auf der Suche nach neuen, jungen Gesichtern. In Liv Ullmann sah er etwas, woran er glaubte. Die Statistenrolle in ›Fjols til fjells‹ war im Grunde nur eine bezahlte Kameraprobe. Er hegte ganz andere Pläne mit ihr für die Zukunft.

In ihr Tagebuch schrieb Liv: »Auch heute wieder in den Studios von »Norsk Film«. Hatte eine kleine Statistenrolle. Juster und Frank Robert hatten die Hauptrollen. Petter hat Geld von mir bekommen, um in der Weinhandlung einkaufen zu gehen, ist aber hinterher nicht mehr zurückgekommen. An diesem Abend hatte ich fast keine Tränen mehr.«

Und ein paar Tage später: »War draußen in Jar den ganzen Vormittag bei den Dreharbeiten. Carlmar war sehr nett zu mir. Abends und in der Nacht bei Petter. Er hat mich schlecht behandelt.«

Liv verliebte sich ziemlich oft. Aber bisher war alles anständig und ziemlich unschuldig verlaufen. Von ihrer Mutter hatte sie eingebleut bekommen, daß man zu warten hatte, bis der Richtige kam. Alles andere war so gut wie undenkbar.

Seit sie fünfzehn ist, erzählt ihr Tagebuch davon. Sie trifft einen Mann, der ihr gefällt, verliebt sich, ist mit ihm zusammen, es hält eine Weile an, dann ist es wieder vorbei. Sie ist traurig oder froh – je nachdem, ob sie Schluß gemacht hat oder der andere –, und dann begegnet sie jemand Neuem. Und der Zyklus beginnt von vorne.

Was aber »Petter« angeht, so taucht er eines Tages einfach auf als fait accompli. Plötzlich ist er da.

Da die Geschichte von Liv und ihm weder unschuldig noch besonders schön ist, habe ich beschlossen, ihm ein Pseudonym zu geben. Aber sie sagt etwas aus über den Preis, den man anscheinend bezahlen muß, wenn man verzweifelt auf der Suche nach Nähe ist; das ist sicher für die meisten Menschen nichts Neues.

Liv schreibt nichts darüber, wann oder wo sie sich kennengelernt haben. Auch unternimmt sie keinen Versuch, herauszufinden, wieso sie sich so für ihn begeistert hat. »Begeistert« ist im übrigen der falsche Ausdruck. Sie war hoffnungslos verliebt.

»Konnte es nicht lassen, Petter heute vormittag zu besuchen. Er behauptet, daß er mich liebt und daß er mit K. Schluß machen wird. War abends bei Großmutter.«

»War den ganzen Tag mit Großmutter zusammen. Habe keinen Versuch unternommen, Kontakt zu Petter aufzunehmen. Bin im Zweifel ... Kann man denn in einen derart charakterlosen Mann verliebt sein?«

Petter liebte die Frauen, und er liebte den Alkohol. Beides mißbrauchte er, und nichts von beidem konnte er sich leisten. Er war ein Meister darin, sich von anderen aushalten zu lassen. Liv erzählte er, er würde sie lieben, war aber gleichzeitig ständig mit anderen zusammen. Manchmal begegnete Liv »der anderen« in der Tür.

Liv wußte, daß sie mit ihm Schluß machen müßte, aber sie schaffte es nicht.

»War den ganzen Vormittag bei Petter. Gehörte wieder ihm. Von Gefühlen bestimmt, die so stark sind, daß ich nicht über sie entscheiden kann. Habe bei Petter zu Mittag gegessen. Später traf er sich mit K., und ich ging nach Hause. War um acht im Bett ...«

Liv schaffte es nicht, von Petter loszukommen. Das Verhältnis blieb nicht folgenlos. Aber Petter hatte keinerlei Ambitionen, Vater zu werden. Er drückte ihr 250 Kronen in die Hand für eine Abtreibung und entschuldigte sich, daß er nicht mehr Geld flüssig hatte. Dann fuhr er nach Holland in Urlaub.

Liv suchte in Oslo einen Arzt auf, der die Sache für sie in Ordnung bringen sollte. Er war kein ausgewiesener Frauenarzt, im Gegenteil, aber er hatte derlei Eingriffe zu einem hübschen kleinen Nebenerwerb ausgebaut. Fünfhundert Kronen kostete es. Und sie mußte selbst ein Taxi besorgen, das nach dem Eingriff unten auf sie wartete. Sie mußte im voraus bezahlen. Sollte sie im Anschluß Probleme bekommen, konnte sie auf keinen Fall zu ihm zurückkehren und um Hilfe bitten. Er würde behaupten, sie nie zuvor gesehen zu haben.

Liv war verzweifelt. Sie rief sofort bei Petter an. Konnte er nicht nach Hause kommen und bei ihr sein und ihr beistehen, wenn es nächste Woche soweit war? Sie hatte nicht den Mut, das alles alleine durchzustehen. Die Antwort lautete nein, er könne nicht nach Hause kommen. Im übrigen habe er vergessen, ihr zu erzählen, daß er sich mit einer anderen verlobt hätte. Aber er würde am Mittwoch an sie denken. Das versprach er ihr.

Liv kehrte nicht zu dem Arzt mit dem Nebenerwerb zurück. Statt dessen ging sie mit dem Theater auf Tournee. Sie wußte nicht, was sie machen sollte. Völlig verzweifelt und vollends am Boden, versuchte sie, Zeit zu gewinnen, und wußte gleichzeitig, daß sie gerade die nicht hatte.

Als die Truppe nach Lillehammer kam, wurden einige der Schauspieler bei Viggo Ullmann zum Essen eingeladen. Viggo Ullmann war ein Vetter von Livs Vater und hatte die meiste Zeit seiner Erwerbstätigkeit im Krankenhaus von Lillehammer gearbeitet.

Er hatte viel von Liv gehört, sie aber noch nicht kennengelernt. Nun freute er sich darauf, sie zusammen mit den anderen der Truppe bei sich zu Hause zu empfangen.

Aber Liv fühlte sich elend. Sie war körperlich wie psychisch aus dem Gleichgewicht. Ihr war übel. Sie hatte Angst. Sie war wütend. Sie war innerlich völlig aufgelöst. Ein Teil von ihr wollte das Kind, weil es das »Richtige« war, dazu war sie erzogen worden im Einvernehmen mit ihrem christlichen Glauben. Ein anderer Teil von ihr ertrug nicht einmal den Gedanken an ein Kind, für das sie ganz allein verantwortlich wäre. Denn soviel war ihr klar: Petter würde ihr nicht helfen, weder praktisch, noch emotional oder ökonomisch.

Sie wußte nicht, was tun. Die Unsicherheit lähmte sie in ihren Entscheidungen. Anstatt zum Vetter ihres Vaters zu gehen, blieb sie im Hotel. Sie bat einen der anderen Schauspieler, ihm auszurichten, daß sie sich nicht gut fühle, daß sie müde sei und lieber an einem anderen Tag käme.

Nach einer Stunde klopfte es an die Tür. Liv kroch aus dem Bett und öffnete die Tür. Es war Viggo Ullmann. Sie hatten sich noch nie gesehen. Ein paar Sekunden lang starrten sie einander schweigend an. Beide erkannten im anderen Livs Vater wieder. Sie weinte. Er sagte: »Ich habe das Gefühl, daß du mich brauchst. Stimmt das?«

Liv erinnert sich nicht mehr im Detail an das, was anschließend geschah. Aber sie weiß noch, daß Viggo Ullmann gut zu ihr war. Janna kam aus Trondheim angereist. Sie war sehr liebevoll und umsichtig. Sie stellte keine Fragen. Sie war für ihre Tochter einfach nur da.

Liv wurde ins Krankenhaus eingeliefert. Als sie entlassen wurde, war sie nicht länger schwanger. Den Gedanken an das Kind wird sie niemals los. Aber sie kam ihrer Familie näher, ihrem Onkel Viggo und ihrer Mutter.

Am »Rogaland Theater«

Tore Foss hatte seiner Schülerin ein Empfehlungsschreiben ausgestellt.

»Ich unterrichte seit vielen Jahren und habe zahlreiche Schüler gehabt. Unter all diesen zeichnet sich Liv Ullmann als ein strahlendes Beispiel für Jugend *und* Talent aus. Meines Erachtens ist sie für die wirklich großen Aufgaben im norwegischen Theaterleben bestimmt.«

Der Intendant des »Rogaland Theaters« plante eine Inszenierung des ›Tagebuchs der Anne Frank‹. In seinem Ensemble hatte er für die meisten Rollen die geeigneten Schauspieler, aber für die Rolle der Anne Frank wollte er gerne jemand Neues und Unbekanntes nehmen. Ob das Empfehlungsschreiben von Tore Foss den Ausschlag gab, ist schwer zu sagen, Liv fand sich jedenfalls im Herbst 1957 zu den ersten Proben in Stavanger ein.

Das Anfangshonorar belief sich auf 250 bis 300 Kronen im Monat.

Aud Richter war Gastregisseurin, Eilif Armand spielte Annes Vater und Joachim Calmeyer den jüdischen Jungen Peter van Daan.

»Ich kann mich erinnern, daß sie das Ensemble beeindruckte«, erzählt Joachim Calmeyer. »Sie war ganz präsent, intensiv, stets gut vorbereitet, fleißig. Wir mochten sie alle. Sie hatte etwas Anständiges. Sie hatte etwas Eigenes, etwas, das bewirkte, daß man sie bemerkte, daß man ihr zuhörte, wenn sie sprach. Aber sie sagte nicht viel außerhalb der Bühne. Sie war sehr schüchtern.«

Damals *war* Liv Ullmann schüchtern. Sie fand es schwierig, mit fremden Menschen zu reden, es fiel ihr nicht leicht, sich zu öffnen. Aber auf der Bühne fühlte sie sich sicher. Dort war sie von sich überzeugt. Dort konnte sie sich entfalten.

Nach der Generalprobe erhielt sie eine kleine Karte vom Intendanten.

»Liebe Liv!

Danke für Deinen heutigen Einsatz. Toi toi toi für die Premiere.

Ich glaube an Dich.

Gruß Gisle Straume.«

Es zeigte sich bald, daß er nichts zu befürchten hatte. Die Kritiken waren überschäumend.

»Anne Frank erobert das ›Rogaland Theater‹«, schrieb das ›Stavanger Aftenblad‹. »Bei diesem Theaterstück ist etwas Merkwürdiges geschehen. Auf zahlreichen Bühnen wurde die große Rolle der Anne Frank in die Hände junger Debütantinnen gelegt, die dann große, überzeugende Figuren daraus gemacht haben. Das gleiche ist am ›Rogaland Theater‹ zu beobachten, wo man die Rolle der jungen Liv Ullmann anvertraut hat.

In Zusammenarbeit mit einer guten und fähigen Regisseurin, die ihr Talent erkannt und das Beste davon herausgeholt hat, hat uns Liv Ullmann eine Jungmädchengestalt gegeben, die wir nie wieder vergessen werden. Sie wird vom Herzen, von viel Wärme und Begeisterung getragen. Die Erwartungen sind gefährlich hoch, wenn man mit einer solchen Rolle sein Debüt macht.«

Das ›Dagbladet‹ schloß sich der Reihe der Gratulanten an: »... man konnte sich nur wundern; war die Schauspielerin, die man sah, besonders reif und begabt, oder bietet diese Rolle den jungen Schauspielerinnen die Möglichkeit, das Außergewöhnliche zu vollbringen? Es ist wohl eher letzteres, da sich die Texte durch ihre Echtheit auszeichnen. Aber es kann auch kein Zweifel daran bestehen, daß Liv Ullmanns Spiel äußerst sicher und ansprechend wirkte, nicht nur, weil sie die Bühne so völlig beherrscht, wo die Rolle ihr die Gelegenheit dazu gibt, sondern auch, weil sie sich den strengen Anforderungen des Spiels im Ensemble so loyal und gekonnt unterordnet.«

Heute räumt Liv Ullmann selbst gerne ein, daß schon einiges dazugehörte, um in der Rolle der Anne Frank zu scheitern. Die Figur war für junge Debütantinnen wie geschaffen. Das Stück wurde im ganzen Land gespielt. Marit Bolling, Kari Dehlin, Gerd Hoppestad Isern und Karen Randers-Pehrson waren allesamt junge Bühnenkünstlerinnen, die mit dieser Rolle ihr Debüt gaben. Alle erhielten positive Kritiken.

Aber das schmälerte keineswegs Tore Foss' Freude. Er hatte fest an seine Schülerin geglaubt. Er hatte ihr Talent erkannt. Livs

Debüt am »Rogaland Theater« konnte ein Zeichen dafür sein, daß er mit seiner Einschätzung richtig lag.

Der Intendant, Gisle Straume, war ebenfalls zufrieden.

Und Liv Ullmann? Sie war außer sich. Das überstieg ihre kühnsten Träume. Endlich war sie von einem Theater engagiert worden. Sie verdiente Geld. Sie bekam Aufgaben. Sie wurde ernstgenommen. Sie war jetzt ganz sicher, den richtigen Weg gewählt zu haben.

Tief in ihrem Innern wußte sie, daß sie es auf diesem Weg weit bringen würde, wenn sie nur hart arbeitete. Zielstrebigkeit, Konzentration und harte Arbeit sollten zu ihren Markenzeichen werden. Was immer sie tat, machte sie zu hundert Prozent.

Einige Menschen ziehen die Presse stärker an als andere. Liv Ullmann gehörte zu ihnen. Im Anschluß an ihr Debüt wurden ständig kleinere Artikel über sie gedruckt, sowohl in der Tagespresse als auch in Illustrierten. Die Zeitschrift ›Aktuell‹ schmückte ihre gesamte Titelseite mit der Überschrift »Neue Anne Frank«.

Als »Sandrews Film« in Stockholm sie kurze Zeit später zum Probefilmen in der Rolle des Samenmädchens Laila haben wollte, war die Presse erneut zugegen. In verschiedenen Zeitungen konnte man kleine Artikel lesen, die überschrieben waren mit »Liv Ullmann als Laila?«, »Die Schweden holen sich ihre Laila aus Norwegen?« und »Stavangersche Anne Frank wird schwedische Laila«. Am Ende bekam sie die Rolle nicht. Schuld waren ihre blauen Augen.

Es kamen weitere Filmangebote. Sie sollte unter anderem mit ihrem alten Freund Sverre Holm in ›Hete Septemberdager‹ (›Heiße Septembertage‹) spielen, war aber gezwungen, das Angebot abzulehnen, weil sie vom Theater nicht freigestellt wurde. Die Rolle ging an Anita Rummelhoff vom Nationaltheater.

In der Tagespresse hielt man bereits Spalten frei für die bevorstehende Inszenierung in Stavanger, in der Liv die junge Kristin in ›Kristin Lavranstochter‹ spielen würde. Die Premiere sollte im Januar 1959 stattfinden. Liv war gerade zwanzig geworden.

Der Roman war von Tormod Skagestad am »Norske Theater« zu einem Bühnenstück umgeschrieben worden, der Text war auf Nynorsk. Die Überarbeitung war von Sigrid Undsets Nachkommen akzeptiert worden. Am »Norske Theater« hatte Rut Tellefsen in der gleichen Rolle großes Lob eingeheimst. Auch in Bergen war das Stück ein Erfolg gewesen. Nun erhoffte man sich in Stavanger das gleiche.

Mitten in den Proben zu ›Kristin Lavranstochter‹ erhielt Liv einen Brief, den sie so schnell nicht vergessen sollte. Er war ihr vom »Rogaland Theater« zugeschickt worden und auf dem offiziellen Briefpapier von »Carlmar Film« geschrieben, aber der Briefumschlag selbst war anonym, und ihr Name und ihre Adresse waren maschinengeschrieben. Der Brief konnte von wem auch immer sein, und Liv fing an zu zittern, als sie ihn las.

»Liebe Liv Ullmann,

ich übersende Ihnen anbei Nils Johan Ruds letztes Buch ›Ettersøkte er atten år‹ (›Die Gesuchte ist achtzehn Jahre alt‹). Ich darf Sie bitten, es zu lesen und es dann an mich zurückzuschicken und mich wissen zu lassen, was Sie von der Rolle der Gerd halten.

Ich werde im Sommer aus diesem Buch einen Film machen, wobei dies nicht als Angebot anzusehen ist. Zunächst möchte ich lediglich wissen, ob Sie die Gerd mögen, denn wenn eine Rolle so groß und anspruchsvoll ist, kommt es vor allem darauf an, daß die Schauspielerin wirklich Lust auf sie hat.

In einer Sache sind Sie sicher meiner Meinung: Wir wollen in dieser Angelegenheit unbedingt dichthalten! Unglücklicherweise waren Sie in letzter Zeit zweimal in den

Schlagzeilen in Verbindung mit Filmrollen, die Sie hinterher nie gespielt haben. Lassen Sie uns Stillschweigen bewahren, bis eventuell Tatsachen vorliegen.

Opfern Sie wenn möglich der Lektüre dieses Buches ein paar Nachmittage, und teilen Sie mir mit, ob Sie Lust auf die Rolle der Gerd haben?

Sehen Sie sich in der Lage, in der nächsten Zeit einen Abstecher nach Oslo zu machen?

Wenn nicht, wann sind Sie als Kristin oder in einer anderen Rolle zu sehen?

Mit freundlichem Gruß
Otto Carlmar

PS: Der Umschlag wird doch diskret sein, nicht wahr?«

Liv stürzte sich auf das Buch.

Ja, sie hatte Lust, die Gerd zu spielen. Nein, sie hatte weder Zeit noch Geld, nach Oslo zu kommen. Aber Otto oder Edith Carlmar konnten jederzeit nach der Premiere am 16. Januar kommen und sie in der Rolle der Kristin anschauen.

In Stavanger war das Interesse an ›Kristin Lavranstochter‹ groß. In gewisser Weise würde es Liv Ullmanns Bewährungsprobe sein. Sie hatte die ›Anne Frank‹ gemeistert, aber Kristin war eine weitaus anspruchsvollere Rolle. Sie wußte, daß alle mit Argusaugen ihr Spiel verfolgen würden.

Die Kritiker waren bei ihrem Debüt freundlich zu ihr gewesen, aber das war über ein Jahr her. Es bestand keine Veranlassung, dieses Mal freundlich mit ihr zu verfahren, wenn sie es nicht verdiente. Sie selbst empfand die Proben als schwierig und hatte den Eindruck, daß es ihr nicht gelang, der Rolle die erforderliche Dimension zu geben. Sie hatte Angst.

Dann kam die Premiere. Die Theaterkarten waren im Nu

weggegangen. Im Saal saßen auch Janna, Bitten und Irene Brent aus London. Nach all den Reaktionen in Oslo und Bergen hatte das Publikum haushohe Erwartungen. Die Spannung war groß. Bjarne Andersen, der Regisseur, war nervös wegen seiner Schauspieler. Die Schauspieler waren ihretwegen nervös, der Intendant war es ohnehin. Als der Vorhang nach dem letzten Akt fiel, wollte der Applaus nicht mehr aufhören.

Tags darauf schrieb das ›Dagbladet‹:

»Neuer Sieg für Liv Ullmann.

Wir wußten im voraus, daß ›Kristin Lavranstochter‹ in Tormod Skagestads Nachdichtung das Publikum sehr ansprechen würde. Wir konnten jedoch nicht mit Sicherheit sagen, ob die junge Liv Ullmann vom ›Rogaland Theater‹ die Rolle der Kristin meistern würde. Es ist ihr gelungen. Ihre Kristin führt uns klar und deutlich vor Augen, daß wir es hier mit wahrem Talent zu tun haben. Mit unfertigen Zügen noch. Zum Glück. Noch unsicher und zögerlich in vielem. Aber im wesentlichen lag über ihrer Kristin ein Glanz, der die Figur beträchtlich über das Normale erhebt.«

Das ›Arbeiderbladet‹ kommentierte:

»Was gestern bei der Premiere geschah, gehört zu den seltenen und schönen Momenten im Theater: zu erleben, wie wahre Kunst vor unseren Augen entsteht. Für Liv Ullmann war die Vorstellung nicht weniger als ihr Durchbruch. In dem donnernden Applaus, der der Aufführung folgte, lag der deutliche Wunsch, sie möge allein auf der Bühne zurückbleiben. Und als sie es endlich tat, schlugen ihr die Ovationen lautstark entgegen. Sie hatte sie verdient.«

›Junge Flucht‹

»Bist du noch Jungfrau?«

Edith Carlmar studierte genauestens den Gesichtsausdruck der jungen Schauspielerin, die sie vor sich hatte. Die war völlig überrumpelt. Es kam keine Antwort, und ihre Hautfarbe nahm einen rötlichen Schimmer an.

»Bist du noch Jungfrau? Die Frage ist doch ganz einfach. Ja oder nein!«

Das hatte Liv am allerwenigsten erwartet, als sie sich zum ersten Treffen mit der Regisseurin von ›Ung flukt‹ (›Junge Flucht‹) einfand. Bei der Arbeit an ›Fjols til fjells‹ hatte sie Otto und Edith Carlmar bereits kennengelernt. Beide waren in ihrem Umgang sehr direkt. Sie verschwendeten keine Zeit damit, um den heißen Brei herumzureden. Daran hatte sie sich gewöhnt. Aber daß ihr höchst intimes Privatleben zum Gegenstand ihrer Neugierde werden würde, darauf war sie nicht vorbereitet.

Liv saß zwischen ihren zukünftigen Arbeitgebern – ihren potentiellen zukünftigen Arbeitgebern. Denn sie hatte die Rolle keineswegs sicher. Noch war nichts entschieden.

Die beiden hatten darauf bestanden, sie zu treffen. Mit ihr über die Rolle zu sprechen. Herauszufinden, ob sie sich für die Gerd eignete – dieses junge, leichtsinnige Mädchen, das von zu Hause türmt und mit ihrem jungen Freund in den Wald zieht. Bis dahin hat die Geschichte ja gewisse Parallelen zu ›Kristin Lavranstochter‹, aber Edith Carlmar hatte wohl vor, der Geschichte eine etwas andere Wendung zu geben.

Liv war nicht wohl in ihrer Haut. Sie war peinlich berührt und unsicher. Sie wußte, daß viel von ihrer Antwort abhing, aber sie war der Meinung, daß es weder Edith noch Otto Carlmar etwas anging, ob sie noch Jungfrau war oder nicht.

»Ob ich noch Jungfrau bin?« Ihr Blick ging unruhig zwischen den beiden hin und her. Die Worte kamen langsam und leise.

»Genau, *bist* du nun Jungfrau? Ich frage nicht noch einmal.« Edith Carlmars Augen flackerten nicht. Sie waren klar und durchdringend und blitzten wie geschliffener Stahl.

Liv wußte, daß sie nicht länger warten konnte. Geduld war nicht Edith Carlmars Stärke.

»Nein . . .«

Es war zumindest eine ehrliche Antwort, und sie ging davon aus, daß es in der Situation auch die richtige Antwort war.

»Gut!« antwortete Edith. »Wärst du noch Jungfrau gewesen, hättest du die Rolle nicht bekommen.«

»Hast du das Buch gelesen?« Otto versuchte sie in sichereres Fahrwasser zu lotsen.

»Selbstverständlich«, antwortete Liv, »und es hat mir sehr gut gefallen.«

»Verstehst Du, Liebes«, fuhr Edith fort, während ihr Blick immer noch auf ihr ruhte, »wärst du noch Jungfrau gewesen, hättest du die Voraussetzungen für diese Rolle nicht gehabt. Als Schauspielerin in diesem Film brauchst du unbedingt ein bißchen Lebenserfahrung. Gerd ist ja nicht gerade von der Heilsarmee, weißt du, Sie ist eine normale und quicklebendige junge Frau, die allerhand Dinge treibt. Und dann noch etwas, es gibt ein paar Nacktszenen in dem Film. Ich hoffe, du hast nichts dagegen?«

Noch schlimmer. Liv hatte durchaus etwas gegen Nacktszenen. So etwas war nahezu undenkbar für sie. Andererseits: Es war schließlich ein Film. Er basierte auf einem guten Buch, einer guten Geschichte. Und wenn die Kamera diskret war, konnte es nicht so schlimm sein.

Sofort kam ihr in den Sinn, was die Familie in Trondheim wohl sagen würde. Ihre Onkel und Tanten. Sie schob den Gedanken beiseite, sah Edith an und antwortete: »Ich habe so etwas noch nie gemacht, aber wenn es so im Drehbuch steht, werde ich es wohl tun.«

Es war eine Antwort, die Edith Carlmar gefiel.

Die Regisseurin hatte einen ganz anderen Hintergrund als Liv. Die ersten Jahre ihrer Kindheit hatte sie bei Pflegeeltern verbracht, kam aber später wieder mit ihrer Mutter zusammen, die alleine im Osloer Stadtteil Grünerløkka wohnte. Edith Carlmars Vater hatte sich nie blicken lassen. Sie hat selbst beschrieben, daß Huren und Alkoholiker in Grünerløkka zum Alltag gehörten.

Mit diesem Hintergrund hatte Edith Carlmar ein etwas anderes Verhältnis zur Sprache, als Liv es vom CVJM, dem Riksmålsverband und der Bühne im »Rogaland Theater« her gewöhnt war. Frau Carlmar nannte die Dinge stets beim Namen – alle.

Liv konnte sich nie an Ediths Sprechweise gewöhnen. Diese störte sie und machte sie unsicher. Aber gleichzeitig gab es etwas an ihrer Direktheit, das sie mochte. Sie wußte stets, woran sie war. Sagte sie, etwas sei in Ordnung, dann *war* es auch in Ordnung. Wenn Liv sie etwas fragte, bekam sie immer eine ehrliche Antwort.

Liv war hübsch und hatte eine gute Figur, ihr Gesicht faszinierte. Edith wußte, daß das beim Film ankam. Es gab nichts an der Ausstrahlung auszusetzen, ganz im Gegenteil, das war genau das Problem. Was sie ausstrahlte, paßte besser zu einem Dokumentarfilm über die Anhänger einer religiösen Erweckungsbewegung als zu der wilden Gerd. Andererseits sollte Gerd sich noch etwas von der jugendlichen Unschuld bewahrt haben, und Liv war eine gute Schauspielerin.

Otto und Edith beschlossen, ihr Glück zu versuchen.

Die Geschichte des Films ist schnell erzählt: Er handelt von Gerd und Anders. Gerd ist ein junges Mädchen, das in schlechte Gesellschaft geraten ist. Das Jugendamt droht damit, sie der Mutter wegzunehmen und in eine Besserungsanstalt zu stecken.

Anders, der aus einem behüteten, bürgerlichen Zuhause stammt, ist ihr guter Freund.

Eines Abends »borgt« er sich das Auto seines Vaters und nimmt Gerd mit zu einem verlassenen alten Bauernhof im Wald. Dort leben sie eine Zeitlang von Luft und Liebe. Sie erhalten unerwartet Besuch von einem fahrenden Gesellen, der sich Bendik nennt. Er ist deutlich älter als die beiden und wirkt etwas undurchsichtig. Gerd fühlt sich von seinem maskulinen Charme angezogen. Er könnte der Vater sein, den sie als Kind nie gekannt hat. Bendik überredet die beiden, bei einem Einbruch mitzumachen. Die Polizei und die Eltern finden sie zuletzt, aber wir ahnen, daß das Ganze einen glücklichen Ausgang nimmt.

Atle Merton – seinerzeit Norwegens Liebhaber Nummer eins auf der Leinwand – hatte die männliche Hauptrolle. Rolf Søder spielte den virilen Bendik und Tore Foss, Livs alter Lehrmeister, Atle Mertons jovialen Vater. Mit dieser schauspielerischen Besetzung, dem Ehepaar Carlmar hinter der Kamera und einem Drehbuch, das auf Ruds leicht verwegenem Roman beruhte, war es kaum erstaunlich, daß das Interesse für den Film bereits im voraus groß war.

Arne Hestenes vom ›Dagbladet‹, der gerne drauf drosch, interviewte Liv und fragte: »Wie um alles in der Welt wollen Sie die Gerd spielen können, wo Sie niemals auch nur eine Nacht durchgezecht haben?!« Liv antwortete verschämt: »Ich werde wohl meine Phantasie zu Rate ziehen ...«

Aber sie hatte in ihrem Leben durchaus schon allerhand durchgemacht. Sie hatte keinerlei Schwierigkeiten, sich mit Gerd zu identifizieren. Außerdem war sie versessen darauf zu spielen. Zwei Spielfilmangebote hatten sich bisher zerschlagen. Mit ›Ung flukt‹ erhielt sie endlich eine Chance. Nun wollte sie zeigen, daß sie auch auf der Leinwand etwas taugte! Ob nackt oder nicht.

Im April 1959 zieht ›Støv på hjernen‹ (›Staub im Gehirn‹) aus den Studios von »Norsk Film« in Jar aus, und Carlmar hält mit ›Ung flukt‹ Einzug. Der Film sollte die norwegische Antwort auf Ingmar Bergmans ›Die Zeit mit Monika‹ sein. Ich weiß nicht, wie das Wetter während der Dreharbeiten in den Stockholmer Schären war, aber auf den Bildern sieht es warm aus. Als Edith Carlmar die berühmte Nacktszene am Bruvannet in Bærum filmte, hatte das Wasser zwölf Grad!

Die zwei jungen Schauspieler sollten verliebt sein und erregt und sich zärtliche Worte zuflüstern, während sie langsam immer tiefer ins Wasser eintauchten. Doch mußten sie ihre Kräfte vor allem darauf verwenden, die Aufnahmen nicht durch lautes Zähneklappern in dem eiskalten Wasser zu verderben.

Und Edith war zufrieden.

Aus heutiger Sicht ist die kurze Szene im Wasser nahezu rührend in ihrer Unschuld. Die zwei jungen Schauspieler sind nur von hinten zu sehen, das Publikum erhascht einen kurzen Blick auf Liv Ullmanns Brüste, dann schwimmen die beiden los, und mehr nackte Haut gibt es nicht zu sehen. Trotzdem war es Liv bei der Szene mulmig. Es gefiel ihr nicht, sich vor dem Team ausziehen zu müssen, sie mochte es nicht, nackt gefilmt zu werden. Und sie wußte, daß es Krach geben würde, wenn der Film ins Kino kam.

Die Tageszeitung ›VG‹ interviewte Otto Carlmar zur Nacktszene: »Sie wissen ja, wie wohlgeformt Liv Ullmann ist, und der Film geht sehr diskret und künstlerisch vor. Sie wird zum lichten nordischen Sommer in Person.«

Als der Film im Oktober fertig war, wurde er mit einem Waschzettel verschickt: »Carlmar Film A/S präsentiert ›Ung flukt‹.« Die Namen von Liv Ullmann, Atle Merton und den anderen waren aufgeführt, darunter eine Zeichnung von zwei nackten jungen Menschen, die durch das Gras zu einem alten Bauernhof im Wald laufen. Des weiteren eine Fotografie von

Liv, die sie von der Taille aufwärts zeigt, in schwarzem BH und mit einem Seidenhalstuch. Sie hat den Kopf nach hinten gelegt, so daß ihr wallendes Haar sie umspielt. Darunter ein schwarzer Stempelabdruck: »Nur für Erwachsene«.

Der Waschzettel, die Nacktszene und der Film fanden nicht in allen Kreisen Anklang. ›Ung flukt‹ wurde sogar wegen seines erotischen Inhalts indiziert, und die Diskussion über die letzten Ausschweifungen der Carlmars drang bis ins Parlament. Einer von Livs Vettern in Trondheim versuchte die Premiere des Films in Trondheim zu vereiteln. Liv erhielt einige Briefe von der Verwandtschaft, die durchblicken ließen, daß man mit der neuen Richtung, die ihre Karriere eingeschlagen hatte, nicht sonderlich erfreut war:

»Wir sind natürlich nicht gerade glücklich, daß du dich auf diese Weise im Film zeigst. Deine Großtanten sind nahezu in einem Schockzustand, aber das sollten wir vielleicht nicht allzu ernst nehmen. Sie sind ja auch mit Buh-Rufen wegen des Tanzes der Grüngekleideten . . .« aus der Vorstellung von ›Peer Gynt‹ gestürmt.

Liv verteidigte sich gegen die Vorwürfe, indem sie behauptete, von Edith Carlmar hereingelegt worden zu sein. Sie habe nicht die leiseste Ahnung gehabt, daß diese Nacktszenen mit in den Film sollten. Für diese Äußerung wurde sie Ehrenmitglied im Club der Dummen.

Man könnte sich nun vorstellen, daß Edith Carlmar über eine solche Äußerung nicht gerade glücklich war, aber sie verteidigte Liv bis aufs Messer. »Ich hätte das gleiche geantwortet wie sie«, behauptete Edith Carlmar, »wenn ich auf diese Weise von der Presse angegriffen worden wäre. Vielleicht haben wir sie tatsächlich hereingelegt, vielleicht war ihr nicht ganz klar, wie die Szenen ankommen würden.«

Liv hat diese großzügige Seite an Edith Carlmar nie vergessen.

Für sie und Otto Carlmar wurde der Film ein Erfolg. Er hatte

großen Zulauf und wurde in mehrere Länder verkauft. Trotzdem waren sie nicht sicher, ob sie weitere Spielfilme drehen sollten.

Sie hatten keineswegs die Lust an der Arbeit verloren, aber sie
hatten einen Konkurrenten bekommen, der ihre ganze Arbeits-
weise beeinflussen sollte, einen Konkurrenten, der es schwieriger
machen würde, an Geld heranzukommen. Über Neujahr würde
›NRK‹ die ersten Fernsehsendungen starten.

Und während die Diskussionen über ›Ung flukt‹ und das zu-
künftige Fernsehzeitalter in vollem Gange waren, stand Liv
Ullmann in Stavanger auf der Bühne und spielte in ›Hamlet‹ die
Ophelia.

Key Largo

Ein alter Freund hat mir einen weißen Chevrolet Corvette
Cabriolet geliehen. Er ist Filmproduzent in Miami, Florida, und
wir kennen uns seit zwanzig Jahren. Als er erfuhr, daß ich zu den
Keyes wollte, um Liv Ullmann zu interviewen, bot er mir sofort
eins seiner vielen Autos an. Ich habe mich natürlich für die Corvette entschieden.

Ich fahre auf der I-95 nach Süden. Passiere Schilder mit der
Aufschrift TO THE BEACHES, MIAMI BEACH NEXT EXIT. Ich
wechsle zwischen der mittleren und der linken Spur und folge
dem Schild Richtung Süden. Zu meiner Linken sehe ich die Wol-
kenkratzer im Zentrum und den großen Hafen für die Kreuz-
fahrtschiffe, rechts kann ich die Flugzeuge erkennen, die auf dem
Miami International Airport starten und landen, und vor mir
liegen ein bis zwei Stunden rasante Fahrt zum Key Largo – einst
Hemingways Aufenthaltsort, Schauplatz verschiedener Filme mit

Humphrey Bogart und last not least der Ort, an dem sich große Teile der Handlung in Carl Hiaasens Buch ›Unter die Haut‹ abspielen. Aber ich werde keinen neueren amerikanischen Mythen nachspüren, sondern Liv Ullmann und ihren Mann Donald Saunders besuchen.

Die letzte halbe Stunde der Fahrt führt durch wildes Sumpfgebiet, wo man nach Einbruch der Dunkelheit tunlichst eine Reifenpanne oder einen Motorschaden vermeiden sollte. Am Ende überquert man eine Brücke über azurblauem Wasser und gelangt dann an einen Punkt, den ich Checkpoint Charlie nenne. Er hat natürlich nichts mit dem legendären Grenzübergang zwischen Ost- und Westberlin zu tun, es kommt einem nur so vor. Denn weiter kommt man nicht, wenn man sich nicht ausweisen und nachweisen kann, daß man erwartet wird. Der Wachtposten hat eine Liste mit den Besuchern des Tages, und steht man nicht auf dieser Liste, muß man umkehren.

Ich stehe auf der Liste und erhalte die Einfahrterlaubnis für das Gelände des »Ocean Reef Club«, eines Privatclubs mit rund fünfhundert Mitglieder. Der Wachtposten erklärt mir, wo ich das Haus von Mr. Saunders finde.

Ich fahre langsam an den gepflegten Rasenflächen entlang und gelange schließlich zu dem gewünschten Haus. Es liegt auf einer kleinen Anhöhe. Ich sage »kleine Anhöhe«, weil man von der Straße aus zum Haus etwas hinaufsteigen muß. In Florida ist ja ansonsten alles ganz eben. Vom Haus aus sieht man den Kanal, wo Mr. Saunders' kleines Motorboot am Anleger vertäut liegt. Einige hundert Meter weiter beginnt das offene Meer. Der nächste Hafen im Osten liegt an der Saharaküste. Hundertzwanzig Seemeilen weiter südlich liegt Kuba. Ungefähr genausoweit in westsüdwestlicher Richtung liegt Key West. Ich liebe diese Namen. Weil ich Norweger bin und mich nicht allzuoft in dieser Gegend aufhalte, klingen sie exotischer als Koster, Skagen oder Lillesand. Aber im Grunde sind sie alles andere als exotisch. Ganz im Gegenteil. Das Fahrwasser um die Südküste von Norwegen und Bohuslän ist jedenfalls hundertmal interessanter, als hier im Golf herumzuplantschen. Aber die Sonne hier ist wärmer, und speziell heute fühlt sich alles exotisch an. Außerdem war es ziemlich aufregend, von Oslo aus circa achttausend Kilometer nach Südwesten gereist zu sein, um mit Liv Ullmann über ›Kristin Lavranstochter‹ zu sprechen.

Natürlich hätte ich auch warten können, bis sie wieder nach Hause kommt. Andererseits hat sie hier auf Key Largo den größten Teil des Drehbuchs geschrieben, hier wird sie den Schnitt vorbereiten, und hier wird sie wieder Kräfte sammeln nach nahezu sieben Monaten Dreharbeiten am Stück. Sie genehmigt sich zur Zeit ein paar freie Wochen, bevor sie die weitere Verarbeitung in Angriff nimmt – eine Arbeit, die mindestens ein halbes Jahr dauern wird.

Ihr Ehemann Donald Saunders öffnet die Tür. Ich kann mir vorstellen, daß er gut und gerne auf Besuch verzichten könnte in der wertvollen Freizeit, die er gelegentlich mit seiner vielbeschäftigten Frau teilt. Aber er ist liebenswürdig und entgegenkommend, gastfreundlich, der perfekte amerikanische Gastgeber.

Liv sitzt am Telefon und spricht ein Gemisch aus Schwedisch und Norwegisch. Es läßt sich kaum vermeiden, daß ich höre, was sie sagt, und mir ist bald klar, daß sie mit Mischa spricht, dem Cutter von ›Kristin‹, der sich in Stockholm aufhält. Nach ein paar weiteren Minuten geht mir allmählich auf, daß sie keineswegs mit Mischa spricht, sondern mit seinem Anrufbeantworter. Liv macht nämlich keinerlei Pausen, sie hält nie inne, um seine Einwände anzuhören, und alles geht in rasantem Tempo vonstatten. Ich kenne Mischa. Er ist ein bedächtiger Kerl. Er hört der Regisseurin zu, aber er kommt fast immer mit einem Einwand oder zwei. In diesem Gespräch hat Liv das letzte Wort – die ganze Zeit.

Dann legt sie auf und heißt mich willkommen – »in Donalds Haus« – sie lacht.

»Ja, das hier ist schließlich Donalds Haus, dort unten liegt Donalds Boot und dort drüben steht Donalds Auto. Alles zusammen gehört ihm. Ich bin hier nur Gast, und das ist wunderbar. Ich liebe diesen Ort. Er ist so weit weg von Norwegen. Nicht, daß ich Norwegen nicht liebe, denn das tue ich, aber es ist so wunderbar warm hier, und manchmal ist es herrlich, weit weg von zu Hause zu sein.«

Und viel weiter weg von Undsets mittelalterlicher Welt in Norwegen kann man wohl kaum sein. Das hier ist nicht gerade der Wirtschaftshof vom Jørundhof im Gudbrandsdal, sondern ein mondänes Ferienparadies für reiche Amerikaner. Es ist Liv fast peinlich, mir diesen Luxus vorzuführen. Donalds Boot am Anleger könnte eine norwegische Windy sein, es mißt etwa dreißig Fuß. Weiter draußen im Kanal kann man deutlich größere Wasserfahrzeuge erkennen. Dort liegt die Antwort des Ozeans auf alles, was zu Lande Ferrari, Porsche, Maserati und Rolls Royce heißt; superschnelle Motorjachten mit berühmten Namen wie Donzi, Magnum und Cigarette, Hatteras und Christensen. Hinsichtlich ihrer Größe variieren sie von zehn bis dreißig Metern, im Preis von einer Million Kronen bis hinauf in astronomische Höhen.

Aber Liv würdigt diese schwimmenden Wunderfahrzeuge keines Blickes. Sie interessiert sich überhaupt nicht für Boote. Sie interessiert sich generell wenig für Dinge. Anders hingegen Donald. Er wird ganz eifrig, als er mir die Instrumente an Bord zeigt, erklärt, wie das Sonargerät funktioniert, mit dem man den Fisch leichter aufspüren kann. Er ist stolz auf sein Haus. Glücklich mit seinem Schwimmbecken, das im Innern des Hauses liegt und somit von der Klimaanlage profitiert. Natürlich fährt man nach Florida, um die Wärme zu genießen, aber schließlich gibt es Grenzen. Auch Hitze muß regulierbar sein.

Liv kommt nicht mit. Sie untersucht den norwegischen Wimpel an der Fahnenstange. Gemeinsam gehen wir wieder hinauf zum Haus und lassen uns in die tiefen Korbstühle am Becken sinken. Die Deckenventilatoren sorgen für ein winziges bißchen Bewegung in der warmen Luft. Ansonsten ist alles still. Donald läßt einen Champagnerkorken knallen. Er und ich trinken. Liv bleibt bei Wasser. Ja, es ist exotisch. Jedenfalls für mich.

»Cheers, and welcome to the Keyes!« Donald erhebt das Glas. Wie leicht die Flüssigkeit hinunterrinnt.

Die Reise war ziemlich lang gewesen.

Wir beschließen, den heutigen Tag zum Ankunftstag zu erklären. Zu Streß besteht kein Grund. Ich kann Liv morgen interviewen. So können wir es alle ruhig angehen lassen, ein Mittagsschläfchen halten, bevor wir uns ins Auto setzen und essen gehen, vielleicht ins Kino, ein bißchen einkaufen. Wir sind trotz allem in Florida.

Mit Donald hinter dem Steuer verläuft die Fahrt zum nächsten Ort schnell. Wir halten an einem McDonald's und genehmigen uns ein Milkshake. Danach beschließen wir, ins Kino zu gehen – den letzten Thriller mit Rocky Stallone und Sharon Stone, er ist Sprengstoffexperte beim CIA, sie Expertin für fast alles andere.

Als Weltstar ist Liv Mitglied der »Academy of Motion Picture Arts and Sciences«. In diesem Zusammenhang ist sie alljährlich an der Oscar-Abstimmung für den besten Film und die beste schauspielerische Leistung beteiligt. Die Mitgliedschaft beinhaltet, daß sie in ganz USA gratis ins Kino kann – das gleiche gilt für eine Begleitperson.

Liv geht zur Kasse. Der Mann dahinter erinnert an einen Komparsen, der direkt aus Bogdanovich' Film ›Die letzte Vorstellung‹ entsprungen sein könnte.

»Are you going to show any films today?« fragt Liv.

»Not if I can help it«, antwortet er und lächelt schief.

»Sie werden also heute keine Filme zeigen? Wollen Sie das sagen?«

»Nun, ich brauche auf alle Fälle sechs Zuschauer, um das Kino zu öffnen. Gestern war kein Mensch da. Heute sind Sie bislang die einzige.«

»Nein, ich bin nicht die einzige, ich habe meinen Mann und einen Freund aus Norwegen dabei, das macht zusammen drei Personen.«

»Ok, drei, aber das ist erst die Hälfte von sechs!« antwortet er.

»Das heißt, wenn noch drei hinzukommen, werden Sie den Film laufen lassen, nicht wahr?«

»Ja. Drei plus drei macht sechs.«

»Ok, dann will ich meine drei Karten schon jetzt kaufen. Ist das in Ordnung?«

»Klar.« Er ist ein bißchen mürrisch, wäre wohl lieber nach Hause gegangen.

»Und ich bin Mitglied der ›Academy‹, das heißt also, ich kriege zwei Karten umsonst. Die dritte werde ich bezahlen.«

»Sie sind Mitglied der ›Academy‹?!«

»Ja, mein Name ist Liv Ullmann.«

»Liv was?«

»Liv Ullmann. Sehen Sie, hier ist mein Mitgliedsausweis mit Bild.«

Er wirft einen skeptischen Blick darauf. Anschließend mustert er sie mit zusammengekniffenen Augen über seine dicken Brillengläser hinweg und sagt voller Mißtrauen: »Sie sehen nicht aus wie Liv Ullmann.«

»Was wollen Sie damit sagen, ich sähe nicht aus wie Liv Ullmann?«

»Ich meine, Sie sehen nicht aus wie Liv Ullmann, Sie sind nicht Liv Ullmann, das will ich sagen.«

»Klar bin ich ich, das Bild ist nur schon ein bißchen älter. Ich meine, das Bild wurde aufgenommen, als ich noch jung war.

Jetzt bin ich alt und häßlich, aber ich bin immer noch ich. Sie sind heute auch älter als gestern. So ergeht's auch den Besten von uns.«

»Ja ja, ich weiß, jetzt aber mal Spaß beiseite, sind Sie wirklich sie, ich meine, sind Sie wirklich *die* Liv Ullmann?«

»Ja, das bin ich. Was muß ich eigentlich machen, um Sie zu überzeugen? Singen und tanzen? Einige Zeilen von Ibsen aufsagen?«

Liv macht ein paar Nora-Schritte vor der Kasse und klatscht in die Hände.

Da beginnt der Mann an der Kasse zu lächeln. Ihm dämmert allmählich, daß es tatsächlich Liv Ullmann ist, die da vor ihm steht. Plötzlich erkennt er die Einwanderin aus Jan Troells ›Die Siedler‹ und die Marianne aus Bergmans ›Szenen einer Ehe‹ wieder. Ihm dämmert auch, daß er sie möglicherweise aufs äußerste beleidigt hat.

»I am really sorry, Ma'm. I really didn't recognize you. Sie müssen die Haare kürzer haben oder so. Frauen haben ja so viele Gesichter – vor allem Schauspielerinnen. Ich sage Ihnen, was ich mache, ich werde den Film laufen lassen, auch wenn Sie nur zu dritt sind. Wir machen eine Ausnahme. Kommen Sie herein. Nehmen Sie sich Popcorn und Cola. Fühlen Sie sich wie zu Hause. Genießen Sie den Film. Ja, er ist nichts Besonderes, aber trotzdem – be my guests.«

Er kommt aus seinem Häuschen, um Liv die Hand zu geben. Die Stimmung ist gut. Wir bekommen Coca-Cola in Zweiliterbechern, Rieseneimer mit Popcorn und begeben uns dann in die Welt der Dunkelheit.

Sie sitzt mit ihrem Frühstückskaffee am äußersten Ende des Anlegers. Die Kaffeetasse balanciert auf dem Pfosten, an dem das Boot vertäut ist. Auf einem kleinen improvisierten Tischlein liegt das Drehbuch zu ›Kristin Lavranstochter‹. Es ist nicht einmal zusammengeheftet und besteht aus einem riesigen Stapel Papier, der in eine Art Mappe gepreßt ist. Ich frage, wieso sie bis nach Key Largo fahren mußte, um das Drehbuch für diese norwegischste aller norwegischen Geschichten zu schreiben.

»Ich mußte nicht hierher kommen, um zu schreiben, aber ich habe hier sehr viel Ruhe. Es ist so weit weg von allen Telefonapparaten, allem Trubel, allen Menschen. Hier stört mich niemand. Auch wenn ich einige der Anwohner kenne, sind wir doch selten zur gleichen Zeit hier. Als ich an dem Drehbuch saß, war ich die einzige hier, mit Donald natürlich, der in regelmäßigen Abständen kam und ging.

›Kristin Lavranstochter‹ hat mit unseren Wurzeln zu tun. Wenn ich nicht in Norwegen sitze, sondern mich statt dessen hier aufhalte, ist es, als käme mir die Geschichte noch näher. Weil ich so weit weg davon bin – physisch und in gewisser Weise auch psychisch – sind mir die Menschen und der ganze Romaninhalt näher.«

Sie hält kurz inne, sortiert den Stapel Papier.

Trinkt einen Schluck Kaffee, der mittlerweile lauwarm ist. Dann liest sie ein bißchen für sich und taucht ab in Undsets Welt.

»Ich liebe diesen Roman. Ich liebe alles, was Sigrid Undset geschrieben hat, aber dieser Roman steht mir besonders nah. Als ich ›Die Auswanderer‹ gedreht habe, gab es eine Szene mit Max von Sydow, wo wir beide glauben, daß ich sterben würde. Er hält mich in den Armen und sagt: ›Aber du und ich, wir waren die besten Freunde.‹

Ich fand die Szene toll. Ich mag die Vorstellung von Freundschaft, daß sie in gewisser Weise über allem anderen steht. Der Gedanke ist sehr schön. Nun waren sowohl von Sydow als auch Jan Troell der Meinung, Moberg habe den Satz von Sigrid Undset geklaut.

Ich holte mir ›Kristin Lavranstochter‹ und las ihren Text noch einmal durch. Da stieß ich auf einen fast identischen Satz in der Szene, in der Lavrans und Ragnfrid sich zum ersten Mal in ihrem Leben aussprechen. Sie stellen fest, daß sie wohl beide einen anderen Menschen geliebt haben, ehe sie sich begegnet sind und geheiratet haben. Dann haben sie lange Zeit als Ehepaar zusammengelebt und soviel Schlimmes durchgemacht, mit Ulvhild, die zum Krüppel wurde und später starb – und jetzt heiratet Kristin gegen den Willen ihrer Eltern Erlend, und sie wissen, wie es ihr ergehen wird.

Dann sitzen sie dort nach einem langen Leben zusammen und sehen zu, wie die Tochter heiratet, weil sie sich für die Leidenschaft entscheidet – für die wahre Leidenschaft. Die beiden Alten sitzen da und wissen, daß dieser Teil des Lebens vielleicht für immer vorbei ist, daß sie die große, glühende Liebe nicht mehr erleben werden, und dann sagt er zu ihr: ›Aber du und ich, wir sind einander nicht fremd?‹

Ich fand das so schön, und ich wollte es in den Film aufnehmen. Die Szene wurde ganz wichtig, und ich finde, daß Sverre Anker Ousdal und Henny Moan sie sehr schön und gut gespielt haben.«

Liv macht eine lange Pause.

»Ich habe die Kristin ja selbst gespielt, wie Sie wissen. Es war eine der ersten Rollen am ›Rogaland Theater‹ nach der Anne Frank. Damals war ich gerade erst zwanzig und ziemlich jung in jeder Hinsicht. Ich sage nicht, daß ich unschuldig war, aber ich war jung und unerfahren, wie man es ist, wenn man kaum zwanzig ist.

Damals sah ich nur die Leidenschaft, sah nur die brennenden Gefühle bei Kristin und Erlend. Ich glaube nicht einmal, daß ich dachte, Lavrans und Ragnfrid hätten überhaupt ein Verhältnis. Eine Zwanzigjährige registriert schließlich nur die starken Gefühle.

Aber das ist das Schöne an Sigrid Undset. Man kann den Stoff unterschiedlich erleben, wenn man allmählich reifer wird, sowohl an Alter als auch an Erfahrung. Heute sehe ich Lavrans und Ragnfrid viel klarer. Allein schon weil ich ihnen vom Alter her näher bin – und auch von der Erfahrung. Ich weiß nicht.«

Sie wirft mir einen schnellen Blick zu. Legt einen anderen Gang ein. Sie lacht, schüttet den Rest kalten Kaffee ins Meer.

»Ich meine nicht, daß ich so bin wie sie, das dürfen Sie nicht mißverstehen, aber ich sehe sie natürlich viel klarer als damals.«

Ehe und Rampenlicht

»Damals« ist jetzt fast genau vierzig Jahre her. Liv ist gerade zwanzig geworden. Sie wohnt in einem Zimmer in Stavanger und hat sehr wenig Geld. Oft ißt sie in einem Lokal, das ›Guri's‹ heißt. Es ist ein Restaurant und eine Art Pension, geführt von Guri Langmoen, einer sehr bestimmenden Person, die ihre Gäste liebt und sie mit Bedacht auswählt.

Eine von denen, die kommen und gehen dürfen, wie sie wollen, ist die Schauspielerin Liv Ullmann. Aber auch ein junger Arzt aus der Hauptstadt ist darunter, der einen Teil seines Praktischen Jahrs in Stavanger absolviert. Er ist einer von Guri Langmoens Lieblingsgästen: lustig, charmant, ein Mann, der niemals auch nur im entferntesten daran denkt, über das Essen zu meckern. Stets mit einem netten Wort auf den Lippen, kurz: ein Mann, der immer gern gesehen war.

Er heißt Hans Jakob Stang, aber alle nennen in Jappe. Er liebte die Frauen und den Wein, genoß aber beides in Maßen. Er hatte eine ordentliche Ausbildung absolviert, er war Arzt – und wollte Psychiater werden.

Jappe war der Älteste von vier Brüdern. Sein Vater war ebenfalls Arzt gewesen, aber im Krieg gefallen. Er hatte sich an Bord des Panzerschiffs ›Norge‹ befunden, als dieses im April 1940 torpediert wurde. Jappe empfand sich sofort als männliches Oberhaupt der Familie, auch wenn er bei Ausbruch des Krieges gerade erst sechs war. Er übernahm die Verantwortung. Er wollte auf seine Mutter Astrid und seine Brüder aufpassen.

Als Jappe Liv kennenlernte, war er überzeugt, einer Prinzessin begegnet zu sein. In seinen Augen war sie hübsch, lustig, lebhaft und begabt. Er glaubte zu ahnen, daß sie voll unterdrückter Leidenschaft war. Sie war interessant, weil sie so unberechenbar war. Und trotzdem hatte sie Ideale und Träume, die sie nicht zu gefährlich machten. Kurz: Jappe glaubte, einen wahren Schatz gefunden zu haben.

Als Liv noch klein war, hatte Janna ihr das Märchen vom Ritter erzählt, der auf einem weißen Pferd angeritten kam. Erst wenn er sich offenbarte, würde sie wissen, ob sie »den Richtigen« gefunden hatte.

Es war Ostern, als Liv Jappe zum ersten Mal in seiner Wohnung besuchte. Überall hatte er Osterschmuck aufgestellt. Aber am meisten beeindruckte sie, daß er Unmengen von Ostereiern angemalt und versteckt hatte, damit sie sie suchen konnte. Das fand sie äußerst rührend. Sie dachte, das ist der Mann in meinem Leben. Endlich habe ich einen gefunden, auf den ich mich verlassen und an den ich mich anlehnen kann. Das ist ein Mann, der zum Familienoberhaupt taugt, ein Mann, auf den man die Zukunft bauen kann.

Diesen Tag würde sie niemals vergessen. Es war, als wäre sie zu Hause angekommen. Und so war es auch. Er wurde zu ihrem Zuhause.

»Jappe ist der erste Mann, bei dem ich denken kann, ich liebe ihn, ohne daß es sich dumm anhört«, schrieb Liv in das Büchlein, das sie anlegten, als sie sich im Juni 1960 verlobten.

Auf der ersten Seite sind drei Fotografien: eine von Jappe, wie er mit offenem Hemd an einem VW-Käfer lehnt, eine von Liv vor einem kleinen Zelt und eine von Liv alleine mit Pferdeschwanz, die Hände auf dem Rücken und die norwegischen Berge im Hintergrund. Der Text dazu lautet: »Als Jappe Stavanger verließ, war er um ein Auto, ein Zelt und ein Mädchen reicher.«

»Ich darf als erste in das Buch schreiben, weil Jappe behauptet, die ganze Verlobung sei meine Idee gewesen und er sei nur den Richtungsweisern gefolgt, die ich aufgestellt hätte. Da ich eine Frau bin, lasse ich ihn in dem Glauben, daß es sich so zugetragen hat.«

Sie sollten Stavanger für immer verlassen. Liv hatte ein Engagement am »Norske Theater« in Oslo bekommen, und Jappe sollte den letzten Teil seines praktischen Jahrs in Lom im Gudbrandsdal absolvieren.

Janna Ullmann und der Rest der Familie waren von dem jungen Arzt aus der Hauptstadt ebenso angetan wie Liv selbst. Für seine Familie galt das gleiche. Seine Mutter und seine drei Brüder nahmen Liv voller Wärme und Offenheit in die Familie Stang auf. Wenn in ihrer Kindheit die Männer gefehlt hatten, war sie nun von ihnen umringt. Sie bekam ihren Jappe und drei Schwager obendrein, samt einer Schwiegermutter, die Liv an die Brust drückte wie eine heißersehnte Tochter.

Am Samstag, dem 13. August 1960, heirateten sie im Nidarosdom. Liv war 21, Jappe fünf Jahre älter. Die Hochzeitsreise ging nach Lom – sie dauerte kaum länger als ein verlängertes Wochenende –, und anschließend fuhr Liv weiter nach Oslo.

Als Teil der medizinischen Ausbildung mußte ein angehender Arzt sechs Monate in einer Arztpraxis auf dem Lande ableisten. Für Liv war es undenkbar, den Intendant Skagestad gleich mit der Bitte um Beurlaubung zu überfallen. So mußte sie in der ersten Zeit allein im Drammensveien 91 wohnen. In einem Mietshaus, das der Familie Stang gehörte. Von hier aus konnte man problemlos zu Fuß ins Zentrum gelangen.

Jappe hätte gut und gerne auf das halbe Jahr fern von der Hauptstadt verzichten können. Er liebte die Stadt. Er fühlte sich im Theatercafé und im alten »Bagatelle« an der Bygdø Allé mehr zu Hause als in der Dorfkneipe von Lom. Schweren Herzens küßte er deshalb seine junge Frau zum Abschied und überließ sie der Tigerstadt und der Bühne des »Norske Theaters«. Er würde sie vermissen. Und Oslo ebenfalls.

So sicher, wie er wußte, daß er sich langweilen würde, so sicher wußte er, daß es Liv nicht so erging.

Sie hielten Briefkontakt – er schrieb häufiger als sie. Er kam nach Oslo, sobald er Zeit und Geld hatte. Gelegentlich fuhr Liv zu ihm. Sie verbrachten schöne Tage zusammen, aber der Abschied war immer schmerzlich. Er machte die Einsamkeit noch schlimmer. Jappe zählte die Stunden bis zum Ende des Praktikums.

So hielten sie es bis Weihnachten. Nun mußte Jappe noch den letzten Teil seines Militärdienstes absolvieren, den er am Flugmedizinischen Institut ableisten sollte. Anschließend begann er als Assistenzarzt in der Psychiatrie der Universitätsklinik in Vinderen in Oslo. Dort sollte er zwei Jahre bleiben, um seine Facharztausbildung in Psychiatrie zu vollenden. Er erhielt eine Dienstwohnung, und gemeinsam zogen sie in den Blindernveien 85.

Jappe arbeitete Vollzeit und machte meist noch ein paar Überstunden in der Klinik. Liv wurde mehr und mehr von ihrer Arbeit am »Norske Theater« absorbiert. Von der Bühne in der Stortingsgate bis zur Psychiatrie in Vinderen sind es knapp fünf Kilometer. Zwanzig Minuten mit dem Fahrrad bergauf. Mit der Straßenbahn dauert es nicht mehr als zehn Minuten. Aber die Entfernung im sozialen Umfeld war weitaus größer.

Für eine junge, aufwärtsstrebende Schauspielerin war das »Norske Theater« kein schlechter Ort. Tormod Skagestad war 1960 Intendant geworden. Davor war er sieben Jahre lang künstlerischer Berater und Dramaturg für Nils Slettbakk gewesen. Skagestad hatte selbst für das Theater geschrieben. Er gewann 1955 den norwegischen Teil eines skandinavischen Dramenwettbewerbs mit dem Stück ›Die Axt liegt unterm Baum‹. In seiner Jugend hatte er vielversprechende Lyrik geschrieben, und er hatte eine lange Zeit beim Hörspieltheater hinter sich.

Er war fest entschlossen, das »Norske Theater« zu einem künstlerischen Zentrum Norwegens und Skandinaviens zu machen. Er hatte große Pläne und sorgte dafür, daß die alten Klassiker in aktualisierter Version aufgeführt wurden – Ibsens ›Peer Gynt‹ und Holbergs ›Jeppe vom Berge‹ sind nur zwei Beispiele. Gleichzeitig war er auf der ständigen Jagd nach neuen, jungen Schauspielern und modernen Dramen.

Er war es, der Liv Ullmann und Joachim Calmeyer nach Oslo eingeladen hatte, der Finn Kvalem und Tom Tellefsen an sich band. Es war Skagestad, der die komplette ›Kristin Lavranstochter‹ von Sigrid Undset zu einem Theaterstück umgeschrieben hatte. Er war Inspirator und treibende Kraft, Regisseur, Autor und Intendant in einer Person. Unter seine Fittiche genommen zu werden, war ein Privileg.

Theater *bedeutete* etwas. Harold Pinter, Arnold Wesker und John Osborne bildeten den Stoßtrupp für eine neue Generation Stückeschreiber. Sie waren jung und schrieben Rollen für junge Schauspieler. Ihre zornigen jungen Männer waren umgeben von jungen Frauen, Ehefrauen und Liebhaberinnen. Beckett, Ionesco und Brecht drängten auf den Spielplan. Alles war neu. Fast alles war spannend. Junge Schauspieler nahmen ihre Arbeit sehr ernst. Skagestad forderte sie, indem er neue Ausdrucksformen ins Spiel brachte.

Es gab nicht mehr nur den psychologischen Realismus. Indem Skagestad ausländische Kräfte ans Theater band, wurden die Schauspieler konfrontiert mit der Verfremdungstechnik, der Kunst der Pantomime und der anspruchsvollen Tradition amerikanischer Musicals. Er steckte die Grenzen für das Machbare höher. Es war die Zeit vor dem »politischen Theater«, hier ging es darum, daß jeder Einsatz auf der Bühne es wert war und daß man alles dafür gab.

Liv war mitten drin in diesem Milieu. Das Theater war ihr Lebensinhalt. Nur auf der Bühne fühlte sie sich frei, und sie erhielt ständig neue, anspruchsvolle Rollen. Sie dachte wohl auch daran, Kinder zu bekommen und wünschte sich welche. Jappe und sie sprachen ständig darüber. Sie hatten beide eine sichere Stelle. Sie verdienten genug Geld und hatten eine eigene Wohnung, die Zukunft sah rosig aus. Das sozialdemokratische Norwegen steuerte mit Volldampf auf Wohlstand und Modernität zu. Die Zipfelmütze war out. Rotwein und Pinter waren in.

Sie wollte nur noch eine Produktion abschließen, bevor sie sich zu einer Schwangerschaft entschloß. Aber sobald die Produktion im Kasten war, beschäftigte sie sich bereits mit etwas Neuem, das noch interessanter, anspruchsvoller und herausfordernder war und das sie unmöglich ablehnen konnte. Das mußte Jappe doch verstehen? Das tat er, machte sich aber seine Gedanken.

Er fand, es ging ihnen rundum gut. Sie waren mit interessanten Menschen zusammen, es gab viele Feste und lange Nächte nach den Vorstellungen. Er verfolgte, was Liv auf der Bühne machte, und sah jede einzelne Vorstellung. Er begleitete sie zu den Premierefeiern – nicht nur am »Norske Theater«, sondern zwischendurch auch an anderen Theatern, wo Liv Freunde und Kollegen hatte. Es gab viele Premierefeiern, viele Blumensträuße.

Anfangs fand er es lustig. Aber es war auch anstrengend. Es wurde oft spät, und oft wurde etwas zuviel Rotwein getrunken. Er hätte Liv gerne am Abend zu Hause gehabt. Er selbst mußte am nächsten Morgen um acht zur Arbeit, während sie erst einige

Stunden später Theaterprobe hatte. Im Laufe der Zeit fand er, daß über allen Feiern, all dem Champagner und den Blumen etwas Gezwungenes lag. Bis zum heutigen Tag kann er Rosen nicht ausstehen. Sie sind für ihn das allerschlimmste!

Jappe fand, daß sich alles ein bißchen zu sehr ums Theater drehte und ein bißchen zu wenig um das, was er selbst machte. Nicht, daß es für Liv weniger natürlich gewesen wäre, ihn in der Psychiatrie zu besuchen, wie für ihn, sie bei der Aufführung zu sehen. Aber es schien, als wäre seine Arbeit nicht so wichtig wie ihre. Liv stellte ihre Arbeit über fast alles. Sie hatte eine unglaubliche Arbeitskapazität. Nur wenige konnten so hart und intensiv arbeiten wie sie. Aber Jappe mußte an seine eigene Karriere denken, und allmählich lebten sie sich auseinander. Das Feuer brannte immer schwächer.

Im Oktober 1961 hatte das »Norske Theater« Premiere mit Eugene O'Neills ›Eines langen Tages Reise in die Nacht‹. Eigentlich war das Nationaltheater im Besitz der Rechte für das Stück gewesen, hatte aber kalte Füße bekommen, nachdem das Königliche Dramatische Theater in Stockholm eine brillante Inszenierung hingelegt hatte. Bengt Ekerot hatte Regie geführt, und Lars Hansson, Inga Tidblad, Ulf Palme und Jarl Kulle spielten jeweils die Eltern und die Söhne.

Es sagt einiges über den Theatermann Tormod Skagestad, daß es ihm gelang, dem Nationaltheater die Rechte abzukaufen und außerdem zwei seiner herausragendsten Schauspieler auszuleihen, nämlich Alfred und Toralv Maurstad! Dort, wo das Nationaltheater sich nicht traute, legte das »Norske Theater« eine Inszenierung vor, über die man heute noch spricht.

Skagestad hatte bereits Tordis Maurstad in seinem Ensemble. Nun konnte er die berühmte Theaterfamilie in O'Neills ergreifendem Drama über die Familie Tyrone komplett einsetzen. Alfred und Tordis Maurstad spielten Vater und Mutter, Toralv spielte den jüngsten Sohn. Als versoffener älterer Bruder überzeugte Rolf Søder. Die Inszenierung erhielt glänzende Kritiken und wurde sechsundachtzig Mal vor vollem Haus gespielt.

Der Intendant Skagestad hatte den Regisseur Skagestad dazu gebracht, Geld für ein noch größeres Projekt zur Verfügung zu stellen: Der berühmte deutsche Regisseur Peter Palitzsch hatte eingewilligt, Bertolt Brechts ›Der kaukasische Kreidekreis‹ zu inszenieren. Wenn man O'Neills Stück als Kulmination des modernen naturalistischen Theaters ansehen konnte, war Brechts Fabel das genaue Gegenteil: ein Lehrbuchstück des modernen deutschen Expressionismus. Für diese Zusage hatte Skagestad dem Regisseur eine dreieinhalbmonatige Probezeit bewilligt – ungewöhnlich lang für die damalige Zeit. Da war es gut, einen Erfolg im Rücken zu haben.

Peter Palitzsch war im Berliner Ensemble sowohl des Meisters Lehrling als auch seine rechte Hand gewesen. Er kannte Bertolt Brecht sehr gut, als Mensch wie als Künstler. Er beherrschte dessen »Verfremdungstheorie« bis in die Fingerspitzen und sollte sie nun den Schauspielern des »Norske Theaters« beibringen. Für sie war der Begriff neu und interessant, wenngleich ein wenig beängstigend. Der Gedanke an einen strengen deutschen Theoretiker wirkte nicht unmittelbar verlockend. Aber Peter Palitzsch erwies sich als sanftmütiger, umgänglicher Mann. Darüber hinaus war er ein ungeheuer begabter Regisseur. Bald hatte er das ganze Ensemble fest in der Hand. Das war auch gut so. Es gab mehr als hundert Rollen zu besetzen; einige Schauspieler übernahmen zwei oder drei verschiedene.

Die »Verfremdungstechnik« als Spielweise verlangt, daß sich der Schauspieler nicht völlig in seine Rolle einlebt, sondern sich die ganze Zeit über auch selbst als Spielenden betrachtet. In kurzen Augenblicken sollte er ganz aus seiner Rolle heraustreten und sie kommentieren. Man muß *in* der Rolle sein und gleichzeitig *außerhalb* von ihr. Dadurch wird auch das Publikum daran gehindert, sich ganz in eine Person einzuleben. Auch der Saal muß gewissermaßen doppelt Stellung beziehen zu dem, was er erlebt.

Es ist eine anspruchsvolle Spielweise, die eine gute Technik erfordert. Bisweilen kann sie zur Manier ausarten. Dann verkommt sie zu langatmigem Schülertheater. Aber wenn man sie beherrscht, kann sie äußerst stimulierend wirken.

Für Liv Ullmann ist Peter Palitzsch nach wie vor einer ihrer besten Lehrmeister. Er war analytisch, logisch und theoretisch, zugleich aber auch intuitiv. Er war sehr geduldig und flößte ihr wie den anderen den Glauben an sich selbst ein. Wenn jemand im Ensemble eine besonders gute Idee hatte, steckte er dem Betreffenden ein Fünzig-Öre-Stück als Belohnung zu.

Die Fabel im ›Kaukasischen Kreidekreis‹ ist denkbar einfach. Sie handelt vom Kampf um ein Tal und vom Kampf um ein Kind. Die Moral lautet, daß derjenige das Tal haben soll, der es am besten bestellen kann, und daß diejenige das Kind bekommt, die es wirklich liebt. Die mittellose Grusche findet das zurückgelassene Kind einer Gouverneursfrau, nimmt sich seiner an und bringt es durch viele Gefahren. Am Ende des Stücks will die Gouverneursfrau ihr Kind zurück. Der Richter Azdak – gespielt von Hans Stormoen – zeichnet einen Kreidekreis auf den Boden und legt das Kind in die Mitte. Anschließend sollen die beiden Frauen an dem Kind ziehen und zerren, bis die stärkste gewinnt. Aber Grusche läßt los. Sie liebt das Kind zu sehr, als daß sie ihm Schaden zufügen möchte. Die Gouverneursfrau – die leibliche Mutter des Kindes – gewinnt, doch Azdak spricht das Kind trotzdem Grusche zu.

Palitzsch war beeindruckt von Liv Ullmann und ihrer Darstellung der Grusche. Die Rolle war nicht nur in dem Sinne groß, daß sie während der nahezu vier Stunden langen Vorstellung fast die ganze Zeit über auf der Bühne stand. Sie mußte sämtliche Gemütszustände der Grusche darstellen und darüber hinaus einen aberwitzigen Humor vermitteln, gepaart mit einer leisen und innigen Poesie. Das alles innerhalb des strengen Rahmens von Brechts Stil. Palitzsch fand, daß es Liv auf vorbildliche Weise gelänge.

An Lob sollte es nicht fehlen: Die Inszenierung, der Regisseur und der Intendant wurden mit Lobesworten überschüttet. »In dieser Inszenierung gibt es keine Schwachpunkte. Es ist das erste und vielleicht auch einzige Mal, daß wir so etwas auf unseren Bühnen sehen«, schrieb das ›Dagbladet‹.

Die Zeitung ›VG‹: »Dies ist eine Aufführung von dreieinhalb Stunden Dauer, in der jede einzelne Sekunde bedeutungsvoll und wesentlich ist.«

›Morgenbladet‹: »Als Grusche – die junge Frau, die ein Kind findet und es mitnimmt – hat Liv Ullmann die Hauptrolle des Stücks inne. Zweifellos kann man ihre Leistung einen Durchbruch nennen. Die Rolle wird durch und durch intelligent erlebt, präzise und zurückhaltend gespielt, eine ständige Gratwanderung zwischen einander zuwiderlaufenden Gefühlen. Sie hält uns die ganze Zeit über gefangen.«

Die dänische Zeitung ›Politiken‹ kam nach Oslo: »Das neue Phänomen des »Norske Theaters«: Liv Ullmann. Eine schmächtige Zwanzigjährige, eins dieser häßlich-hübschen Gesichter, die leben und spielen, vor Glück erstrahlen und vor Trauer vergehen, die Übermenschliches leisten. Um diese Grusche zu sehen, wäre ich, wenn nötig, bis zum Nordkap gereist –

Um der zweiten Geschichte über Azdak Tragweite zu verleihen, war der Theaterriese Hans Stormoen als Gast einbestellt worden. Seine Vollblut-Vitalität lud das Stück in der letzten Hälfte auf. Mutig und feige wie ein Hund, unwissend und weise, Volksheld und Wichtigtuer in einem, war Stormoens Azdak der Inbegriff eines unheroischen Brechtschen Helden. Als dieser Fleischkloß und Liv Ullmanns zerbrechlich-zähe Mutterfigur aufeinandertrafen, schwang sich das Spiel in den Himmel der Kunst auf, und die Freude stieg bis zur Decke des ›Norske Theaters‹.«

Nach dieser Reaktion wurde das Stück vor vollem Haus gespielt. Manche sahen die Vorstellung mehrmals. In der ersten Reihe saß häufig ein junger Mann mit einem Strauß roter Rosen im Schoß. Viele kannten ihn. Er hieß Toralv Maurstad. Die Leute fingen an zu reden. Nicht nur von der Vorstellung. Jappe schritt ein. Er riet Maurstad, sich von seiner Frau fernzuhalten. Er hatte allmählich die Nase voll von diesen Theaterleuten – und von Rosen.

Und Liv?

Sie saß bisweilen in der Kantine des »Norske Theaters« und sah, wie Toralv draußen die Straße überquerte. Das genügte, daß ihr die Tränen in die Augen schossen. Ein Funke war entfacht. Aber Toralv Maurstad war mit Eva Henning verheiratet. Und Liv mit Jappe Stang. Trotzdem, das Drama hatte begonnen und mußte zu irgendeinem Ende führen.

»Ich kann mich erinnern, daß ich sie im ›Norske Theater‹ sah. Sie hatte eine absolut magische Kraft auf der Bühne. Eine Präsenz und eine Ausstrahlung, der ich in dieser Ausprägung selten begegnet bin.«

Toralv Maurstad sieht mich in seiner Wohnung in Voksenkollen über den Küchentisch hinweg an. Es ist ein Menschenalter her, seit er abends mit seinen Eltern in ›Eines langen Tages Reise in die Nacht‹ gespielt hat, während Liv Ullmann vormittags im gleichen Theater Brecht probte.

»Liv war ja so stark. Ich weiß noch, wie meine Mutter einmal zu mir sagte: Wenn ich zwischen zwei Schauspielern wählen muß, die ungefähr gleich talentiert sind, werde ich immer denjenigen nehmen, der stärker ist. Es liegt in der Natur dieses Berufs, man betreibt dermaßen Raubbau an sich selbst, an der eigenen Psyche, daß untergeht, wer nicht stark genug ist.

Ich habe im übrigen ein Bild von ihr aus dieser Zeit. Ich glaube, es liegt irgendwo hier.«

Er erhebt sich und schlurft zu einem alten Bauernschrank an der gegenüberliegenden Wand. Er wühlt ein wenig darin, gibt aber auf und geht statt dessen zur Spüle, um noch zwei Tassen Kaffee zu kochen. Er blickt aus dem Fenster.

»Ich war in Liv verliebt, aber beinahe hätte ich gesagt, wer war es nicht! Sie befand sich ja inmitten einer Zeit des Umbruchs, erlebnisreich und gefühlsintensiv. Ihre Liebe hatte nichts Romantisch-Pietistisches. Sie war keine Hedda Gabler, die zu Hause saß, in alten Alben blätterte und ihre Leidenschaft unterdrückte.

Livs Leidenschaft war in gewisser Weise rücksichtslos, und wenn sie erst mal Feuer gefangen hatte, lebte sie mit jeder Faser ihres Körpers das komplette Gefühlsregister aus. Und sie hatte die Kraft dazu, den Willen.

Liv war jemand, die einfach ein kurzes Bad nahm, einmal den Kopf schüttelte und wieder frisch und munter aussah. Sie konnte im Laufe einer Nacht eine ganze Flasche Whisky trinken, zwei Stunden schlafen, aufwachen und putzmunter sein und nach Lilien duften, während jeder andere arme Teufel kaum imstande war, die Augen zu öffnen. Wenn man Liv ansah, ihre bläßliche Haut, die Sommersprossen, die rötlichen Haare, so sei einem verziehen, wenn man sie für ein zartes Geschöpf hielt, aber das war sie nicht.

Doch in gewisser Weise war sie auch unschuldig. Das lag wohl daran, daß von ihrer Seite aus alles so ordentlich, so anständig war, auch wenn einzelne behaupteten, das könne doch nicht sein.

Ich saß ein wenig in der Klemme. War ein junger Schauspieler und mit Eva Henning verheiratet. Ihr gehörten das Geld und das Haus. Wenn ich mit Eva zusammen war, wollte ich bei ihr bleiben, und wenn ich mit Liv zusammen war, wollte ich von ihr nicht weg. Wir wohnten in Vinderen im Ivar Aasens vei, und es lagen nur wenige hundert Meter zwischen unserem Haus und dem von Jappe und Liv. Aber Liv fand, ich müsse mich entscheiden. Eva oder sie. Da beschlossen wir, zu türmen.

Ich traute mich nicht, einen Koffer zu packen, denn dann hätte Eva gefragt, wo ich hin wolle. Liv und ich hatten vereinbart, uns an der Kreuzung Blindernveien – Ivar Aasens vei Samstag um Mitternacht zu treffen. Ich steckte meine Zahnbürste und ein paar Hundertkronenscheine in die Tasche und schlich mich aus dem Haus auf dem Weg zum großen Abenteuer.«

An diesem Abend stieg ein großes Fest im Drammensveien. Jappes Zeit in der Psychiatrie der Universitätsklinik war vorbei, und die beiden wollten ihre Dienstwohnung in Vinderen verlassen und wieder in die Stadt ziehen. Sie hatten zahlreiche Freunde zu einem Faschingsfest eingeladen. Alle waren verkleidet, einige trugen Masken. Die Stimmung war bestens, die Kostüme phantasievoll und die Erwartungen an die Eskapaden der Nacht groß.

Für Liv war das Fest natürlich etwas Besonderes. Sie sollte sich amüsieren und sich nichts anmerken lassen, aber um Mitternacht würde sie sich auf den Weg zu neuen Horizonten machen.

Der Autor und Dramatiker Peder W. Cappelen war einer der Gäste. Er war nicht nur mit den Gastgebern befreundet, sondern auch mit Toralv Maurstad. Er vergötterte alle Frauen, war heimlich in Liv verliebt und voller Verständnis für alle außerehelichen Abenteuer, Junggeselle, der er war. Liv hatte ihn in ihre Pläne eingeweiht. Sie vertraute auf seine Unterstützung. Peder sollte ihr helfen, aus dem Fenster im zweiten Stock zu klettern und zu einem wartenden Taxi zu eilen, lange bevor die Uhr Mitternacht schlug.

Wieso Liv unbedingt aus dem Fenster steigen wollte, wo sie genausogut die Tür hätte benutzen können, ist ein Rätsel. In diesem Stadium des Festes hätte es wohl kaum jemanden gestört, wenn sie sich etwas Frischluft gegönnt hätte. Aber hat man sich erst einmal vorgenommen zu türmen, paßt es ja besser zum ganzen Rahmen des Stückes, wenn man aus einem Fenster springt. Durch eine offene Tür zu spazieren, ist nicht das gleiche.

Peder Cappelen spielte mit und schaffte Liv aus der Wohnung und hinunter ins Taxi, das dort auf das Stichwort »Vinderen« wartete! Liv war es, als hätte sie genausogut »Verona« oder »Waterloo« sagen können.

Der Ruf des Schicksals erschallte.

Währenddessen stand Toralv am vereinbarten Ort und fingerte an der Zahnbürste und den Geldscheinen herum. Er hatte Lampenfieber. Dann kam das Taxi, und heraus sprang Liv.

Sie war als Nora verkleidet, in langem unschuldsweißem Kleid. Sie hatte ein Tamburin in der Hand, machte ein paar Tanzschritte auf dem Asphalt, war ziemlich aufgedreht. Sie bat Toralv, noch ein wenig zu warten, sie müsse kurz nach Hause und Koffer packen.

Er mußte nicht lange warten, es kam ihm nur so vor. Plötzlich war Liv wieder zur Stelle, aber als sie heraussprang und ihm um den Hals fiel, kam ein weiteres Taxi angefahren – in hohem Tempo – aus der Stadt.

Toralv Maurstad erzählt: »Liv und ich waren auf dem Sprung ins große Abenteuer, als plötzlich ein weiteres Taxi angefahren kam. Es konnte nur Jappe sein. Das Timing von seiner Seite aus war absolut perfekt. Und außerdem war ja Karneval, weshalb er ebenfalls verkleidet war, nicht als Helmer, sondern als Clown. Ja, an jenem Abend wäre es auf das gleiche hinausgelaufen. Er trug einen Clownsdress, eine rote Stricknase und hatte riesige Ohren.

›Aha, hier seid ihr also!‹ sagte er in seiner ihm eigenen, gepflegten westnorwegischen Sprache. Was sollte ich sagen? Selbst Fellini hätte es nicht besser inszenieren können. Das Ganze glich einer surrealistischen, komödienhaften Version von Ibsens ›Puppenheim‹. Jappe war nicht gerade sanft gestimmt, aber die ganze Situation war so burlesk, daß ich nicht anders konnte als loszuprusten. Mein Lachen wurde allmählich so heftig und ansteckend, daß es als Ausweg dienen konnte. Wir lachten uns aus der ganzen Situation heraus.«

Liv und Jappe fuhren zurück zum Fest im Drammensveien. Die Stimmung half ihnen über den Vorhang hinweg, der niemals fallen sollte. Die Gäste hatten kaum bemerkt, daß sie eine Stunde lang weg gewesen waren.

Und Toralv kehrte zu seiner Eva zurück, mit der er noch einige Jahre zusammenlebte.

Wie vom Blitz getroffen

»Sie wird besser als ich, ich hasse sie.«

Wie ein Blitz durchfuhr Bibi Andersson dieser Gedanke.

Das schreibt sie selbst in ihrer Autobiographie ›Ett ögonblick‹ (›Ein Augenblick‹). Sie erzählt, daß der dänische Regisseur Bjarne Henning Jensen über Hamsuns ›Pan‹ einen Film mit dem Titel ›Kort er sommeren‹ (›Kurz ist der Sommer‹) drehen wollte. Er fragte an, ob sie die weibliche Hauptrolle Edvarda übernehmen wollte. Die andere weibliche Hauptrolle, Eva, würde von Liv Ullmann gespielt.

»Sie ist die Antwort der Norweger auf Bibi Andersson«, hatte Jensen ihr mit einem breiten Lächeln angekündigt und sich für witzig gehalten. Er zog ein Bild von Liv hervor, und in dem Augenblick tauchte der Gedanke auf. Aber zu Jensen sagte sie: »Wie schön, wie süß sie ist.«

Sandrews in Stockholm war Produzent und gehörte der gleichen Filmgesellschaft an, die von Liv für die Rolle des Samenmädchens Laila Probeaufnahmen gemacht hatte. Damals hatte sie sowohl ›Ung flukt‹ als auch ›Tonny‹ abgeschlossen. Letzterer beruhte auf einem Roman von Jens Bjørneboe. Darin spielte sie die Rolle der Kari – einer ziemlich verworfenen, flaschenschwingenden und kettenrauchenden jungen Hure, die ihren Geliebten verpfeift, der dann im Gefängnis endet.

Kari Simonson nahm ebenfalls an den Probeaufnahmen teil. Man sollte meinen, ihre Spielweise hätte besser zu dem Film gepaßt. Ihren Aussagen nach gaben Liv Ullmanns Haare den Ausschlag. »Liv hatte tolle lange Haare, die um ihre Schultern wirbelten, wenn sie tanzte. Sie sah total wild aus, während ich diese kurzen, roten Fusseln hatte. Kein Wunder, daß sie genommen wurde!«

Es ist genausogut möglich, daß Liv Ullmann damals bereits einen Namen hatte und der Produzent der Meinung war, das würde sich vorteilhaft auf den Verkauf auswirken.

»Neid ist kein angenehmes Gefühl, und ich hatte gelernt, daß man ihn nur überwinden kann, wenn man den betreffenden Menschen kennenlernt, dann löst er sich von selbst auf«, schreibt Bibi Andersson.

Liv kennenzulernen war nicht einfach, scheu und zurückhaltend wie sie war. Zu Beginn hatte Bibi Andersson große Schwierigkeiten, an sie heranzukommen. Aber die Natur auf der Insel Kjerringøy, die Stimmung im Film und die Tatsache, daß sie sich als Schlafzimmer ein altes Klassenzimmer teilen mußten, trugen dazu bei, daß sie einander langsam näherkamen.

Die Nächte waren hell und warm. Mit Leuten wie Claes Gill und Jarl Kulle um sich, war Schlafen das letzte, woran sie dachten. Schlafen konnte man in einem anderen Sommer.

Jarl Kulle spielte natürlich den Leutnant Glahn. In Livs Papieren habe ich einen kleinen Zettel gefunden, auf dem mit Bleistift ein Gruß von Jarl Kulle geschrieben stand: »Ich darf doch wohl heute abend vorbeischauen und den Mädchen gute Nacht wünschen??«

Jarl Kulle kannte Bibi Andersson aus mehreren Bergman-Filmen. Damals hatte sie bereits in ›Lächeln einer Sommernacht‹, ›Das siebente Siegel‹ und ›Wilde Erdbeeren‹ mitgespielt – um nur die bekanntesten zu nennen. Bibi Andersson war berühmt, und außerdem hatte sie mit Ingmar Bergman einige Jahre zusammengelebt. Sie war die »zweite Andersson in Ingmar Bergmans Leben gewesen«, wie sie selbst schreibt. Sie kam nach Harriet Andersson aus ›Die Zeit mit Monika‹, die ebenfalls eine Weile mit dem berühmten Regisseur zusammengelebt hatte.

Eines Tages erhielt Bibi Andersson ein Telegramm von Ingmar Bergman. Liv war entzückt. Man stelle sich vor, sie befand sich in der Nähe eines Menschen, der ein Lebenszeichen von Ingmar Bergman erhalten hatte! Sie fragte Bibi, ob sie das Telegramm haben könne. Sie bekam es und bewahrte es wie ein Kleinod auf. Sie wollte unbedingt, daß Bibi von ihrem Leben mit dem »dämonischen Regisseur« berichtete. So kam es, daß sie Nacht für Nacht wachlagen und Bibi von ihren Filmen und dem Zusammenleben mit Bergman erzählte. In Liv hatte sie eine außergewöhnlich aufmerksame Zuhörerin.

Als die Kameras und die Ausrüstung zum letzten Mal weggepackt wurden, waren die zwei die besten Freundinnen geworden. »Liv war zu meiner kleinen Schwester geworden«, schreibt Bibi Andersson in ihrem Buch. »Wir haben uns nach diesem Sommer eigentlich niemals mehr getrennt, und das ist fünfunddreißig Jahre her.«

Im Frühjahr 1964 gehörte Liv zu einer Gruppe norwegischer Schauspieler, die zu einer Art Stipendienreise nach Stockholm geschickt wurden. Sie sollten unter anderem dem Königlich Schwedischen Theater einen Besuch abstatten und der Aufführung des Dramas ›Tre knivar från Wei‹ (›Drei Messer von Wei‹), von Harry Martinson beiwohnen. Der Regisseur des Stückes hieß Ingmar Bergman.

Sie verhielten sich während der gesamten Aufführung mucksmäuschenstill. Nach dem Vorhang hatten sie eine Einladung ins

Büro des Intendanten. Dieser hieß ebenfalls Ingmar Bergman. Er war damals fünfundvierzig Jahre alt.

Einer seiner letzten Filme hieß ›Das Schweigen‹. Der Film hatte, gelinde gesagt, Aufsehen erregt. Er wurde von vielen als Bergmans Vision von der Hölle auf Erden betrachtet. Ingrid Thulins Interpretation der einen Protagonistin galt als Inbegriff der Selbstverachtung und Bitterkeit. Gunnel Lindblom spielte ihre träge, aber sinnliche Schwester. Es wurde kopuliert und onaniert. Die Zensur in Schweden wollte schon zur Schere greifen, aber drei Tage vor der Premiere wurde ein neues Gesetz verabschiedet. Erotische Szenen mit »künstlerischem Inhalt« sollten verschont bleiben.

Die Kritikerstimmen waren negativ, die Schweden aufgebracht. In Frankreich wurde der Film zunächst verboten, in Deutschland wurde im Bundestag debattiert, in der Sowjetunion wurde der Regisseur als Faschist tituliert.

Bergman hatte vorhergesagt, auf der ganzen Welt würden alles in allem nicht mehr als hunderttausend Menschen den Film sehen. Aber allein in Schweden hatten in den ersten sieben Wochen bereits sechshunderttausend Besucher ›Das Schweigen‹ gesehen. Die meisten schworen, in ihrem ganzen Leben keinen Bergman-Film mehr anzusehen. Der Regisseur erhielt Morddrohungen per Telefon und Post. Ein Mensch war so liebenswürdig, ihm in einem Umschlag benutztes Klopapier zu schicken. Wenn man solche Grüße erhält, ist man jedenfalls nicht einfach irgendwer. Bergman war seit langem eine lebende Legende.

Als sie diesem Bühnenalchimisten von Angesicht zu Angesicht gegenübersaßen, verschlug es den norwegischen Schauspielern die Sprache. Auch in seinem Büro saßen sie mucksmäuschenstill. Bergman war verzweifelt und auch ein wenig enttäuscht, weil eine ganze Schar von Schauspielern kein einziges Wort an den Regisseur zu richten hatte. Was war nur mit diesen jungen Leuten los? Hatten sie denn nichts auf dem Herzen?

Das Treffen war verhältnismäßig kurz. Wenn niemand etwas zu sagen hatte, war er nicht derjenige, der sie mit leerem Gerede aufhalten würde. Aber für Liv Ullmann und die anderen war allein die Tatsache, mit Bergman in einem Raum gewesen zu sein, die Reise wert. Für Liv war er schon da ein Gott! Er war derjenige, der sie am meisten faszinierte und interessierte. Aber es war ihr nicht gelungen, den Mund aufzumachen, und wahrscheinlich hatte sie es auch nicht geschafft, seinem Blick zu begegnen.

Zusammen mit Liv saß auch Henny Moan vom Nationaltheater im Raum. Sie war hübsch und geheimnisvoll, aber kurzhaarig und hatte ihr Gesicht größtenteils unter einem riesigen Hut verborgen. Liv hat einmal im Scherz gesagt, hätte Henny Moan lange Haare und nicht diesen großen Hut auf dem Kopf gehabt, hätte ihr Leben möglicherweise eine ganz andere Richtung genommen. Wer weiß?

Aber Bergman *sah* Liv. Er war im übrigen neugierig auf sie, nach allem, was Bibi Andersson erzählt hatte. Daß sie scheu und hübsch war, stimmte jedenfalls.

Ein paar Tage nach diesem ersten, unbeholfenen Treffen in seinem Büro, begegnete Ingmar Bergman zufällig Bibi und Liv an der Ecke Almlövsgatan und Nybrogatan in Stockholm. Er grüßte freundlich und wandte sich dann an Liv: »Es wäre sicher nett, wenn Sie in meinem nächsten Film mitspielen könnten. Es ist nur eine kleine Rolle, aber trotzdem . . .«

Liv war wie vom Donner gerührt und konnte nur nicken.

Der Film sollte ›Människorätarna‹ (›Die Menschenfresser‹) heißen und im nächsten Sommer gedreht werden.

Eine andere junge Schauspielerin von vorsichtigerer Gemütsart hätte vielleicht ein wenig gezögert, sich auf eine Zusammenarbeit mit einem zwanzig Jahre älteren Filmemacher einzulassen, der »dämonisch« genannt wurde. Wenn überdies ihr erster gemeinsamer Film auch noch so hieß, wie er hieß, hätte eine andere vielleicht noch einmal darüber nachgedacht. Aber für Liv war die Antwort klar.

Selbstverständlich wäre sie dabei! Sie hätte sicher auch im Theater gekündigt, wenn sie nicht freigestellt worden wäre. Aber der Film sollte im Sommer gedreht werden, und dafür konnten die Ferien herhalten. Sie und Bergman hatten ein Date.

Im Sophiaheim in Stockholm

Ingmar Bergman lag im Krankenhaus Sophiaheim in Stockholm und war ziemlich angeschlagen. Er litt an doppelseitiger Lungenentzündung und Penicillinvergiftung. Nun hatte er Bibi Andersson und Liv Ullmann kommen lassen, um mit ihnen über seinen neuen Film zu sprechen. Er schrieb an einem neuen Drehbuch. Jetzt war nicht länger die Rede von ›Människoätarna‹, sondern von ›Persona‹. Für jede von ihnen war eine Rolle vorgesehen. Es war nahezu ein Jahr vergangen, seit sie sich auf der Straße in Stockholm begegnet waren.

»Du, Bibi, wirst eine Krankenschwester spielen, die mit einer psychisch Kranken aufs Land geschickt wird, um sich ihrer anzunehmen. Und du, Liv, wirst die Patientin spielen. Du bist eigentlich Schauspielerin, hast aber aufgehört zu sprechen. Bibi spricht für euch beide. Im Verlauf des Aufenthalts wirst du wieder gesund, jedenfalls glaube ich zum jetzigen Zeitpunkt noch, daß du wieder gesund wirst.«

Bibi Andersson, die daran gewöhnt war, mit Bergman zu arbeiten, fand, es höre sich toll an, und rechnete damit, im Laufe der Zeit mehr Informationen über die Filmhandlung zu bekommen. Aber für Liv Ullmann war es anders. Sie sollte zum ersten Mal mit Ingmar Bergman zusammenarbeiten. Sie war nervös. Sie wollte gerne ihr Interesse bekunden. Und sie wollte mehr über den Film wissen, damit sie sich darauf vorbereiten konnte.

»Wovon handelt der Film sonst noch, ich meine, was ist der eigentliche Inhalt?« fragte sie vorsichtig.

»Nun, das kann ich dir sagen«, antwortete Bergman. »Der Film handelt von der Bedeutungslosigkeit der Kunst, der Ohnmacht der Sprache und der grenzenlosen Einsamkeit der Seele. Darüber hinaus handelt er von zwei verschiedenen Menschentypen, die einen inneren und einen äußeren Kampf miteinander ausfechten. Diese zwei Menschen repräsentieren eigentlich zwei verschiedene Seiten des gleichen Bewußtseins. Das ist eine Idee, die ich von Jung habe. Er operiert mit den Begriffen »Persona« und »Personas Schatten« oder einfach nur »Schatten«. Die »Persona« ist der Teil des Menschen, der korrumpiert oder übergestülpt ist, während der »Schatten« als der ursprüngliche Teil mit Gefühlen und dem Unbewußten zu tun hat. Der Film soll Begriffe wie Raum und Zeit aufheben, es soll keinen Unterschied zwischen Traum und Wirklichkeit geben, und es gibt keinen eigentlichen Handlungsverlauf. Jedenfalls keinen Handlungsverlauf, dem man folgen könnte.

Der Film ist im Grunde ein langes Gedicht. Kein Gedicht aus Worten, sondern aus Bildern. Das alles bist du gezwungen zu spielen, wobei du nicht mehr als vier Worte, verteilt auf drei Stellen im ganzen Film, sprechen wirst. Das heißt, du mußt diesen inneren Zustand ohne Zuhilfenahme des Instruments spielen, das du normalerweise benutzt, der Stimme! Glaubst du, du schaffst das?«

Liv sah Bergman ungläubig an und fragte sich, wie sie sich aus dem Projekt zurückziehen könnte.

Dann sagte sie: »Ja, das schaff ich schon.«

Bergman nickte zufrieden und lächelte.

Was ich hier über das Gespräch zwischen Liv Ullmann, Bibi Andersson und Ingmar Bergman geschrieben habe, ist von mir frei erfunden. Bergman hätte sich niemals auf diese Weise ausgedrückt. Und hätte er es getan, hätte Liv unmöglich wissen können, was sie spielen sollte. Was stimmt, ist, daß sie sich im Sophiaheim über ihr neues Projekt unterhalten haben.

Im übrigen habe ich dem Lauf der Dinge ein wenig vorgegriffen. Im Anschluß an ihr erstes Treffen im Venedig des Nordens kehrte Liv nach Oslo zurück. Zusammen mit Joachim Calmeyer hatte sie das Angebot erhalten, am Nationaltheater anzufangen, und beide hatten sie es angenommen.

Im Herbst 1964 spielten sie ›Romeo und Julia‹ in Per Bronkens berüchtigter Inszenierung. Odd Eidem schrieb einen Verriß. Nicht einmal Joachim Calmeyer und Liv Ullmann blieben verschont, am schlimmsten aber ließ er sich über sie aus:

»Ein Stimmlehrer sollte mit dieser Schauspielerin noch einmal ganz von vorne anfangen, ihre A's und E's behindern deutlich die lyrische Entfaltung. Wenn man beispielsweise dem weltberühmten Monolog lauscht, der den zweiten Teil einleitet, hört man wahrlich nur eine rührende Hilflosigkeit, die klagend ›empfunden‹ wird – und was soll man zur Balkonszene sagen? Sie klang bisweilen so anonym wie die Leitartikel der rechten Presse – und dabei sollten wir eine *Glut* spüren im menschlichen Gemüt, eine sprühende Lyrik, die die Menschheit seit mehr als 350 Jahren bewegt hat.«

An Neujahr 1965 spielte Liv die Hauptrolle in George Bernard Shaws ›Die heilige Johanna‹. Es war eine Rolle, nach der sie sich seit langem gesehnt hatte, und sie stürzte sich in die Arbeit. Arild Brinchmann zeichnete für die Inszenierung verantwortlich, und das Stück erhielt sehr positive Kritiken. Aber ihre Gedanken waren mehr in Schweden als in Oslo. Sie konnte den Sommer kaum erwarten.

In Stockholm mühte sich Bergman mit seinem Theater ab, dem er seit Weihnachten 1962 als Intendant vorstand. Im Herbst 1964 setzte er Ibsens ›Hedda Gabler‹ und Molières ›Don Juan‹ auf den Spielplan. Gleichzeitig bereitete er den Film ›Människoätarna‹ vor, in dem er für Liv Ullmann eine kleine Rolle vorgesehen hatte.

Um Weihnachten herum war er am Ende seiner Kräfte und wurde krankgeschrieben. Zwar kam er kurze Zeit später wieder auf die Beine, war aber weiterhin angeschlagen. Im April 1965 ging es dann nicht mehr. Er hatte jahrelang Raubbau mit sich selbst getrieben. Die Arbeit hatte ihm alle Kraft genommen. Sein Gehirn wie sein Körper schrien Halt. Der Riese war zu Boden gegangen und wurde ausgezählt. Dann wurde er ins Sophiaheim eingewiesen.

Der »Svensk Filmindustri« wie ihm selbst war klar, daß die Filmpläne begraben werden mußten. Somit würde Liv Ullmann ihre Chance bei Bergman verlieren und die Filmgesellschaft im Sommer eine Produktion weniger haben. Bergman hatte die Nase von seiner Chefposition am Dramatischen Theater gestrichen voll. Es deprimierte ihn, seinen Film aufgeben zu müssen.

Aus den Niederlanden erreichte ihn die Nachricht, er habe den äußerst prestigeträchtigen Erasmuspreis gewonnen − eine Ehre, die er unter anderem mit Charlie Chaplin teilte. Er war zu krank, um selbst anzureisen, schrieb aber eine Dankrede, die er »Schlangenhaut« nannte. Darin kommt seine ganz persönliche Sichtweise zur Kunst und ihrem Wesen zum Ausdruck: »Es ist kaum verwunderlich, daß gerade die Kinematographie mein Ausdrucksmittel werden sollte. Darin konnte ich mich verständlich machen in einer Sprache, die ohne die Worte auskam, die mir fehlten, ohne die Musik, die ich nicht beherrschte, ohne die Malerei, die mich unberührt ließ. Hier hatte ich plötzlich die Möglichkeit, mit der Umwelt in Kontakt zu treten in einer Sprache, die buchstäblich von einer Seele zur anderen spricht in

Wendungen, die sich mit etwas, das Wollust gleicht, der Kontrolle des Intellekts entziehen.

Mit der aufgestauten Gier eines Kindes stürzte ich mich auf mein Medium, und seit zwanzig Jahren vermittele ich unermüdlich und mit einer Art Besessenheit Träume, Sinneswahrnehmungen, Phantasien, Anfälle von Wahnsinn, Neurosen, religiöse Kämpfe und reine Lügen.

... Ich fange ein fliegendes Staubkorn ein, vielleicht ist es ein Film – welche Bedeutung hat das schon, überhaupt keine, aber ich persönlich finde es interessant, also behaupte ich, es sei ein Film.

... Um seiner selbst willen Künstler zu sein, ist nicht immer angenehm. Aber es hat einen Vorteil: Der Künstler teilt sein Schicksal mit allen anderen Lebewesen, die ebenfalls nur um ihrer selbst willen existieren. Alles in allem ist dies wahrscheinlich eine durchaus mitgliederstarke Bruderschaft, die auf diese Weise eine selbstsüchtige Gemeinschaft auf unserer warmen, schmutzigen Erde und unter einem kalten und leeren Himmel bildet.«

Der Mensch wie auch der Künstler Bergman befinden sich in einer schweren Krise. Bergman spürt, daß er im Begriff ist unterzugehen. Bisweilen sitzt er im Bett und versucht, einen Fleck an der Wand zu fokussieren. Wenn es ihm nicht gelingt, wird ihm schwindlig und übel, und er verspürt den Drang, sich zu übergeben. Er nimmt Beruhigungsmittel und Schlaftabletten. Das lindert die Schmerzen, vertreibt aber nicht die Symptome.

Von seinem Zimmer aus blickt er auf eine Friedhofskapelle. Mit beunruhigender Regelmäßigkeit kommen schwarzgekleidete Menschen mit großen oder kleinen Särgen. Er träumt, er sei ein kleiner Junge, der einfach nur in Ruhe sterben will, aber ständig von Telefonanrufen des Dramatischen Theaters gestört wird. Sie hören niemals auf. Er kann nicht sterben, gibt auf und beginnt statt dessen zu lesen. Er langweilt sich. Nimmt sich vor, jeden Tag ein paar Seiten zu schreiben, hauptsächlich um nicht aus der Übung zu kommen.

Er nimmt sich sein Arbeitsbuch mit Aufzeichnungen vor. Seit Jahren schreibt er daran, und es macht ihm Spaß. Mehr Spaß jedenfalls, als Drehbücher zu schreiben. Das ist eine höllische *Pflichtübung!*

Am 12. April schreibt er in sein Arbeitsbuch:

»Sie war also Schauspielerin gewesen – das kann man sich vielleicht noch erlauben? Und dann ist sie stumm geworden. Auch das ist nicht weiter merkwürdig.

Ich werde mit einer Szene beginnen, in der die Ärztin Schwester Alma über das Vorgefallene informiert. Das wird die erste und grundlegende Szene. Pflegerin und Patientin kommen in engen Kontakt wie Nerven und Körpergewebe. Aber sie spricht nicht, sie lehnt ihre eigene Stimme ab. Sie möchte nicht unaufrichtig sein.«

Das ist der Anfang eines Films. Das erste kleine Staubkorn, das er zufällig im Valiumrausch gefunden hatte. Als er soviel geschrieben hatte, daß das Ganze anfing, einem Drehbuch zu ähneln, rief er seinen alten Freund Kenne Fant zu sich, den Leiter der »Svensk Filmindustri«.

»Du, Kenne, ich habe einen neuen Film für dich geschrieben, klein und billig. Die Mädchen können darin spielen – und Gunnar.«

Er spielte auf Bibi Andersson, Liv Ullmann und Gunnar Björnstrand an. Kenne Fant fragte, wovon der Film handle.

»Nun, er soll von zwei Frauen handeln, die mit großen Strohhüten am Strand sitzen und einander aus der Hand lesen. Es wird ein verdammt guter kleiner Film werden, und er wird ›Kinematograph‹ heißen«, antwortete Bergman.

»Ja, das hört sich gut an. Einverstanden«, sagte der Produzent.

Sie kannten einander gut. Kenne Fant brauchte einen Film. Außerdem würde er billiger werden als der ursprünglich geplante.

Die Sache war in Ordnung. Aber den Titel müßte er ändern. Er würde keinen Film produzieren, der so einen bescheuerten Namen hatte wie ›Kinematograph‹!

Bergman bestellte nun Bibi und Liv zu sich, damit sie über den Film reden konnten. Es war eine Art Trostveranstaltung für alle drei. Die beiden Schauspielerinnen würden neue und größere Rollen bekommen, und Bergman selbst schwamm wieder obenauf. Er begann sich auf die Arbeit zu freuen und verspürte sogar wieder so etwas wie Lust.

Woher er die Idee für diesen Film nahm, ist ein Rätsel. Er selbst sagte, sie sei einem Bild entsprungen, das er im Vorjahr von Bibi und Liv gesehen hatte. Möglicherweise hatte sein Unterbewußtsein in aller Stille an diesem Porträt der beiden »Mädchen« gearbeitet?

Im Gegensatz zu Bibi Andersson entdeckte Bergman auf Anhieb eine Ähnlichkeit zwischen ihr und Liv Ullmann. Nicht nur das, er konnte sogar eine auffallende Ähnlichkeit feststellen. Vielleicht waren es die Lippen, die vollen, geschwungenen Lippen und der sinnliche Mund?

Bergman war schon immer von Lippen fasziniert gewesen. Für ihn sind sie wie die Augen ein Schlüssel zum Charakter eines Menschen. Aber Bibis und Livs Augen hatten ebenfalls Ähnlichkeit miteinander. Ihre Haare waren natürlich sehr unterschiedlich, aber das war lediglich eine Äußerlichkeit.

Seit er dieses Bild gesehen hatte, hatte er Lust verspürt, mit den beiden in einem Film zusammenzuarbeiten. Mit dem Drehbuch zu ›Persona‹ hatte er angefangen, sich einem Stoff zu nähern, der hervorragend für dieses Ziel geeignet war, ja, er hatte angefangen, einen Film zu formen, der ohne die beiden nicht denkbar war. Die physische Ähnlichkeit zwischen den beiden – die er gesehen zu haben vermeinte – war sozusagen die Voraussetzung für den Erfolg des Films.

Nach wie vor war er nicht sicher, wovon der Film handeln

würde, oder konnte es jedenfalls nicht in Worte fassen. Aber sie wurden beauftragt, sich den Sommer freizuhalten und alle anderen Angebote auszuschlagen. Sollte trotzdem nichts aus dem Projekt werden, würden sie ihre Honorare ungekürzt ausbezahlt bekommen.

Die beiden Schauspielerinnen waren begeistert und guter Dinge. Der Film hörte sich seltsam an, es wäre auf alle Fälle etwas ganz Neues. Und Liv sollte eine Hauptrolle bekommen vergleichbar mit der von Bibi. Sie wäre die erste ausländische Schauspielerin in einem Bergman-Film.

Es war kaum zu glauben.

Den Sommerjob in der Tasche und das Einkommen gesichert, fuhren Bibi und Liv gemeinsam mit Jappe im Auto nach Polen und in die Tschechoslowakei. Unterwegs erhielten sie ein Telegramm der »Svensk Filmindustri«: »Drehbuch fertig. Kommt sofort nach Stockholm.«

Teil III

›Persona‹

Wir saßen im Wohnzimmer bei Liv Ullmann zu Hause in Oslo. Ich wollte mit ihr ein letztes Interview für den Dokumentarfilm führen. Die Zeit lief mir allmählich davon. Ich steckte mitten in der redaktionellen Bearbeitung, brauchte aber noch mehr Informationen von Liv. Leider war sie es längst leid, über Dinge zu sprechen, die vor vielen Jahren vorgefallen waren, war es leid, die Ereignisse auf Fårö im Jahre 1965 zu erklären.

Von Bergman war auch keine große Hilfe zu erwarten. Er hatte aufgehört, Interviews zu geben. Aber er hatte mir auf andere Weise geholfen; er hatte mir Zugang gewährt zu all seinen privaten Filmen über Filme, die er mit Liv gedreht hatte. Stundenlang habe ich mir diese Dokumente angeschaut, unruhige, kurze, lange, scharfe und unscharfe Bilder über das, was sich *hinter* der Kamera bei ›Persona‹, ›Schande‹, ›Schreie und Flüstern‹, ›Szenen einer Ehe‹ und ›Herbstsonate‹ abspielte. Es waren allesamt Stummfilme – bis auf den zu ›Herbstsonate‹.

Für mich waren sie von unschätzbarem Wert bei dem Versuch, ein wahrhaftiges und interessantes Porträt von Liv Ullmann zu gestalten. Nun sollten mir die Bilder außerdem helfen, Livs Gedächtnis aufzufrischen und sie zu weiteren kleinen Erzählungen zu ermuntern.

Ich hatte in ihrem Wohnzimmer alles aufgebaut und den Backstagefilm zu ›Persona‹ in ihren Videorekorder gelegt. Gleichzeitig filmte ich ihr Gesicht. Eine chinesische Schachtel in der Zeit.

In schwarz-weiß sah sie sich nun vor mehr als dreißig Jahren.

Sie sah sich selbst bei der Arbeit mit Ingmar. Mit Sven Nykvist. Mit Bibi Andersson. Mit Gunnar Björnstrand. Einen Sommer auf Fårö in einem anderen Leben. So lange her. So anders. So jung. So frisch. Und trotzdem Liv. Die gleiche, und doch verändert.

Ich zoome sie mit meiner Kamera heran. Habe sie genauso dicht vor mir wie Sven Nykvist sie in ›Persona‹ hatte. Ich denke an seine Worte vom letzten Jahr, als er mir von seiner ersten Begegnung mit Liv und der Arbeit mir ihr und Bibi Andersson an diesem Film erzählt hat:»Kein Mensch kann begreifen, was für ein Glücksgefühl es ist, solche Gesichter zu filmen, es ist ein Geschenk, ein feierlicher Akt.«

Ich versuche, ihr Gesicht zu deuten. Versuche herauszufinden, woran sie jetzt denkt.

Ich selbst kenne die Szenen auswendig. Weiß, daß sie sich und Bibi jetzt mit den großen Strohhüten sieht, wie sie Pilze putzen und auf der Veranda leise singen. Hier kommt das nächste Bild . . . Liv im Vordergrund, Sven Nykvist und die riesige Kamera in eine Decke gehüllt im Hintergrund. Neben ihm sitzt Ingmar Bergman und beobachtet Liv mit seinem intensiven Blick. Dem leicht schiefen Lächeln. Er wendet die Augen nicht eine Sekunde von ihr ab. Sie ist von fast blendender Schönheit. Sie hat den Blick auf das Meer gerichtet. Sie soll im Profil erscheinen. Sie kann nicht sehen, daß er sie anschaut, aber sie kann es sicher spüren.

Das nächste Bild.

Die Kameraleute haben für Sven Nykvist die längste Schienenstrecke der Welt gebaut. Seine Kamera steht auf einem »Dolly«, einem speziellen Kamerawagen auf Rädern. Sie bereiten eine unendlich lange »Fahrt« am Strand entlang vor. Während Bibi und Liv hintereinander herlaufen, wird Sven sie mit seinem Objektiv verfolgen. Alle sind guter Stimmung. Bergman haut den letzten Nagel in die Schwellen. Gunnar Björnstrand steht da mit einem winzig kleinen schwedischen Tortenfähnchen in der Hand. Vor den Kamerawagen haben sie ein Seil gespannt. Hinter der Schnur steht Ingmar jetzt. Bibi und Liv stehen auf der anderen Seite. Sie machen einen tiefen Knicks vor ihm, feierlich, als wäre er ein Monarch.

Der Monarch lächelt breit. Sie richten sich wieder auf, knicksen noch einmal und überreichen ihm eine große Schere.

Der Regisseur schneidet das Seil durch. Anschließend setzen sich die beiden Schauspielerinnen in den Kamerawagen und werden Richtung Backstage-Kamera chauffiert – umringt von einem lachenden Ingmar Bergman, von Gunnar Björnstrand mit Flagge und von allen anderen Mitarbeitern.

Die nächste Szene. Liv und Sven nebeneinander. Er noch schüchterner als sie. Will nicht gefilmt werden. Lacht, winkt in die Kamera und geht aus dem Bild.

Liv sieht ihm nach, beschattet die Augen. Überall wird gelacht. Alles ist Verbundenheit, Übermut, Freude.

Ich zoome Livs Gesicht noch dichter heran. Was würde ich nicht alles dafür geben zu wissen, was sie jetzt denkt. Ich sehe, daß sie lächelt. Sehe, daß sie bewegt ist. Sehe, daß sie in einer anderen Welt ist. Das Gesicht ist voller Gefühle. Freude? Wehmut? Sehnsucht?

Vielleicht alles zugleich und noch mehr.

Der Bildschirm wird schwarz. Sie rutscht auf dem Stuhl nach hinten. Ihre Stimme ist sanft und verletzlich.

»Ich erinnere mich an alles, als wäre es gestern gewesen. Ich erinnere mich an jedes einzelne Bild, jede einzelne Situation. Der Film ›Persona‹ ist so anders als die Bilder, die Sie mir jetzt gezeigt haben. Wir hatten so eine tolle Zeit. Der Film war so schwarz und düster, so traurig und in sich gekehrt. Nichts an dem Film gibt wieder, wie es uns diesen Sommer auf Fårö ging. Doch, an einer Stelle, wo Bibi und ich mit den großen Strohhüten dasitzen, Pilze putzen und singen, da waren wir Bibi und Liv. Da ging es uns gut, und wir waren einander ganz nah.«

Ich lasse die Kamera laufen, stelle keine Fragen. Warte auf mehr. Liv blickt in die Kamera.

»Ingmar war ganz anders, als alle mir erzählt hatten. Er hatte überhaupt nichts Dämonisches oder Strenges an sich. Am Anfang war er ein wenig nervös, vermutlich weil ich so nervös war. Doch nach unserer Ankunft auf Fårö, lief alles prima. Wir mußten viele Aufnahmen wiederholen, das lag aber daran, daß er nicht recht wußte, wie er den Film haben wollte, wie daran, daß wir nicht taten, was er sagte. Ich habe nie etwas Vergleichbares erlebt.

Abends spielten wir eine Art »Spiel der Wahrheit«. Ingmar hatte das angeregt, aber das war mir damals nicht klar. Und die Karten sagten die ganze Zeit über ›Ingmar, paß auf Liv auf‹. Und zu mir sagten sie ›Liv, paß auf Ingmar auf‹. Ich hatte gewissermaßen keine Wahl, wenn sowohl Ingmar als auch die Karten sagten, daß wir füreinander bestimmt waren. Und so haben wir uns verliebt.

Ich erinnere mich, daß Bibi Andersson versucht hat, mich zu warnen. Sie erkannte, worauf es hinauslaufen würde. Wenn wir fertig waren, ergab es sich häufig, daß wir vier, Ingmar und ich sowie Sven und Bibi, zusammen nach Hause gingen. Und Bibi war so lieb. Sie merkte, daß Ingmar und ich für uns sein wollten, deshalb sagte sie zu Sven: ›Wer ist erster an dem großen Felsen?‹, und dann liefen Sven und sie davon. Sven konnte ja nicht wissen, warum er plötzlich Wettrennen laufen sollte und weshalb Bibi plötzlich so voller Energie war, aber er machte trotzdem mit. Er ahnte wohl was.

Wir waren wie kleine Kinder. Wir spielten. Und aus diesem Spiel heraus entstand ›Persona‹.«

Keiner von denen, die damals dabei waren, hätte sich träumen lassen, daß das Ergebnis mehr als ein kleiner Sommergruß von Bergman und der Insel Fårö werden würde. Der Film war als kleiner Film geplant, im Hinblick auf Umfang, Länge und Kosten. Es waren ja trotz allem fast nur die beiden Frauen auf der Leinwand, und die eine davon war sogar stumm. Sie bekamen lediglich Unterstützung von einer Psychiaterin, die von Margaretha Krook gespielt wurde, und von Gunnar Björnstrand als Livs Mann. Des weiteren gab es noch einen kleinen Jungen, der aber nur eine winzige Rolle am Anfang und am Ende des Films hatte. Auch diese Rolle war stumm.

›Persona‹ war als Experiment gedacht. Ein Spiel mit Bildern. Zum ersten Mal in seiner Karriere hatte Bergman nicht die Absicht, auf das Publikum Rücksicht zu nehmen. Er pfiff darauf, ob jemand Lust hatte, den Film nach seiner Fertigstellung zu sehen. Und noch mehr pfiff er darauf, ob jemand verstand, was er damit zum Ausdruck bringen wollte. Der Film sollte von Seele zu Seele sprechen, ohne jegliche intellektuelle Kontrollinstanz. Er schrieb dazu:

»Noch nie habe ich mich so frei und glücklich gefühlt wie bei den Dreharbeiten zu diesem Film. Meine Mitarbeiter folgten mir überallhin. Ich empfand eine völlige Freiheit bei der Arbeit. Des weiteren kamen starke Gefühle in Bewegung zwischen Liv Ullmann und mir.«

So kann man sich fragen: Wie kann ein Film, der zwischen Bergman und seinen Mitarbeitern in Harmonie und Freude nahezu spielerisch entstand, so düster und pessimistisch sein? Wie kann ein Film, der Bergman als Künstler rettete, so schwer zugänglich sein?

Wie kann ein Film, der Liv Ullmann international berühmt machte, auf einer Rolle aufbauen, in der sie nur dreimal den Mund aufmacht, um etwas zu sagen, und auch dann nicht mehr als: »Au«, »Nein, nicht!« und »Nichts«.

Für das ganze Team von Fårö war und blieb das ein Rätsel.

Nach mehr als dreißig Jahren verbirgt sich der Film noch immer hinter einer geheimnisvollen Wolke. Er gleicht einer Sonate für zwei Personen. Er läßt sich nicht verstehen, man muß ihn erleben.

Aber ›Persona‹ ist kein Musikstück. Es ist ein Film. Und weil es ein Film ist, wird jeder Zuschauer versuchen, ihn zu verstehen, seine Bilder in Worte zu fassen. Aber ›Personas‹ magische Anziehungskraft besteht gerade darin, daß er sich nahezu jedem Versuch eines intellektuellen Zugriffs entzieht. Irgendwann im Verlauf des Films verliert der Zuschauer die Kontrolle. Man möchte so gerne begreifen, aber es ist nicht möglich.

Es ist, als spiele Bergman mit seinem Publikum Schach und verändere dabei unentwegt die Regeln. Es ist unmöglich zu gewinnen. Trotzdem ist das Spiel unterhaltsam. Trotzdem ist man berührt, unruhig, neugierig, kribbelig, angespannt, erregt.

Zurück bleibt das Gefühl, in ein sehr großes Geheimnis eingeweiht worden zu sein – beinahe jedenfalls.

»Ich war damals viel zu jung, um zu verstehen, wovon der Film handelt«, sagt Liv. »Aber ich hatte meine Intuition, und diese setzte ich ein. Ich weiß nicht, woher ich sie nahm. Aber Ingmar vertraute mir und ließ mich meinen eigenen Ausdruck finden. Er saß im Grunde einfach nur da, den einen Zeigefinger an der Schläfe, lächelte leise und ließ mich meinen Weg selbst finden.

Ich erinnere mich, daß ich das Gefühl hatte, der Mensch, den ich spielte, sei in Wirklichkeit Ingmar. Frau Vogler war Ingmar, ihre Zweifel und Probleme waren in Wahrheit seine, und ich identifizierte mich mit ihm. Ich fand meinen eigenen Ausdruck, indem ich ihn intuitiv verstand. Eigentlich ist es seltsam, denn ich kannte ihn ja damals nicht sonderlich gut. Aber so war es.«

Ich selbst habe ›Persona‹ mehr als ein Dutzendmal gesehen, es auf der Suche nach verborgenen Zusammenhängen im Videorekorder vor- und zurücklaufen lassen, habe Bergmans Bücher gelesen. Mit der Lupe habe ich einen Artikel nach dem anderen zu dem Film durchsucht, wissenschaftliche Abhandlungen, psychologische und metaphysische Deutungsansätze, und trotzdem würde ich nie behaupten, ich hätte ihn »verstanden«. Ich bin nicht sicher, ob Bergman selbst ihn »verstanden« hat. In seinem Vorwort zum Drehbuch schrieb er: »An vielen Stellen bin ich unsicher, und an einer Stelle weiß ich überhaupt nichts.« Aber ich habe in seinem Buch ›Mein Leben‹ eine kleine Orientierungshilfe gefunden. Dort berichtet er von seinen Notizen während des Krankenhausaufenthaltes: »Die beiden Frauen verglichen noch immer ihre Hände. Eines Tages stellte ich fest, daß die eine stumm war wie ich selbst. Die andere war redselig, nachgiebig und fürsorglich wie ich selbst.«

Es könnte sich also um einen einzigen Menschen und die zwei Seiten seiner Persönlichkeit handeln. Möglicherweise ist der Film also nichts anderes als eine lange Spiegelszene und handelt von etwas so Einfachem und Schwierigem wie Identität?

Wer bin ich eigentlich? Mit all den widerstreitenden Gefühlen in ein und derselben Person? Was ist mein wahres Ich, und wie kann ich ein Äußeres finden, das mein Inneres widerspiegelt, so wie es wirklich ist?

Die äußere Person ist die *persona*. Das Wort stammt eigentlich aus dem Etruskischen und bedeutet Maske. Es ist eine Anspielung auf die Masken, die von den griechischen Schauspielern der Antike benutzt wurden. Auf Norwegisch (und Deutsch) bedeutet es ganz einfach Person. Aber was verbirgt sich hinter der Person? Was steckt hinter der Maske?

Alle Menschen leben im Spannungsfeld zwischen äußerem und innerem Ich. Das innere ist geheimnisvoller und bedrohlicher, dort verbirgt sich das Unbewußte. Ohne das anhaltende Zusammenspiel zwischen den Kräften des Äußeren und des Inneren erstarrt der Mensch zur Statue. Das Unbewußte gibt dem Äußeren Nahrung, erfüllt es mit Leben. Es ist ergiebig und fruchtbar. Das lateinische Wort *alma* steht für genau diese Begriffe: ergiebig und fruchtbar.

Der Schweizer Psychologe Carl Gustav Jung schrieb, die

menschliche Psyche bestehe größtenteils aus Bildern. In dem Versuch, uns selbst zu verstehen, versuchen wir, diese Bilder in Worte zu fassen, sie zu begreifen. Er verwendete in seiner Persönlichkeitstheorie die Begriffe Persona und Anima. Grob vereinfacht steht Persona für das kollektive Bewußtsein oder die Maske, die wir uns mehr oder weniger bewußt aufsetzen, um uns der Umwelt anzupassen. Es ist das Bild, von dem wir wünschen, daß die anderen es von uns haben.

Die Anima sorgt dafür, daß wir Kontakt mit dem Unbewußten in uns haben. Die Grenzen zwischen den beiden Kräften sind fließend. Wir versuchen alle mehr oder weniger bewußt, sie zu kontrollieren, aber sogar dieses »Bewußtsein« wird zum Teil vom Unbewußten gesteuert. Deshalb ist es so provokant und schmerzhaft, einem Menschen seine Maske abzunehmen. Damit rührt man an das seelische Gleichgewicht des Betreffenden.

In ›Persona‹ wird dieses Gleichgewicht mit Bildern dargestellt, dem Kampf zwischen dem Äußeren und dem Inneren, zwischen der Maske und dem, was sich dahinter verbirgt. Die Maske hat sozusagen ein Innenleben, aber auch das Innere hat eine Maske, zu der es nicht steht. Möglicherweise bildet die anhaltende Spannung zwischen diesen beiden menschlichen Urkräften die Arena für die zwei Hauptfiguren des Films.

Ich habe an anderer Stelle schon einmal scherzhaft gesagt, die Idee zu ›Persona‹ sei auf Bergmans Lektüre von Jung zurückzuführen. Es ist noch immer ein Scherz, aber es ist nicht ausgeschlossen, daß er mit den Begriffen vertraut war. Und der Weg von Anima zu Alma ist wahrlich nicht sonderlich weit.

›Persona‹ handelt von zwei Frauen, die für kurze Zeit isoliert auf einer Insel leben. Liv Ullmann spielt die Schauspielerin Elisabeth Vogler, die sich auf dem Höhepunkt ihrer glänzenden Karriere plötzlich weigert zu sprechen. Sie stand bereits unter psychiatrischer Beobachtung, aber die Diagnose lautete, sie sei kerngesund.

Ihr Schweigen ist das Resultat einer bewußten Entscheidung. Sie möchte wahrhaftig sein, möchte nicht lügen. Schweigen ist der einzig mögliche Weg.

Als Betreuungsperson ist Schwester Alma zugegen, gespielt von Bibi Andersson. Sie ist das Gegenteil von Frau Vogler. Sie spricht nahezu pausenlos und hat eine naive, beinahe vertrauensselige Einstellung zum Leben.

Äußerlich gleichen die beiden einander und genießen mehr und mehr ihre gegenseitige Gesellschaft. Die eine völlig stumm, die andere voller Worte.

Die Harmonie dauert an, bis Schwester Alma einen Brief liest, den Frau Vogler an ihre Psychiaterin, Almas Vorgesetzte, geschrieben hat. In dem Brief schreibt sie, daß alles gut läuft und daß sie sich über Schwester Almas Naivität und unschuldige Verliebtheit in sie amüsiert.

Alma empfindet den Brief als Verrat. Ihr Selbstbild fällt in sich zusammen. Sie ist jetzt wild entschlossen, Frau Vogler die Maske herunterzureißen. Es kommt zwischen den beiden zum Streit. Schwester Alma verzweifelt allmählich. Sie bittet darum, daß Frau Vogler ein Wort sagt, nur ein einziges Wort, aber nein, Frau Vogler bleibt stumm.

»Du willst mich nicht verstehen!« sagt Schwester Alma. »Aber jetzt bestehe ich darauf, daß du mit mir redest. Sag doch ein Wort, ich flehe dich an, Liebste. Schade, ich hatte immer gedacht, große Künstler hätten auch für ihre Mitmenschen Verständnis, sie würden aus einem Mitgefühl heraus schaffen und hätten das Bedürfnis zu helfen. Und das war dumm. Du hast mich ausgenützt, aber jetzt brauchst du mich nicht mehr und wirfst mich weg!«

Dann erzählt sie Frau Vogler, daß sie den Brief gelesen hat und wütend und enttäuscht ist. Weiterhin keine Antwort. Sie geht mit den Fäusten auf Frau Vogler los. »Jetzt wirst du sprechen!« Aber Frau Vogler verteidigt sich und schlägt Schwester Alma, daß sie gegen die Wand prallt und anfängt zu bluten. Schwester Alma dreht sich um und erblickt einen Topf mit kochendem Wasser. Sie packt ihn und will Frau Vogler das Wasser ins Gesicht schütten.

In dem Augenblick schreit diese: »Nein, nicht!«

Die Maske bekommt Risse. Sie spricht! Dies ist ein kleiner Sieg für Schwester Alma. Sie möchte jetzt Versöhnung, ihr schlägt aber noch mehr Stille entgegen. Frau Vogler will nicht verzeihen.

Sie gehen auseinander. Es ist dunkel. Dann hören sie eine Stimme. Es ist Frau Voglers Mann. Er ruft nach Elisabeth. Schwester Alma läuft nach draußen, um nachzusehen, was er will.

Er ist gekommen, um Elisabeth Vogler zu besuchen, spricht aber mit Alma. Sie versucht ihm zu sagen, daß sie Schwester Alma ist und nicht Frau Vogler, aber es nützt nichts. Zuletzt gibt Alma vor, Frau Vogler zu sein, und fällt ihm in die Arme, tröstet ihn, küßt ihn. Zuletzt bleibt sie unter ihm liegen. Frau Vogler wohnt der Szene als stumme Zeugin bei.

Zum Schluß schreit Schwester Alma: »Gib mir ein Betäubungsmittel, ich ertrag's nicht mehr, ich kann nicht, ich kann nicht mehr. Ich schäme mich, ich schäme mich so. Ich bin ganz schmutzig und herzlos, alles ist eine gemeine Lüge und Betrug.«

Dann folgt die wahrscheinlich berühmteste Szene des Films.

Frau Vogler sitzt da, die Hände auf dem Tisch. Sie versteckt eine Fotografie ihres Sohnes. Schwester Alma näher sich und fragt, was sie versteckt hält. Frau Vogler antwortet nicht, aber Schwester Alma entreißt ihr das Bild: »Darüber müssen wir sprechen.«

Frau Vogler schüttelt den Kopf. Schwester Alma sagt: »Komm erzähl jetzt, Elisabeth! Gut, dann werde ich es tun. Du hattest alles, aber dir fehlt die Mütterlichkeit. Du wolltest Mutter werden, aber du hast Angst bekommen, Angst vor der Verantwortung, vor dem Gebundensein, davor, das Theater aufgeben zu müssen, Angst vor dem Schmerz, Angst vor dem Tod, Angst vor dem sich wölbenden Leib. In Wahrheit spieltest du nur eine Rolle, die Rolle der glücklichen werdenden Mutter.«

Schwester Alma kommt mit den schlimmsten Beschuldigungen, nämlich, daß sich Frau Vogler eigentlich eine Totgeburt gewünscht habe. Sie habe sich gewünscht, ihr eigenes Kind würde tot geboren, damit sie ganz für sich und ihre eigenen Wünsche leben könnte, fürs Theater. Aber der Junge starb nicht, sondern litt an einer ungeheueren und unerklärlichen Liebe zu seiner Mutter.

Während der Szene sehen wir nur Frau Voglers Gesicht, nichts anderes. Wir hören Schwester Almas Stimme, aber sehen sie nicht. Danach wird die ganze Szene in extenso wiederholt, nur daß wir dieses Mal Bibi Andersson sehen, entweder von vorne mit Livs Hinterkopf im Vordergrund oder ganz. Sie wiederholt exakt die gleichen Worte, und es dauert fast auf die Sekunde genau gleich lange.

Nachdem wir den ganzen Dialog zweimal gehört haben, verschmelzen die beiden Gesichter zu einem. Die eine Hälfte gehört Frau Vogler, die andere Alma. Das Bild ist eine Montage der jeweils rechten und linken Gesichtshälfte der Schauspielerinnen. *Zusammen* sind die beiden Frauen häßlich geworden, es liegt etwas Krankes, etwas Unheilvolles und Alptraumartiges über dem Geschöpf, das uns jetzt mit aufgequollenen Lippen und weit aufgerissenen Augen anstarrt.

Nun sind *persona* und *anima* eins geworden. Die Maske und was sie verbirgt, das Unterbewußte, sind in einem Gesicht vereint. Wenn die beiden Seiten einer Persönlichkeit verschmelzen, entsteht eine widerliche Mißgeburt, zu der sich keine der beiden bekennen will. Eine Persona und eine Anima, die miteinander verschmelzen, sind nicht doppelt so wahrhaftig wie Persona oder Anima für sich genommen. Heraus kommt statt dessen eine Wahrheit, mit der man unmöglich leben kann. Wie ein Mensch ohne Schädel und Haut, um die Seele zu beschützen. Völlig wehrlos.

»Aber was wäre ›Persona‹ ohne Bibi Andersson als Alma gewesen, und welchen Verlauf hätte mein Leben genommen, wenn sich Liv Ulmann nicht meiner und der Elisabeth Vogler angenommen hätte?« schrieb Bergman in seinem Buch ›Bilder‹.

Wenn man sich den Backstage-Film anschaut, kann man leicht nachvollziehen, daß Bergman sich in sie verliebt hat. Wenn man sich den Film anschaut, versteht man noch besser, daß der Regisseur und Drehbuchautor von dieser Frau fasziniert gewesen sein muß, die seine unzugängliche und dunkle Vision mit derart markantem und wahrhaftigem Ausdruck spielte.

Denn dieser Film hätte ein Fiasko werden können, er war ein äußerst riskantes Experiment. Bergman kannte Bibi Andersson. Auf sie konnte er sich verlassen. Sie hatte bereits Unvergeßliches geleistet. Aber mit Liv Ullmann ging er ein großes Risiko ein.

Es ist ihr im Film gelungen, was sie früher nur im Theater zustande gebracht hatte. Seit ›Der kaukasische Kreidekreis‹ hatte sie keine überzeugendere Leistung mehr vorgelegt. Ihre Fähigkeit, sich einzuleben, hatte eine Ausdrucksform gefunden, die nicht gefühlt, sondern gelebt wirkte. Ihr intuitives Verständnis der Rolle und die Identifikation mit Bergman hatten dazu beigetragen, seiner Kinematographie einen Inhalt zu geben, von dem er selbst nicht zu träumen gewagt hatte.

Dieser Film hatte ihn wieder das Sprechen gelehrt, hatte ihm den Glauben an die Bilder zurückgegeben. Er drückte es einmal so aus: »Ich habe irgendwann einmal gesagt, ›Persona‹ habe mein Leben gerettet. Das ist keine Übertreibung. Wäre es mir nicht gelungen, diesen Film zu machen, wäre es wahrscheinlich endgültig mit mir vorbeigewesen.«

Während der Dreharbeiten auf Fårö hatte er einmal Livs Hand in seine genommen und gesagt: »Letzte Nacht habe ich geträumt, daß du und ich auf schmerzliche Weise miteinander verbunden sind.«

›Persona‹ war der Beginn ihrer Liebe, gleichzeitig gibt der Film auf merkwürdige Weise wieder, was sie selbst erlebt haben: Zwei Menschen, isoliert auf einer Insel, die versuchen, sich selbst im Spiegelbild des anderen zu finden.

Kaum war Liv nach Norwegen zurückgekehrt, erhielt sie einen Brief von Bergman. Darin schrieb er, daß er ohne sie nicht weiterleben könne und daß er sie liebe. Aber Bergman war immer noch mit Käbi Laretei verheiratet. Mit ihr hatte er einen dreijährigen Sohn, Daniel. Und Liv war nach wie vor mit Jappe Stang verheiratet.

Ein Fall ist ein Fall

»Du wirst in deinem Leben immer Probleme mit Männern haben. Du wirst immer große Konflikte in deinem Liebesleben erleben. Du wirst die Männer, denen du begegnest, immer zu Heiligen erheben. Du wirst es niemals schaffen, sie so zu sehen, wie sie wirklich sind, sondern nur, wie du sie haben möchtest.«

Der Wahrsager, der diese Worte vor vielen Jahren zu Liv gesagt hatte, wußte nicht, wer sie war. Er hatte sie nie zuvor gesehen und ist ihr seitdem nie wieder begegnet. Aber jetzt hatte sie zwei. Zwei Männer. Das konnte nichts anderes bedeuten als doppelt so viele Probleme.

»Wir beide sind schmerzlich miteinander verbunden«, hatte Bergman zu ihr gesagt. Das war zweifellos wahr. Denn jetzt ging es Liv schlecht. Sie hatte die große Liebe erlebt.

Künstlerisch gesehen hatte sie jeden Schritt in der Steinwüste von Fårö mit Siebenmeilenstiefeln genommen. Sie hatte nicht wenig von ihrer Seele in den Filmrollen von Sven Nykvist zurückgelassen. Ihr Herz hatte sie in die Hände des Regisseurs gelegt. Der Abschied war schmerzhaft gewesen. Trotzdem gab es einen Teil in ihr, der sich nach Hause, zu Jappe in Oslo sehnte, nach dem Sicheren und Bekannten.

Die Dreharbeiten hatten sie sehr bereichert, hatten sie aber auch unsicher gemacht, hatten ihr neue Impulse und Gedanken mit auf den Weg gegeben, die sie noch nicht hatte verdauen können.

»Ich werde bald Carl Hendrik heiraten und viele Kinder bekommen, die ich aufziehen werde. In Gedanken habe ich mir das alles genau überlegt. Wir werden ohne Sorgen leben, ein beruhigendes Gefühl«, hatte Schwester Alma zu sich selbst gesagt.

Aber Frau Voglers Mann war es nicht gelungen, am Ende des Films zwischen ihr und Alma zu unterscheiden.

»Nur Schmerz und Erotik sind echt.« Soviel konnte man dem Drehbuch jedenfalls entnehmen.

Sah so die Wirklichkeit aus?

Aber was war mit all dem anderen? Mit ein bißchen Anstand? Mit Pflichten dem Nächsten gegenüber? Mit allem, wozu man erzogen worden war? Allem, was richtig war? Was war mit den Träumen, die man vom Leben hatte, als man jünger war? Als man anfing, als man heiratete? Was mit dem bißchen altmodischen, spießbürgerlichen Glück, das sich mit der Arbeit verbinden ließ?

Liv hatte noch nie ein derart schlechtes Gewissen gehabt wie jetzt. Sie war streng und konservativ erzogen worden. Ihre Mutter hatte nur einen Mann gehabt, und als er starb, hatte sie nicht wieder geheiratet. Sie hatte die Erinnerungen an Viggo hochgehalten vor ihren Töchtern und allen anderen.

Wie konnte Liv ihr erzählen, was vorgefallen war? Wie sollte sie ihr erklären können, daß sie sich in einen Mann verliebt hatte, der zwanzig Jahre älter war, zwei Exfrauen hatte und eine, mit der er zur Zeit verheiratet war und mit der er einen kleinen Sohn hatte?

Hatte sie ein Recht darauf, diese Ehe zu zerstören? Und wie sollte sie von all den anderen Kindern erzählen können, die Bergman aus früheren Liebschaften hatte? Sollte sie Stiefmutter für halb Schweden werden? Was würde Janna sagen?

Und Jappe?

Sie waren verheiratet und hatten noch vor kurzem in Polen und der Tschechoslowakei eine wunderbare Ehe geführt. Nun ja, vielleicht nicht gerade eine »wunderbare« Ehe, aber sie waren nun einmal verheiratet und hatten nie von Scheidung gesprochen. Liv hatte Jappe mit Toralv Maurstad betrogen, das sollte genügen. Sie wollte zurück zu Jappe, zurück zum Nationaltheater, zurück nach Norwegen. Eine Trennung war undenkbar. Es war das letzte, wonach ihr der Sinn stand.

Eine Scheidung kam nicht in Frage. Basta!

Andererseits – Ingmar Bergman hatte sie *gesehen*, wie kein anderer sie je gesehen hatte. Und sie hatte ihn gesehen. Zwischen ihnen war eine Spannung entstanden, die belebend gewesen war bis ins Mark. Frische Kräfte waren bei beiden freigesetzt worden. Es war, als wären sie gewachsen und stärker geworden. Hätten voneinander Nahrung bezogen. Das machte Appetit auf mehr.

Außerdem fand Liv, er sei gutaussehend, umsichtig und feinfühlig. Ingmar Bergman hatte Charisma. Er hatte ein Gespür für Frauen, das sie faszinierte. Er hatte sie für sich eingenommen. Er hatte sie verzaubert.

Aber konnte sie sich auf ihre Gefühle verlassen? Konnte sie zwischen den Gefühlen für ihn und dem, was er wirklich war, unterscheiden? Oder besser gesagt: das, wofür sie ihn hielt oder wie sie ihn sich wünschte, wenn sie nur –

Er war zwanzig Jahre und ein paar Monate älter als sie. Er hätte ihr Vater sein können.

Wenn sie bei den Dreharbeiten auf Fårö zwischendurch einmal ganz allein gewesen war, hatte sie Vladimir Nabokovs ›Lolita‹ gelesen. Das Buch hatte ihr keine Angst eingejagt, es spornte sie vielmehr an. Sie war von einem warmen Gefühl der Zusammengehörigkeit und der Erotik erfüllt worden. Es war wie ein Leben in einem Raum mit weichen Wänden und voller Sonne, Begehren und Glück gewesen.

Liv kannte sich gut genug, um zu wissen, was sie auf Fårö empfunden hatte. Sie war mächtig verliebt gewesen. Ganz schlicht und einfach.

I have fallen in love . . .

Das Englische trifft es am besten. Und ein Fall ist ein Fall. Natürlich kann man wieder aufstehen, aber zunächst ist man *gefallen!*

Liv hatte Angst. Angst vor der Zukunft. Angst davor, daß alles, was sie angestrebt hatte, für sich selbst und andere, jetzt zerbrechen könnte. Angst vor ihrem Ruf. Sie wollte so gerne Jeanne d'Arc und Solveig in einem sein, stark und rein. Sie bemühte sich, wieder aufzustehen, als sie zu Hause in Oslo eintraf.

Im Drammensveien ging das Leben seinen gewohnten Gang. Sie und Jappte wohnten weiterhin zusammen. Liv wollte es gerne wieder so haben wie früher, aber das ging nicht. Ihr Verhältnis ähnelte mittlerweile eher einer platonischen Freundschaft als einer aktiven Ehe.

Daß auch seine Blicke gelegentlich an ihr vorbeigingen, kam ihr nicht in den Sinn. Aber für ihn war es sicher ein Trost festzustellen, daß die Welt nicht allein aus Liv Ullmann bestand.

Für Ingmar Bergman gab es nun nur noch sie, und er vertraute blind seinen Gefühlen. Liv hatte ihm einen neuen Lebensinhalt gegeben. Er glaubte an ihre Beziehung, glaubte an ihre Liebe und ihre »Verbundenheit«. Für ihn war sie eine Quelle der Freude und Erneuerung.

Es erfüllte ihn mit Schmerz, seine Frau, Käbi Laretei, und seinen Sohn Daniel verlassen zu müssen. Aber er sah keinen anderen Weg. Er liebte Liv, und er wollte sie haben.

Das schrieb er ihr in seinen Briefen. Er war glücklich. Sie ängstlich. Aber auch glücklich. Aber vor allem ängstlich. Und sehr glücklich. Warum nur war das Leben so kompliziert?

Und dann wurde es plötzlich einfacher. Und schwerer. Direkt nach ihrem siebenundzwanzigsten Geburtstag entdeckte Liv, daß sie schwanger war.

Ein neuer Halt

Wenn Liv nicht recht gewußt hatte, was sie tun sollte, als sie Fårö verließ, wußte sie es jetzt noch weniger. Aber zwei Dinge wußte sie sicher: Das war ihr und Ingmars Kind, und sie wollte es austragen.

Als Ingmar Bergman die Neuigkeit erfuhr, war er vor Freude außer sich. Er nannte es ein echtes Kind der Liebe und war nun sicher, daß Liv ihm gehörte, daß sie sich von Jappe scheiden lassen wollte. Aber Liv war noch unentschieden. Vielleicht ließ sich die Ehe doch noch retten?

Jappe wußte von nichts, sie mußte ihm erzählen, wie es um sie stand. Anschließend konnten sie gemeinsam überlegen, was zu tun sei.

Die Ehe hatte 1965 einen anderen Status als heute. Man trat nicht in den heiligen Stand der Ehe und wieder heraus, als handle es sich um einen Stafettenlauf. Wenn man von einem anderen Mann als dem Ehemann ein Kind erwartete, war das mit einem gewissen Schamgefühl verbunden, im guten und altertümlichen Sinne des Wortes. Außerdem war Liv Ullmann religiös. Sie hatte vor Gott im Nidarosdom ihr Ehegelübde abgelegt. »In guten wie in schlechten Tagen, bis daß der Tod euch scheidet...« Wenn man Christ ist, läuft man vor einem solchen Versprechen nicht gleich am ersten Regentag davon.

Liv freute sich auf das Kind. Sie hatte stets davon geträumt, Mutter zu werden, eine große Familie zu haben. Jetzt hatte sie Mann und Kind, aber der Vater des Kindes gehörte nicht zur Familie. Und der Mann der Familie wußte nichts von dem Kind.

Es war eher Ibsen als Strindberg, wurde dadurch aber nicht leichter. Sie mußte den Stier bei den Hörnern packen.

Liv war in Göteborg, als sie sich hinsetzte, um den schwierigsten Brief ihres Lebens zu verfassen. Sie erzählte alles, wie es war. Bat um Verständnis und Vergebung. Adressierte ihn an Jappe Stang, Drammensveien 91, Oslo, Norwegen, und warf ihn in den Briefkasten.

Zu Hause im Drammensveien saß Jappe und schrieb seinerseits einen Brief. Auch dieser war nicht einfach zu schreiben. Er war adressiert an Liv Ullmann in Göteborg.

Er hatte nicht viel Zeit. Wollte, daß der Brief sie übermorgen erreichte. Er mußte sich beeilen, wenn er ihn noch mit dem Abendzug nach Schweden schicken wollte. Aber es war kein Brief, den man einfach herunterschrieb und abschickte. Der Inhalt verlangte, daß er seine Worte genau abwog. Was er ihr zu erzählen hatte, war folgendes: Er hatte sie betrogen. Er hatte ein Verhältnis mit einer anderen gehabt. Dieses Verhältnis hatte jetzt Früchte getragen. Die betreffende Frau erwartete ein Kind. Er war der Vater.

Er hatte nicht die Absicht, die Ehe mit Liv aufzugeben, aber die andere Frau hatte darauf bestanden, das Kind auszutragen. Sie waren übereingekommen, daß sie die Verantwortung übernehmen würde und daß Jappe bei Liv bleiben sollte, wenn sie mit der neuen Situation leben könnte. Er bat um Verständnis und Vergebung.

Er klebte den Umschlag zu, fuhr zum Bahnhof, schickte den Brief mit dem Abendzug los und fuhr nach Hause. Nun mußte er nur noch auf den Anruf aus Göteborg warten.

Zunächst aber kam Livs Brief. Ihre Botschaften hatten sich unterwegs gekreuzt. Fast zur gleichen Zeit saßen sie, jeder in seinem Land, und lasen jeder einen Brief mit ungefähr gleichem Inhalt.

Dann folgten die Telefonate. Lange Unterredungen. Beide waren voller Verständnis, beide hatten gute Gründe, dem anderen zu verzeihen. Keiner von beiden wußte, was tun. Aber in einer Sache wurden sie sich einig: Sie wollten alles Jappes Mutter erzählen. Sie würde Verständnis dafür haben.

Als Liv nach Oslo zurückkehrte, fuhren sie zusammen zu Astrid Stang. Ihr, die ihren Mann in den Apriltagen 1940 verloren hatte, die stolz ihre vier Söhne aufgezogen hatte und ihre Schwiegertochter liebte, ihr, die die Familie über alles andere stellte, wollten sie erzählen, daß sie ein Kind erwarteten, aber nicht voneinander. Es war bestimmt nicht leicht.

»Wir erwarten ein Kind . . .«, fingen sie an.

Bevor sie den Satz vollendeten, brach Jappes Mutter in Freudentränen aus und fiel ihnen um den Hals. Nichts konnte sie glücklicher machen! Ihr ältester Sohn und seine Frau erwarteten ein Kind!

Es war fast zu schön, um wahr zu sein. Das mußte gefeiert werden!

Jetzt war es nur noch Ibsen; Strindberg hatte sich längst verabschiedet.

Jappe und Liv brachten es nicht übers Herz, den Satz zu beenden. Sie machten gute Miene zum bösen Spiel. Das Kind war ihres. Astrid wurde Großmutter.

Bergman konnte sagen, was er wollte.

Wie sie sich den Fortgang dieses Dramas genau vorgestellt hatten, ist schwer nachvollziehbar.

Liv beschloß, Ingmar zu sagen, daß sie ihren Mann unmöglich verlassen könne, daß sie in Norwegen bleiben wolle und daß sie und Jappe sich um das Kind kümmern würden.

Nun war Bergman nicht gerade dafür bekannt, daß er die Familie über alles stellte. Er hatte sich stets mehr um seine Arbeit als um sein Privatleben gekümmert. »Fragen Sie mich nicht, wann meine Kinder geboren wurden«, sagte er in Jörn Donners Fernsehporträt zu seinem achtzigsten Geburtstag, »denn das weiß ich nicht. Aber wenn Sie 1955 sagen, weiß ich, das war das Jahr, in dem ich ›Das Lächeln einer Sommernacht‹ gedreht habe.«

Aber in diesem Fall ging es genausosehr um Liv wie um ihr gemeinsames Kind. Für ihn bedeutete sie ein neues Kapitel in seinem Leben. Der Gedanke, daß sie mit seinem Kind schwanger war, verstärkte nur seine Gewißheit, daß ihre Beziehung in den Sternen geschrieben stand. Er war nicht bereit, einfach auf sie zu verzichten. Außerdem hatte er noch ein altes Drehbuch, das schon zur Verfilmung bereit lag. Die eine Rolle hatte er umgeschrieben, so daß sie auf Liv als schwangere Ehefrau paßte.

Er wollte, daß sie nach Stockholm kam. Sie mußten sich wiedersehen.

Die Freiheit und die Freude, die er bei den Dreharbeiten von ›Persona‹ empfunden hatte, hatten ihn davon überzeugt, daß er die Intendantenstelle am Dramatischen Theater opfern müsse. Von nun an würde er nur noch filmen, Regie führen und schreiben. Nicht verwalten! Er ersuchte um Dienstbefreiung, und Erland Josephson übernahm den Chefsessel.

Bergmans neuer Film sollte ›Die Stunde des Wolfs‹ heißen. Die Hauptrollen sollten Liv Ullmann und Max von Sydow spielen, aber auch Erland Josephson und einige andere sollten mitwirken. Es würde toll werden. Sie wären ein gutes Team. Sven Nykvist würde natürlich die Kamera übernehmen. Bergman wünschte sich von ganzem Herzen, daß Liv mitmachte. Konnte sie nicht auf jeden Fall nach Schweden kommen und mit ihm über den Film diskutieren? Über ihr Privatleben könnten sie dann später reden.

Liv versprach zu kommen.

Anfang 1966 erkrankte Ingmar Bergmans Mutter, Karin, schwer und wurde ins Krankenhaus eingeliefert. Bergman besuchte sie zwischen den Proben im Theater so oft er konnte. Er war weiterhin Regisseur und stand im übrigen regelmäßig in Kontakt mit seinem Freund Erland Josephson.

Am Sonntag, dem 13. März, erhielt er einen Anruf aus dem Krankenhaus, er möge sofort kommen. Er eilte hin, kam aber zu spät. Als er eintraf, war Karin Åkerblom Bergman bereits tot. Er blieb eine Weile an ihrem Bett sitzen.

Nicht lange danach kam Liv Ullmann nach Stockholm. Sie trafen sich in seiner kleinen Wohnung in der Grev Turegatan. Er war niedergeschlagen und deprimiert.

»Jetzt habe ich nur noch dich«, sagte er.

Liv sah ihn an. Wurde von Gefühlen übermannt. Gefühle, die sie auf Fårö bei sich entdeckt hatte, kamen erneut in ihr hoch. Er war so nackt. Er brauchte sie jetzt. Sie konnte ihn unmöglich verlassen.

So blieb sie einige Tage in Stockholm, und er überschüttete sie mit seiner Liebe. Alles würde gut werden. Was ihnen widerfahren war, war ein Geschenk gewesen. Sie sollten eine Familie bilden. Sie beide gehörten zusammen.

Liv sprach mit Jappe, und sie schrieb seiner Mutter und erzählte ihr die Wahrheit über das Kind. Postwendend erhielt sie Antwort. Astrid Stang schrieb, als Liv Jappe heiratete, habe sie eine Tochter bekommen. Das würde Liv für sie immer bleiben, ob sie nun mit ihrem Sohn verheiratet war oder nicht.

Liv war erleichtert, aber auch wehmütig.

Pamina

Wären Liv Ullmann und Ingmar Bergman nicht so gewesen, wie sie waren, hätte man glauben können, daß sie im Sommer 1966 eine Art Hochzeitsreise unternehmen würden. Nicht, weil sie daran dachten zu heiraten, denn dem war nicht so. Sondern um das Einjährige ihrer Begegnung auf Fårö und die glückliche Zeit während der Dreharbeiten zu ›Persona‹ zu feiern. Und natürlich um zu feiern, daß sie jetzt ein Kind erwarteten und zusammenleben wollten. Eine Reise nach Rom vielleicht, eine Woche in Venedig? Vielleicht wäre Paris das Richtige? Nein, Paris war im Sommer zu hektisch. Vielleicht Amalfi? Oder einfach nur Dalarna in Schweden oder Rondane?

Aber nein! Sie hatten keine Zeit für Flitterwochen. Es war nicht einmal die Rede von einem verlängerten Wochenende. Als sie sich im Sommer 1966 wieder trafen, war es, um zu arbeiten. Um einen neuen Film zu machen. Und es war keine Komödie, obwohl es zwischendurch lustige Momente gab. Der Film war voller üppiger und burlesker Einfälle.

›Die Stunde des Wolfs‹ ist eine Art umgekehrte ›Zauberflöte‹ ohne Musik. Eine Art Bergmanscher ›Dracula‹ für Freudianer oder vielleicht eher Jungianer. Ein Film voller Dämonen und herkömmlicher Archetypen in drolligen Gestalten. Ein Film zum Sich-austoben und Läutern. Kurz: ein Kunstwerk, aber mit düsterer Botschaft.

Bergman hatte sich den Künstler Johan Borg und seine schwangere Ehefrau Alma vorgenommen – gespielt von Max von Sydow und Liv Ullmann. Sie wohnen auf einer kargen Insel im Meer. *Er* sucht die Wahrheit in der Kunst, findet sie aber nicht. *Sie* sucht die Liebe, die aber nicht ausreicht, um ihren Mann zu retten.

Nun sei einem verziehen, wenn man der Meinung ist, dieser Film eigne sich kaum als Sommerjob für eine hochschwangere

Frau, die kurz vor der Scheidung steht. Die Botschaft von ›Die Stunde des Wolfs‹ schürte nicht gerade den Optimismus in Sachen Liebe und Zusammenleben. Man könnte glauben, Liv Ullmann wären Bedenken gekommen, sich einem Künstler hinzugeben, der in diesem Maße Umgang mit Dämonen pflegte. Dämonen, die zwischen drei und vier Uhr nachts auftauchten, einer Zeit, in der die meisten Menschen schliefen – in der ›Stunde des Wolfs‹.

Aber nein! Liv Ullmann ging es blendend in der Rolle der Alma. Solange die Kamera lief, war alles in Ordnung. Sie machte ihre Arbeit. Und es machte ihr Spaß. Außerdem war Bergman sehr liebevoll und fürsorglich. Aber nicht nur er sorgte sich um sie, sondern das ganze Team. Sie lernte Erland Josephson und Max von Sydow kennen. Beide wurden zu engen Freunden.

Für Liv Ullmann war ›Die Stunde des Wolfs‹ als Sommerjob absolut geeignet. Aber wenn die Kamera nicht lief und sie Pause hatte, fing sie an, über ihre eigene Situation nachzugrübeln. Dann kamen die Zweifel und Sorgen. Hatte sie die richtige Entscheidung getroffen? Was würden Freunde und Bekannte sagen?

Als sie mit ihrem Teil des Films fertig war, kehrte sie nach Oslo zurück. Für den Flug brauchte sie eine Hebamme als Begleitung. Bergman mußte noch weiterdrehen und blieb in Schweden zurück. Sie fühlte sich ein wenig einsam, aber Ingmar rief jeden Tag an und schrieb ihr einen wunderschönen Brief nach dem anderen.

Als es an der Zeit war, ins Krankenhaus zu fahren, bestellte sie selbst das Taxi. Sie bat den Chauffeur, zum Rikshospital zu fahren, in dem Jappe Stang als Arzt arbeitete. Offiziell waren sie noch immer verheiratet, und auf dem Papier war er der Vater. Als Liv gebar, nahm Jappe das Kind entgegen. Es war ein großer Augenblick für sie beide, aber sie hatte große Sehnsucht nach einem anderen.

Am gleichen Tag – Dienstag, dem 9. August – war Bergman im Studio und drehte. Die Dämonen in ›Stunde des Wolfs‹ führten Mozarts ›Zauberflöte‹ als Puppentheater auf. Der schönste Moment im ganzen Film: ein Lobgesang auf die Liebe und die Musik.

In seinem Buch ›Mein Leben‹, das 1987 herauskam, schrieb Bergman:»In ›Die Stunde des Wolfs‹ streift die Kamera über die Dämonen, die durch die Macht der Musik für einen Augenblick zur Ruhe gekommen sind, und verharrt auf Liv Ullmans Gesicht. Eine doppelte Liebeserklärung, zärtlich, aber aussichtslos.«

Als Bergman von der Geburt erfuhr, charterte er sofort ein Flugzeug. Liv war überglücklich, als er im Rikshospital auftauchte. Das Pflegepersonal war zwar etwas ratlos und begriff nicht, wer denn nun eigentlich der Vater war. Aber das machte den ganzen Aufenthalt nur noch unterhaltsamer.

Ingmar Bergman war stolz und glücklich und hatte einen schönen Smaragdring für Liv mitgebracht. Gemeinsam einigten sie sich darauf, das Mädchen nach Ingmars Mutter, Karin, und außerdem nach einem alten Kinderbuch von Jørgen Moe Beate zu benennen. Moe hatte Livs Urgroßvater Viggo und dessen Schwester Ragna Nielsen als Vorbild genommen und ihnen die Namen Viggo Viking und Beate gegeben. Zufällig war Beate auch der Name von Livs Lieblingspuppe gewesen, als sie noch klein war. Also: Karin Beate Ullmann.

Aber schließlich nannten sie sie einfach nur Linn. Das klang so sanft und schön. *Alles* war mit einemmal so sanft und schön. Dieser Tag im Rikshospital mit Ingmar und Linn war der glücklichste Tag in Liv Ullmanns Leben. Sie hatten ihr Kind bekommen, das hatte sie vereint.

Die Liebe lebte. Das Familienleben konnte beginnen.

Pas de deux

Liv Ullmann und Ingmar Bergman sollten zu dem Filmpaar werden, über das seit Roberto Rossellini und Ingrid Bergman am meisten geredet und geschrieben wurde. Als sie vierunddreißigjährig Mann und Kind in den USA verließ, um zu ihrem italienischen Regisseur zu ziehen, hatte Ingrid Bergman einen Skandal verursacht. Es sollten sieben Jahre vergehen, bevor sie wieder einen Fuß auf amerikanischen Boden setzte. Zu dem Zeitpunkt hatte sie drei Kinder mit Rossellini. Ihre Liebesgeschichte verlieh den Klatschspalten der Presse jahrelang Nahrung.

Die amerikanischen Medien hatten Ingrid Bergman stets als rein und unschuldig beschrieben. Es wurde behauptet, daß sie weder rauchte noch trank. Beides war nicht wahr. Es stand zu lesen, daß ihre Ehe mit dem schwedischen Arzt Peter Lindström vorbildlich war und daß sie in friedlicher Harmonie mit ihrer Tochter Pia lebten. Auch das stimmte nicht.

Als Frau Bergman 1949 nach Rom reiste, um die Hauptrolle in Rossellinis Film ›Stromboli – Erde Gottes‹ zu spielen, wurde das in der Presse zunächst als weiterer Auftrag für den populären Filmstar gefeiert. Als sie im Jahr darauf einen Jungen mit dem Nachnamen Rossellini zur Welt brachte und dabei noch mit Peter Lindström verheiratet war, bot dies Stoff für die Titelseiten. Der Skandal war Fakt. Ingrid Bergman war nicht das Unschuldslamm, für das alle sie gehalten hatten.

Der amerikanische Autor Robert Andersson – der später zu einem ihrer guten Freunde wurde – weiß noch, wie er auf die Straße ging, um die New Yorker Tageszeitungen zu kaufen. Die Schlagzeilen leuchteten ihm entgegen: »Ingrid Bergman bekommt uneheliches Kind«. Im Pulk um den Kiosk stand ein

Mann, der den Artikel soeben überflogen hatte. Er drehte sich zu den anderen um und sagte: »Dann war sie also doch nichts anderes als eine gemeine Hure!«

Seitdem war fast ein Menschenalter vergangen. Die Moralvorstellungen hatten sich ein wenig geändert. Aber auch Liv Ullmann bekam zu spüren, was es hieß, sich am Rande der gesellschaftlichen Moral zu bewegen.

Zwar waren die Schweden nicht so moralisch wie die Norweger, und die Norweger nicht ganz so verrückt wie die Amerikaner sechzehn Jahre früher, aber ein »außereheliches Kind« zu bekommen, ein Kind von einem wie Bergman zu bekommen, während man noch im guten alten Norwegen verheiratet war, das war ein Skandal.

Liv erhielt zahlreiche groteske Briefe. Fremde schrieben ihr, daß sie sich für sie schämten. Es gehöre sich nicht für einen christlichen Menschen, sich so aufzuführen. Es sollte lange dauern, bis sich ein Pfarrer fand, der bereit war, Linn zu taufen. Es wurde getuschelt und gemunkelt, wer denn nun eigentlich der Vater sei. Es war ja nicht sicher, daß . . .

Livs Schwager, verheiratet mit ihrer großen Schwester Bitten, war in Trondheim auf einem Ball. Er tanzte mit einer Frau, die der Meinung war, sie gehöre der oberen Gesellschaftsschicht an. Sie wollte über nichts anderes sprechen als Liv Ullmann und ihre zwei Männer – oder vielleicht waren es sogar mehr. Und wer war denn nun eigentlich der Kindsvater?

Er antwortete ihr, wenn sie ein Geheimnis für sich behalten könne, würde er ihr die ganze Wahrheit erzählen. Sie schmiegte sich an ihn und hielt ihr Ohr dicht an seinen Mund. Er zog sie noch dichter an sich und flüsterte: »Ich bin der Vater. Ich, Kjell Øie, verheiratet mit ihrer Schwester!«

Kurz: Es wurde geredet und geschrieben, getratscht und verurteilt. Keine leichte Zeit für eine junge Frau, die ihr Christsein ernst nahm und am liebsten mit allen gut Freund sein und ihren Mitmenschen guten Gewissens ins Auge blicken wollte.

Es war in vielerlei Hinsicht ein Alptraum.

Aber im engsten Familienkreis und bei ihren besten Freunden wurden Ingmar und sie freundlich aufgenommen. Auch von Jappe war nicht der leiseste Vorwurf zu hören, genausowenig wie von seiner Familie. Jappes Mutter wollte augenblicklich ein Bild von der kleinen Linn haben. Es hing bei ihr zu Hause an der Wand, bis sie 1986 starb.

Das erste Mal, als Liv und Ingmar bei Mama in Trondheim zu Besuch waren, verlief alles gut. Bergman zeigte sich von seiner charmantesten Seite und wurde mit allen gut Freund.

Als er 1960 ›Wie in einem Spiegel‹ plante, beschloß er, den Film auf den Orkneyinseln zu drehen. Die Landschaft war wie für den Film geschaffen: kahl, sturmgepeitscht, felsig, voller Moos und Gras. Es gab auf den dreißig Inseln, diesen Vorposten am äußersten westlichen Landzipfel, fast keinen Baum.

Aber schön waren sie. Auf ihre schroffe Art schön. Die Orkneyinseln waren ein Ort für Wikinger, für Unnachgiebige. Für Individualisten. Für diejenigen, die auf eigenen Füßen stehen können. Die Orkneys waren ein Ort für Männer vom Schlage Ibsenscher Figuren. Und natürlich für die örtliche fischende, schafhütende und Whisky-produzierende Bevölkerung.

Ich bin ein paarmal mit eigenem Boot da gewesen. An einem windigen Herbsttag hatte ich im Hafen von Kirkwall angelegt und wurde Zeuge, wie ein lokales Frachtschiff an der Mole vorbeigeschossen kam und es fertigbrachte, an der Kaimauer festzumachen, ohne mich, der ich dahinter lag, oder das kleine Boot vor mir zu zermalmen. Das war Millimeterarbeit. Ich hätte nicht gedacht, daß ein solches Manöver überhaupt möglich wäre.

Als der Kapitän an Land kam, gratulierte ich ihm mit einem

»Gut gemacht« und kommentierte die Schönheit der Insel: »A nice place you've got here!« sagte ich und meinte es.

Er sah mich an, zündete sich eine selbstgedrehte Zigarette an und sagte mit Nachdruck: »It's not a nice place, son. It's God's own best country!«

Das fand Ingmar Bergman damals auch, obwohl er noch nie da gewesen war. Aber es wäre zu teuer geworden, sein ganzes Team den weiten Weg von Stockholm dorthin zu verfrachten. Die Flugverbindungen sind schlecht, der Fährverkehr ist so lala, und Autos schieden aus natürlichen Gründen aus. Der Produzent sagte nein. Ließe sich nicht in heimischen Gefilden ein geeigneter Ort finden?

Wie wäre es mit Fårö? Das lag ganz im Norden von Gotland, etwa 230 Kilometer süd-südöstlich von Stockholm, in der Ostsee. Dorthin verkehrte eine Autofähre, und man konnte mit dem Flugzeug bis nach Visby kommen. Von dort nach Fårö gab es Straßen und Fährverbindungen. Der Ort erinnerte an die Orkneyinseln, es gab Unmengen von Felsen, die wenigen Bewohner waren vom Meer umgeben, und über allem lag etwas Steinzeitliches, genau wie über der Inselgruppe nördlich von Schottland – etwas Karges und Urtümliches.

An einem windigen Apriltag flog Bergman nach Visby, fuhr Richtung Norden bis zum Fårösund und nahm die Fähre. Er war begeistert. Er hatte seine Landschaft gefunden. Seine Insel. Hier wollte er einmal wohnen.

Fünf Jahre später war er wieder auf Fårö und drehte ›Persona‹. Und am gleichen Ort, an dem er und Liv zusammengesessen und sich unterhalten hatten, an dem er ihr von seinem Traum erzählt hatte, hatte er im Frühjahr 1967 angefangen, für sich und seine neue Familie ein Haus zu bauen. Er hatte ein großes Areal um den Bauplatz herum erstanden, damit sie ungestört sein könnten. Das Haus sollte einstöckig sein, groß und geräumig, im Garten wollte er ein Schwimmbecken von großzügigem Ausmaß anlegen. Um das Haus sollte eine hohe Mauer errichtet werden, um Schaulustige auszuschließen.

Im Gegensatz zu den Orkneyinseln gab es hier auch Wald, und das Haus lag windgeschützt. Zum Strand war es nicht weit, man konnte die Brandung hören. Für Bergman war es sein Shangri-La, ein kleines Stückchen Paradies.

Er ging selbstverständlich davon aus, daß Liv genauso empfinden würde, aber er vergaß, sie zu fragen.

Nun glaube ich im Grunde, daß ihm Liv bis ans Ende der Welt gefolgt wäre, wenn es darum gegangen wäre. Geographie hat für sie niemals eine nennenswerte Rolle gespielt. Sie war ihr Leben lang unterwegs gewesen. Ihr »Zuhause« war dort, wo sie sich gerade befand. Hätte Ingmar eins der alten, verfallenen Schlösser auf den Orkneys gekauft, wäre sie sicher mit ihm gekommen. Hätte er ihnen ein Iglu auf Grönland besorgt, wäre sie auch dorthin gefahren. Das hätte an ihre Abenteuerlust appelliert. Sie ist kein Mensch, der sich an Details festbeißt, wenn es um einfache Fragen geht, wie zum Beispiel, wo man wohnt.

Weshalb konnte sie dann nicht eine Arbeitspause einlegen, sich auf ihren Lorbeeren ausruhen und das Leben in vollen Zügen genießen? Weshalb konnte sie es sich nicht gemütlich machen und darauf warten, daß das neue Zuhause auf Fårö fertig wurde? Gelegentlich einmal vorbeischauen und bei der Gestaltung mitwirken, zusammen mit Ingmar Bergman Tapeten aussuchen, Gardinen kaufen, Farben auswählen?

Wieso konnte sie sich nicht damit begnügen, ein oder zwei Jahre lang Künstlerfrau zu sein, für ihren Mann, das Kind und sich selbst zu leben und ein angenehmes Zuhause für sich und die Ihren zu schaffen? Sie brauchte nicht rund um die Uhr zu arbeiten, um ihren Lebensunterhalt zu verdienen. Ingmar hatte mehr als genug Geld, um sie, Linn und sich selbst mit Haus, Auto und Boot auszustatten. Paßten ihnen die Fahrpläne der örtlichen

Verkehrsmittel nicht, konnte er, wenn es not tat, bisweilen sogar einen Privatflug spendieren.

Liv hätte ein entspanntes Luxusleben führen können, wenn sie nur gewollt hätte. Weshalb tat sie es nicht?

Die naheliegendste Antwort ist wohl, daß es nicht zu ihr paßte. Eine andere Antwort lautet, sie eignete sich schlecht zur »Künstlerfrau«, da sie selbst Künstlerin war. Es lag in ihrem ganzen Wesen, daß sie als Künstlerin tätig sein, auf der Bühne stehen, auf der Leinwand und im Fernsehen zu sehen sein wollte. Es lag ihr nicht, das Rollenheft ins Regal zu stellen, zu stillen, Windeln zu wechseln und zu überlegen, welche Gardinen zu welcher Tapete passen würden – ob es nun Fårö oder das neue Haus in Strømmen betraf, außerhalb Oslos, das sie zu kaufen beabsichtigte.

Künstlerfrauen gab es genug in den diversen Drehbüchern von Bergman, aber sie hatten kaum etwas mit Liv zu tun. Zwar hatte sie eine Gemeinsamkeit mit ihnen: eine Seite von ihr wünschte sich ebenfalls, Mann und Kind mit Fürsorge, Zeit und Liebe zu überschütten. Aber sie konnte nicht zulassen, daß diese Seite allem anderen im Wege stand, für das sie die letzten zehn Jahre gekämpft hatte, ihrer eigenen Entfaltung und Entwicklung als Künstlerin.

Bereits in den letzten Wochen vor der Geburt erhielt Liv wiederholt Grüße vom NRK Fernsehtheater. Man fragte an, wie es ihr ginge, ob sie gesund und munter sei, ob alles nach Plan verliefe. Man war nicht wirklich an ihr und dem Kind interessiert, sondern wollte wissen, wann sie wieder arbeiten konnte!

Im Herbst 1966 hatte Liv sich nämlich verpflichtet, an der Inszenierung von T. S. Eliots ›Die Cocktail-Party‹ im Fernsehtheater mitzuwirken. Regie führte der bekannte britische Theatermann Michael Elliott. Er wurde zu diesem Anlaß aus London importiert und freute sich darauf, mit der Arbeit zu beginnen. Liv sollte unter anderem mit Wenche Foss, Sverre Hansen, Per Gjersøe und Claes Gill spielen. Es war eine Starbesetzung. Das Stück war interessant. Die Rolle war wie auf sie zugeschnitten. Sie hegte große Erwartungen an Michael Elliott, der in England genauso hoch gehandelt wurde wie Peter Palitzsch in Deutschland.

Aber Elliott hatte kein Verständnis dafür, daß die Produktion vielleicht verschoben werden müßte, nur weil eine der Schauspielerinnen ein Kind bekam. Er war ungeduldig und wollte loslegen. Das Fernsehtheater war trotz allem nur ein Gastspiel. Er wollte so schnell wie möglich nach England zurückkehren, wo er mit Tom Courtney arbeiten und vielleicht ein eigenes Theater in Manchester eröffnen würde.

So kam es, daß Liv kurz nach der Geburt wieder voll arbeitete. Und wenn sie mit dieser Rolle fertig war, stünden ›Sechs Personen suchen einen Autor‹ von Pirandello auf dem Programm. Das Stück sollte im Nationaltheater in Oslo aufgeführt werden. Auch hierfür war ein Gastregisseur vorgesehen, nicht aus England, sondern aus Schweden. Er hieß Ingmar Bergman. Und wenn diese Inszenierung vorbei war, wartete ein neues Stück in Marienlyst, und dann kam die neue Hauptrolle in Bergmans nächstem Film mit dem Arbeitstitel: ›Träume der Schande‹. Und nach diesem Film warteten weitere Angebote. »Norsk Film« und Arne Skouen hatten eine Rolle für sie, das Nationaltheater, das »Norske Theater« . . .

Mitten in diesem Trubel von Arbeit und Verpflichtungen wollte sie auch noch versuchen, Zeit und Kraft zu finden, um die Rolle der Mutter und Ehefrau zu spielen. Nun ja, *Ehefrau* – Ingmar und sie hatten nicht die Absicht zu heiraten. Aber de facto kam es fast aufs gleiche heraus.

Sie war immer körperlich robust gewesen, stark und starrköpfig wie ein Fjordpferd, aber selbst für sie wurde es allmählich zuviel. Die Folge war, daß sie fand, sie spiele keine ihrer Rollen sonderlich gut. Ihr ständig nagendes schlechtes Gewissen wurde immer aufdringlicher. Zum Schluß sagte sie selbst Stop. Sie bestand darauf, ›Die Cocktail-Party‹ aufs Frühjahr zu verschieben, und verließ die Proben.

Derartiges Benehmen war nicht an der Tagesordnung. Elliott war sprachlos. Er hatte mehr als ein Dutzend Stücke für die BBC inszeniert. Hätte eine Schauspielerin in London sich das erlaubt, hätte man sie innerhalb von einem Tag ersetzt. Liv erhielt von dieser Seite also nicht viel Unterstützung, aber Wenche Foss tauchte mit einem großen Strauß Rosen bei ihr zu Hause auf. »Du hast genau das Richtige getan!« sagte sie zu Liv.

Jetzt hatte sie etwas mehr Zeit für Linn und Ingmar. Aber sie hatten keinen richtigen Ort zum Wohnen. Das Haus in Strømmen war noch nicht bezugsfertig. Bergman hatte sein Haus seiner Exfrau überlassen. Das neue Haus auf Fårö war noch ein Bauplatz. Auch der Drammensveien war keine Alternative – trotz des freundschaftlichen Verhältnisses. Im übrigen war geplant, daß Janna die Wohnung übernehmen sollte. Sie würde eine neue Stelle in der Buchhandlung Cappelen in der Tollbugaten antreten.

Die Rettung kam aus Schweden. Bibi Andersson lud alle drei nach Stockholm ein. Dort wohnten sie eine Zeitlang in Bibis Wohnung, bis Livs Haus endlich fertig war. Dann zogen sie wieder nach Norwegen und fingen an, sich auf die Frühjahrsproduktionen vorzubereiten. Gleichzeitig arbeitete Bergman an einem neuen Stück fürs Fernsehen.

Liv hoffte, daß er dieses Mal etwas schreiben würde, das heiterer war als ›Die Stunde des Wolfs‹. Nichts Lustiges, das wäre womöglich zuviel verlangt, aber auf jeden Fall etwas Optimistischeres und Leichteres, das die Lebenssituation widerspiegelte, in der sie sich befanden. Sie wußte, daß er sie und Linn liebte und daß er für alle drei eine Zukunft bauen wollte. Vielleicht konnte all das Gute, was ihnen jetzt widerfahren war, in einem neuen, lebensbejahenden Film zum Ausdruck kommen? Einem »Trostfilm«, von dem er ab und zu erzählte. Ja, sie war sicher, so würde es sein.

Eines Tages fand sie in seinem kleinen Arbeitszimmer das Manuskript für ›Der Ritus‹. Neugierig las sie, bis ihre Augen groß und feucht wurden. Sie war wütend und verzweifelt, enttäuscht und aufgewühlt.

Was sie vorfand, war das krasse Gegenteil von dem, was sie sich erhofft hatte. Ihrer Auffassung nach war das Drehbuch das düsterste, schwärzeste, kälteste, unerfreulichste und pessimistischste, das sie je gelesen hatte. Nicht nur das, das Stück war überdies blasphemisch, frauenfeindlich, erotisch abstoßend und widerlich. Es quoll über vor Tod und Verderben.

Selbst für einen Bergman war es äußerst kraß. Jedenfalls aus Livs Sicht.

Als Ingmar nach Hause kam, sagte sie: »Ich sehe, daß du an deinem neuen Stück schreibst, ›Der Ritus‹?«

»Aha, du hast es heimlich gelesen«, antwortete er und ahnte, was kommen würde.

»Für mich ist es das letzte«, sagte Liv und sagte ihm klipp und klar, was sie von dem Stück hielt. Er verbat sich, daß sie seine Manuskripte las, wenn er nicht zu Hause war. Außerdem brauchte er keinen Kritiker, der ihm sagte, was oder wie er zu schreiben habe – am allerwenigsten jemanden aus seinen eigenen vier Wänden.

Liv verbat sich ihrerseits, solchen Schund in ihrem Haus zu haben. Und wenn er glaube, sie würde die einzige weibliche Rolle in dem Stück spielen, habe er sich geirrt. Sie wolle nichts damit zu tun haben, aber auch gar nichts.

Der Abend war alles andere als angenehm.

In ihrem Innern war Liv zutiefst getroffen. Wie konnte er so ein düsteres Stück schreiben, wo es ihnen so gut ging und sie auf der Schwelle zu einem neuen Leben standen? Oder ging es ihnen gar nicht so gut? War er ein ganz anderer Mensch, als sie glaubte?

Oder war sie nur überarbeitet, angespannt und erschöpft? Überempfindlich?

Sie brauchte Ruhe, Harmonie und Sicherheit, war aber verwirrt und unsicher.

Fast ohne daß es ihr bewußt wurde, nahm folgender Gedanke in ihrem Kopf Form an: Vielleicht sollte ich meine Sachen packen und gehen? Der Gedanke verschwand bald wieder, als habe es ihn nie gegeben. Das Unwetter zog vorüber. Sie versöhnten sich wieder. Das war auch gut so, denn bald begannen die Proben am Nationaltheater.

›Sechs Personen suchen einen Autor‹ hatte am 1. April 1967 Premiere. Die Inszenierung erhielt panegyrische Kritiken. In der Zeitung ›VG‹ schrieb Odd Eidem: »Der Applaus war ohrenbetäubend wie nach einem Sieg der Norweger über die Schweden im Ullevål Stadion – obwohl aus Ländersicht das Ergebnis eher unentschieden lauten müßte.«

Das ›Dagbladet‹ war noch euphorischer: »Liv Ullmann ist die Stieftochter voller Trotz, Haß und Rachsucht gegenüber dem Vater und dem Stiefbruder. Frech und aufrührerisch ist sie ebenfalls, alles mit der gleichen inneren Stärke, die sie im Bergman-Film ›Persona‹ gezeigt hat und die sie auch jetzt ausgezeichnet vermittelt.

Aus Pirandellos scharfsinnigem Hirngespinst von einem Drama hat Ingmar Bergman mit visionärer Kraft großes Theater geschaffen, eine ergreifende Tragödie, eine Vorstellung, so plastisch und ausdrucksvoll, wie wir auf einer norwegischen Bühne kaum ihresgleichen erlebt haben.«

Dem Nationaltheater war mit der Kombination von Pirandello und Bergman das gleiche gelungen wie dem »Norske Theater« fünf Jahre früher mit Brecht und Peter Palitzsch – die Inszenierung wurde zu einem Meilenstein in der neueren norwegischen Theatergeschichte.

Jetzt endlich war die Zeit für das Fernsehtheater und ›Die Cocktail-Party‹ gekommen. Mit den abendlichen Vorstellungen am Nationaltheater hatte Liv Ullmann am Vormittag Zeit, die Proben in Marienlyst aufzunehmen. Michael Elliott kam hervorragend mit den norwegischen Schauspielern aus. Er war umgänglich und höflich, ein Gentleman durch und durch – und erwies sich als scharfsinniger, analytischer Regisseur. Er hielt die Zügel fest angezogen, was die Struktur des Stücks betraf, ließ aber den Akteuren viel Freiraum bei der Gestaltung der Rollen.

Am 5. September 1967 wurde das Stück gesendet, und die Reaktionen blieben nicht aus. Das ›Arbeiderbladet‹ schrieb: »Die gestrige Vorstellung des Fernsehtheaters gehört wohl zu den besten, die diese Bühne uns je geboten hat. In der Rolle der jungen Celia konnten wir Liv Ullmann sehen, die förmlich vor unseren Augen wuchs, als sie allmählich die Leere ihres Liebhabers durchschaute, und die uns bewegte, als der jungen Frau klar wurde, für welchen Weg sie sich entscheiden muß.«

Auch das ›Dagbladet‹ war der Meinung, der Abend vor dem Bildschirm habe sich gelohnt: »Es war eine bestechende und berauschende Mischung aus menschlichem Überdruß und camouflierter, religiöser Agitation, die uns T. S. Eliot in seiner ›Cocktail-Party‹ gestern im Fernsehtheater servierte. Ein dämonisches Zusammenspiel von Liv Ullmann und Claes Gill hat dem Gebräu eine Zutat von persönlicher, künstlerischer Magie beigemischt. So kann dann ein wohlmodulierender Claes Gill auf der Höhe seines Könnens selbst die Fischereinachrichten wie eine Ode von Byron klingen lassen. Liv Ullmann sei erwähnt – ihre Celia erstrahlte in einer wunderschönen, gedämpften Ekstase.«

Als diese beiden Kritiken erschienen, war Liv längst in Bergmans neues Haus nach Fårö gereist und die Dreharbeiten zu ›Schande‹ waren so gut wie abgeschlossen.

Fårö

»So viel ist über unser Leben auf Fårö geschrieben worden. Leute, die nie dort gewesen sind und uns überhaupt nicht kennen, haben ganze Kapitel darüber verfaßt. Aber ich bleibe stumm, wenn mich jemand danach fragt.«

Diese Zeilen aus der Feder Liv Ullmanns sind ihrem Buch ›Wandlungen‹ entnommen.

Beide haben wenig darüber erzählt und geschrieben. Wenige Aufnahmen sind gemacht worden, nur eine Zeitschrift war zu Besuch gewesen und hatte eine »Daheim-bei-Reportage« gemacht – soweit ich weiß. Das Haus und das Leben auf Fårö gehörten der Privatsphäre an. Jedenfalls haben sich die beiden das so gewünscht.

Aber gleichzeitig hat Bergman die Insel als Drehort für viele Filme benutzt. Fårö ist zu einem Teil seines Filmuniversums geworden, und in diesem Universum hat Liv eine Hauptrolle gespielt. Sie wurde häufig mit den Figuren identifiziert, die sie darstellte, und der Text stammte jedesmal von Bergman. Er wiederum wurde mit Fårö identifiziert, oder sagen wir lieber: Fårö mit ihm. Auf merkwürdige Weise sind sie eins geworden.

Wenn Tarkowskij seine Filme drehte, dachte kein Mensch auch nur einen Augenblick lang daran, daß er Filme über sich selbst drehte. Wenn Kurosawa seine Märchenwelt hervorzauberte, suchte niemand in dem Werk nach seiner Person.

Roberto Rossellini hat niemals persönliche Filme über das kümmerliche Schicksal der Liebe gedreht und Ingrid Bergman die Hauptrolle gegeben. Ihre Beziehung war äußerst leidenschaftlich, aber sie kam nicht in Rossellinis Filmen zum Ausdruck.

Federico Fellini ließ in seinen Filmen häufig seine Frau Giulietta Masina spielen, aber nicht in Stücken, die auf sie selbst und ihre private Beziehung zurückgeführt werden konnten.

Aber der Fellini des Nordens tat genau das. Nicht nur einmal, unzählige Male. Immer wieder. Ohne daß Bergman oder Ullmann es selbst gewollt hätten, wurden sie beide als Menschen geradezu mit ihren Filmen identifiziert. Wenn sie zusammen arbeiteten, war die Neugier sofort geweckt. War der Film über sie selbst? Konnte man in diesen düsteren Dramen verborgene Spuren ihres Privatlebens ausmachen? Ließen sie sich zu diesen Geschichten von ihrem eigenen Leben inspirieren?

Ich kenne die Antwort nicht. Es hängt im wesentlichen davon ab, wie man »Privatleben«, »Inspiration« und »sich selbst« definiert. Ein Künstler kann in Isolation leben, aber kaum in Isolation von sich selbst. Die Inspiration bezieht man sicher auch aus seinem eigenen »Ich«. Wo sonst sollte sie sich finden lassen. Dieses »Ich« ist schließlich unbestreitbar Teil des »Privatlebens« eines Künstlers. Allerdings ist der Weg von dahin bis zur Identifikation mit seinen künstlerischen Gestalten weit. Aber die Fragestellung ist nicht neu.

Folgende Geschichte erzählt man sich von Henrik Ibsen, nachdem er ›Brand‹ 1898 zum ersten Mal in Kopenhagen gesehen hatte. Er soll sehr bewegt und für Ibsen ungewöhnlich mitteilsam gewesen sein. Folgende kleine Unterhaltung entspann sich zwischen dem Intendanten Martinius Nielsen und dem Autor des Stücks:

»Aber der Herr Doktor hat doch gesagt, daß der Mann am stärksten ist, der am einsamsten dasteht.«

»Einen Augenblick«, antwortete Ibsen. »*Wann* habe ich das gesagt?«

»In ›Ein Volksfeind‹.«

»War das nicht Stockmann, der das gesagt hat?«

»Schon.«

»Ich bin doch nicht verantwortlich für all den Blödsinn, den dieser redet.«

»Nein, aber man bekommt doch im Laufe des Stücks ein Gefühl dafür, wo die Sympathien des Herrn Doktor liegen.«

»Glauben Sie, daß Sie das wissen?« fragte Ibsen. »Mag sein, daß Sie sich irren.«

Ibsen war stets verärgert und aufgebracht, wenn man seine Person mit den Figuren identifizierte, die er zu Papier gebracht hatte. Das könnte Bergman auch gewesen sein, denn seine »Dichtung« wirkt noch »persönlicher« als Ibsens. Und auch Liv Ullmann mußte sich immer wieder dagegen wehren, daß man ihre Person mit den einzelnen Bergman-Rollen gleichsetzte.

Elisabeth Vogler ist *nicht* Liv Ullmann. Aber das hat eigentlich auch niemand behauptet. Schwieriger wird es bei den späteren Filmen; da wird der Zuschauer sofort unsicherer. Es ist, als würden dort die Grenzen zwischen Kunst und Wirklichkeit verwischt. Das Publikum vermag nicht zwischen Liv Ullmann und der Person oder dem Menschen, den sie auf der Leinwand darstellt, zu unterscheiden.

Für einen Schauspieler ist das im Grunde ein riesiges Kompliment: Liv Ullmann spielt so gut, daß man ihr glaubt, was sie im Film sagt! Aber für den Menschen Liv Ullmann war es etwas komplizierter – nicht zuletzt, weil die Botschaft einiger dieser Filme ihrem Herzen so fern lag.

›Persona‹ kann man ausnehmen, der Film hat einen eigenen Status, hat einen eigenen Platz in Bergmans Opus, aber die drei folgenden Filme, ›Die Stunde des Wolfs‹, ›Schande‹ und ›Eine Passion‹ können als Trilogie betrachtet werden. Sie handeln alle von einem Künstler und seinem Verhältnis zur Arbeit und zu seiner Frau. Und sie handeln von dem Bösen.

In ›Die Stunde des Wolfs‹ sind Johan Borg und Alma verheiratet. Er ist Maler und quält sich mit seiner Kunst. Seine Frau Alma versucht ihn zu retten. Als er den Dämonen von Angesicht zu Angesicht gegenübersteht, geht er unter. Sie bleibt verletzt und verwirrt zurück.

In ›Schande‹ sind die Hauptdarsteller ebenfalls verheiratet. Eva und Jan sind Musiker und haben sich auf eine öde Insel zurückgezogen, weil sich ihr Orchester aufgelöst hat. Einmal holt Jan seine Geige hervor, aber es ist, als habe er die Kunst verlernt.

Auf dem Festland herrscht Krieg, und dieser holt die beiden nach und nach ein. Wir erfahren nicht, worum es in diesem Krieg geht, aber er zerstört alle. Ganz langsam zerbricht ihre Beziehung. Er entwickelt sich zu einem Monster. Sie geht an Angst und Verzweiflung zugrunde. Zuletzt besorgen sie sich einen Platz auf einem Flüchtlingsboot für Geld, das Jan gestohlen hat. In einem kleinen Ruderboot brechen sie auf. Sie können unmöglich überleben. Am Ende des Films sieht man das kleine Boot auf dem Meer treiben, zwischen schwimmenden Soldatenleichen; vergeblich versuchen sie, davonzurudern.

In ›Eine Passion‹ geht es um Andreas Winkelman und Anna Fromm. Er erhebt nicht länger den Anspruch, Künstler zu sein. Auf dem ersten Bild sehen wir, wie er das Dach seines baufälligen Hauses repariert.

Er wohnt allein auf einer Insel. Dort begegnet er Anna Fromm, die bei Elis Vergerius und seiner Frau Eva wohnt. Anna Fromm hat einen Verkehrsunfall erlitten und dabei Mann und Kind verloren. Sie humpelt.

Elis sammelt Fotografien von Menschen. Bei einem Fest vertraut er Andreas an, seine Frau Eva habe ein Verhältnis mit Annas verstorbenem Mann gehabt. Anna versucht, den Gästen vorzuspielen, ihre Ehe sei vollkommen gewesen.

Als Elis einmal verreist ist, bekommt Andreas Besuch von Eva, die dann die Nacht bei ihm verbringt.

Gleichzeitig gehen auf der Insel unheimliche Dinge vor sich. Ein Verrückter treibt sein Unwesen und bringt die Schafe der Insel um. Andreas findet auch einen kleinen Dackel, der tot an einem Seil baumelt. Der Verdacht für alle diese Gewalttaten fällt auf den Sonderling Johan.

Anna und Andreas ziehen zusammen. Sie berichtet von ihrer

Ehe und dem Autounfall. Gleichzeitig versucht sie Andreas dazu zu bewegen, von seiner Beziehung zu Eva zu erzählen.

Johan wird für seine angeblichen Missetaten verfolgt und gequält. Eines Tages findet ihn die Polizei. Er hat Selbstmord begangen.

Jetzt kommt es zwischen Anna und Andreas zu Gewaltausbrüchen.

Während sie sich streiten, hören sie draußen ein Feuerwehrauto vorbeifahren. Ein Verrückter hat einen Stall angezündet. Eine Menge Tiere verbrennen darin. Es war also doch nicht der Eigenbrötler Johan gewesen.

Anna und Andreas fahren los, um sich die Brandstätte anzuschauen. Auf der Rückfahrt bittet er darum, seine Einsamkeit zurückzubekommen. Die Beziehung zwischen ihnen ist auf Lügen gebaut. Er steigt aus dem Auto, und Anna fährt weg.

Allein in der kargen Landschaft läuft Andreas Winkelman ratlos auf dem Weg auf und ab. Es ist, als hätte er die Orientierung verloren. Er hat keine Ahnung, wohin er gehen soll.

Im Hintergrund hören wir Bergmans Stimme: »Dieses Mal lautete sein Name Andreas Winkelman.«

Drei Filme, die von der Allgegenwart des Bösen handeln, das unerklärlich, aber wirklich ist. Drei Filme, die von der Unmöglichkeit des Zusammenlebens handeln, nicht der Liebe, sondern des Zusammenlebens. Drehbuch und Regie: Ingmar Bergman. Die weibliche Hauptdarstellerin: Liv Ullmann.

Im Frühjahr 1968 war Liv in Norwegen, um ›An-Magritt‹ mit Arne Skouen zu drehen. Es wurde in Røros und im Studio von »Norsk Film« in Jar gedreht. Ostern hatte sie frei. Zusammen mit Linn, die anderthalb Jahre alt war, fuhr sie zu Ingmar nach Fårö. Das Haus war seit ein paar Monaten fertig. Abgesehen von einer Haushälterin, die Siri hieß und sich um alles Praktische kümmerte, waren die drei allein.

Liv und Ingmar verbringen die Tage mit Spaziergängen, Lesen, Essen und Fernsehen. Er schreibt an einem neuen Drehbuch und braucht täglich ein paar Stunden für sich allein. Bevor sie schlafen gehen, fassen sie zusammen, wie der Tag war. Wenn alles gut verlaufen ist und sie gut zueinander waren, malen sie einen roten Kreis mit einem Herz darin. War der Tag nicht ganz so gut, lassen sie das Herz weg und malen nur einen roten Kreis. Sie hatten sich vorgenommen, stets ehrlich zu sein.

Er schlägt ihr vor, Tagebuch zu führen. Es ist abzusehen, daß er später lesen möchte, was sie geschrieben hat. Auf diese Weise sind es gleichzeitig ihre Gedanken und ein Brief an ihn. Daß die Aufzeichnungen möglicherweise mit einer gewissen Zurückhaltung verfaßt wurden, ist nicht auszuschließen, aber er ermöglicht auf alle Fälle einen Einblick in ihr Leben.

An einem Sonntag schreibt sie: »Habe lange geschlafen – wie fantastisch. Und dann Frühstück im Bett. Und Schund gelesen. Und wieder geschlafen. Als hätte der Körper noch nie geschlafen – als sauge er Ruhe und Frieden in sich auf wie ein Kamel, das in der Wüste nach Wasser lechzt. Und ich will nur wie eine sanfte Welle umherlaufen – und keiner soll mich aufhalten oder dirigieren. Deshalb werde ich sauer oder bekomme Angst, wenn Ingmar mich zurechtweist, ein Fragezeichen hinter das setzt, was ich tue.

Laß mich nur in Frieden – laß mich spüren, daß ich über diesen Körper bestimme. Kein Mensch soll mich mehr dirigieren – wie ich mein ganzes Leben lang von meiner Mutter dirigiert worden bin, in meinem Beruf, von einzelnen Männern, von meiner dummen Rücksichtnahme auf die Meinung anderer. Laß mich frei sein, und ich werde zu dem Mann kommen, den ich liebe, zu Ingmar – mit aller Wärme, allem Überfluß und aller Freude der Welt. Kränke nur nicht mein Streben nach Selbständigkeit – denn dann werde ich zusammengeknüllt zu all dem, was ich nicht sein will.«

»Am Nachmittag fahren wir mit dem Auto weite Strecken, um

Zeitungen zu kaufen, und vergraben uns am Abend mit Fernseher und Zeitschriften. Aber in uns klingt ein schöner, fauler Tag mit Raum für viele Gedanken nach. Mit Raum für Hingabe für den anderen, und abends gibt es ein lächelndes Herz. Denn es waren nicht die große Leidenschaft, die große Zärtlichkeit. Aber alles war sanft und zart und friedlich. Danke für diesen schönen Tag.«

Montag: »Ingmar möchte nun jeden Tag dabeisein und das Abendgebet sprechen. Linn kann schon fast die Hände falten, und die dünnen, weichen Finger sind so ergreifend, wenn sie versuchen, sich zwischeneinander zu legen. Mein kleines Mädchen, das schon bald zu groß ist für das Bett. Es geht so schnell. Und ich bin bald dreißig, und dann bin ich bald vierzig, und die Möglichkeiten der Entfaltung werden immer kleiner. Ich habe so wenig Zeit, und ich will so gerne ein richtiger Mensch sein.«

An einem anderen Tag schreibt sie: »Und wie war Ingmar heute? Hypochondrisch, hysterisch, verlogen – aber auch ungewöhnlich warmherzig, zärtlich, genial und großmütig. Er ist ein Mensch, der es verdient, geliebt zu werden, von den Menschen, mit denen er in Kontakt kommt. Ich liebe ihn.«

Samstag: »Aber die gute Stimmung ist weg, und wenn Ingmar und ich später zusammen spazierengehen, reizt er mich mit seinen Monologen. Wie dumm – denn heute ist Ingmars ›Monologtag‹ – das bekomme ich später zu spüren. Aber Ingmar streckt die Hand aus, und wir sind ineinander verliebt und gehen an den Strand. Und dann folgen zwei Monologe anstelle von einem, und beide bringen interessante Standpunkte vor – die sich anzuhören der andere keine Zeit hat. Aber zwei Monologe sind in Ordnung, solange jeder an die Reihe kommt und der andere währenddessen schweigt.

Mein liebster Ingmar quält sich mit seinem Drehbuch – und niemand kann ihm helfen – man muß sich nur in bestimmter

Weise benehmen, man sollte eine Ablenkung für ihn sein, aber das ist eins der schwierigsten Dinge im Leben, Ingmar. Dasein und nicht dasein, reden und nicht reden.« Liv Ullmann hat noch einen weiten Weg vor sich, bevor ihr das gelingt. »Hier bin ich«, sagt eine innere Stimme in ihr, »siehst du mich? Verstehst du mich? Weißt du, was ich empfinde?« Und für jemanden, der ständig solche Stimmen in sich trägt, ist es sehr schwierig, nicht zu empfinden und zu reagieren – einfach nur zu sein. Aber davon kann auch »Pingmar« ein Lied singen. »Denn ich glaube, auch bei ihm solche Stimmen zu hören: ›Sieh mich an ... usw.‹ Aber wir sehen einander an, Ingmar. Deshalb geht es uns so gut miteinander, weil wir einander beachten, einander hassen, wütend machen, erfreuen – füreinander leben.«

Sie schreibt über dies und jenes, was sich im Laufe des Tages ereignet hat, und greift den Faden wieder auf, nachdem sie zu Bett gegangen sind.

»Ingmar sagt, er hat die letzten Tage ein doppeltes Spiel betrieben, in seinem Inneren brannte und tobte es – aber er hat eine freundliche Fassade zur Schau getragen. Dann ist ja nicht einmal das Herz etwas Aufrechtes, oder? ›Ja, aber jetzt geht es ja nicht um Livs Gefühle, sondern um meine!‹ Das stimmt schon. Und dann reden wir über seine Gefühle – aber die sind nur negativ –, und er schlägt um sich. Er ist auch ziemlich krank, und Kindergeschrei und Kinderhüten sind nicht seine Sache. Und schreckliche Dämonen jagen ihn, und über seinen ganzen Ekel gegenüber dem Leben will er schreiben – ein Trostfilm liegt ihm nicht. Und nun sticht ihn auch noch der Mond durch das Fenster – und dort ein Geräusch, hier im Zimmer ist es so warm – und dann schließt er das Fenster erneut.

›Aber es sei doch so warm, hast du gesagt ...‹

Keine Antwort.

Neben wem liege ich eigentlich? Neben einem, der nicht authentisch ist, wenn er froh ist – ist er denn jetzt wahrhaftig? Nein, jetzt ist er lediglich ein anderer Ingmar. Ein neuer Ton. Ich bekomme Angst, setze mich im Bett auf, mache das Licht an und weine.

›Halt den Mund, und sei nicht so hysterisch!‹ sagt er, nachdem er eine Stunde lang mit seinen Qualen dagelegen und um Verständnis gebeten hat. Ich habe Herzklopfen, ich habe nur Angst. Vor dem Mond, vor der Nacht, vor ihm. Ich brauche Licht, muß lesen, auf andere Gedanken kommen. Eine halbe Stunde – dann kommt eine Hand. Und wir liegen einander in den Armen.

›Ich brauche dich doch. – Und ich brauche dich.‹

Habe ich gesagt, es war ein düsterer Tag? Vielleicht für einen Moment am Abend – aber wir haben einander schließlich gefunden und uns beigestanden in unseren Ängsten. Und morgen wird Ingmar wieder schreiben – es ist eine harte Geburt –, aber ich glaube, daß ein Kind, das gegen so viele Dämonen ankämpfen muß, um rein zu bleiben – daß aus dem etwas werden muß. Dann schlafen wir eng umschlungen ein. Meine Hand in deiner.«

»Sonntag – das letzte Wochenende auf Fårö: Dann kam das letzte Gute-Nacht-Lied für Linn mit Mama und Papa gemeinsam, aber es ist nicht das letzte Mal, meine liebe kleine Linn. Spaghetti zu Mittag, wir essen zuviel. Dann lesen wir, sehen fern, plaudern. Das Ganze ähnelt meinem Jungmädchentraum von einer Ehe. Ein Mann und eine Frau, jeder unter seiner Leselampe. Ruhe und Frieden im Raum – und hin und wieder ein kleines Lächeln, eine kleine Frage, eine kleine Antwort.

Glück, das sind Momente, in denen man von Frieden erfüllt und wunschlos ist. Wenn sich das Leben richtig anfühlt – weil man jetzt genau hier sitzt mit genau diesem Menschen. Glück ist etwas, das man in sich trägt, die wärmende kleine Gewißheit über Gemeinsamkeiten just an diesem Abend. Mehr ist es nicht. Denn alles, was vorher war, und alles, was man sich für die Zukunft erhofft – alles hängt mit diesem Abend zusammen.

Der Körper ist ruhig, voller schöner Erinnerungen, die Wange hat ihre Liebkosung erhalten, unsere Arbeit ist da, wir können sie kombinieren, unser Kind ist gekommen, wir haben die größten Schwierigkeiten gemeistert – und was immer kommen mag – heute abend kann es uns nicht erschüttern. Denn heute abend sind Ingmar und Liv an einem alltäglichen Abend zur Ruhe gekommen – und das ist viel für zwei, die einen Abend auf so vielerlei Arten zu verbringen wissen.

Arm in Arm schlafen wir ein, die letzte Nacht.«

Sie hat vergessen aufzuschreiben, welchen Kreis die beiden am nächsten Tag auf die Tür gemalt haben. War es ein Kreis mit einem Herz darin? Mit einem Lächeln? Mit einem Herz und einem Lächeln? Wahrscheinlich letzteres.

Sie waren kindlicher als die meisten, auf eine positive Art. Sie vergruben Geld im Sand für schlechte Zeiten. Sie spielten. Die Herzen an der Tür zeichneten sie während der ganzen Zeit ihrer Beziehung. Sie sind noch heute zu sehen.

Sie waren fünf Jahre lang zusammen. Manchmal waren sie glücklich. Manchmal machten sie phantastische Filme. Sie bekamen Linn. Sie war ganz sicher die Frucht einer großen Liebe. Die Liebe dauerte an, das Zusammenleben nicht.

Teil IV

Sarajevo

Ich habe mehrfach versucht zu verstehen, wie es möglich sein kann zu fliegen. Ein bißchen habe ich die Theorie jetzt begriffen – es funktioniert ungefähr nach dem gleichen Prinzip wie das Segeln. Mir ist in etwa klargeworden, daß es mit den unterschiedlichen Druckverhältnissen ober- und unterhalb der Flügel zu tun hat und daß dieser Unterschied sowohl in der Form des Flügels begründet liegt wie auch in der Tatsache, daß sich das Flugzeug mit großer Geschwindigkeit vorwärts bewegt. Ohne eine gewisse Geschwindigkeit kann man nicht abheben. Ist man einmal in der Luft und reduziert die Geschwindigkeit, fällt man wie ein Stein auf die Erde.

Das verstehe ich, besser gesagt, ich weiß, daß es so ist. Aber ich begreife es nicht.

Jetzt saß ich in einer großen Herkules-Maschine, die gerade auf die Startbahn rollte. Bevor es richtig losging, würde der Pilot Vollgas geben und dann mit einem Ruck die Bremsen lösen. Das Flugzeug war mit Gepäck, Transportgütern, zahlreichen Theaterkulissen und gut hundert Menschen voll beladen.

Man hatte uns gesagt, das Flugzeug sei eigentlich zu schwer, weil überladen. Niemandem war es deshalb erlaubt, privat mehr als ein Gepäckstück mitzunehmen. Ich hatte sowohl ein privates Gepäckstück als auch mehrere schwere Metallkoffer mit meiner Kameraausrüstung dabei. Jetzt verspürte ich eine gewisse Reue und Schuldgefühle. Man stelle sich vor, es wären meine zusätzlichen achtzig Kilo, die uns daran hinderten, uns in die Lüfte aufzuschwingen.

Ich sah aus dem kleinen Fenster und erblickte die vertrauten Gebäude des Flughafens Arlanda. Als Liv Ullmann ›Private Confessions‹ drehte, bin ich gewissermaßen zwischen Oslo und Stockholm gependelt. Die Aufnahmen dauerten drei Monate, und ich war fast jeden Tag mit meiner Kamera dabei. Jedes zweite Wochenende verbrachte ich zu Hause. Es war eine phantastische Zeit.

Fast auf den Tag genau vor drei Monaten hatten wir die letzte Szene im Kasten. Ich war nach Hause geflogen und hatte angefangen, meinen eigenen Film zu bearbeiten – die Biographie über Liv Ullmann. Aber dann hatte ich mitbekommen, daß sie für das IRC nach Sarajevo reisen würde – eine private amerikanische Hilfsorganisation, deren stellvertretende internationale Vorsitzende sie ist. Endlich konnte ich mit eigenen Augen sehen, wie sie für das IRC oder für UNICEF in der Welt herumreist. Bis jetzt war ich auf alte Archivaufnahmen und Interviews angewiesen gewesen. Diese vermitteln zwar ein gewisses Bild, das aber an den Rändern doch ein wenig unscharf bleibt.

Im Frühjahr 1996 konnte man sich nicht einfach in eine Linienmaschine nach Sarajevo setzen. Es gingen keine Flüge dorthin, nur Militärtransporte, überwacht von der UNIFOR. Die Rettung war Bibi Andersson. Sie arbeitete seit längerer Zeit an einem Projekt, das sie ›Open Road to Sarajevo‹ nannte, einem Kulturaustausch zwischen Stockholm und der vom Krieg zerstörten Stadt. Sie hatte Gastspiele des Dramatischen Theaters mit verschiedenen Vorstellungen und Workshops organisiert. Sie und ihre Theaterleute bildeten eine ansehnliche Reisegesellschaft. Dazu kamen Kulturpolitiker, Journalisten und ein schwedisches Fernsehteam.

In einem der Workshops sollten Liv Ullmann und Bibi Andersson jungen Schauspielern aus Sarajevo von ihrer Arbeit beim Film und am Theater erzählen.

Dank der Großzügigkeit von Bibi Andersson bekam auch ich

in letzter Minute einen Platz. Jetzt saß ich den beiden direkt gegenüber und versuchte, mich mit meinen fünfundneunzig Kilo so leicht wie möglich zu machen. Es war ziemlich dunkel im Flugzeug, aber durch die Fenster drang noch genügend Licht zum Filmen. Schließlich hatte ich nicht jeden Tag Bibi Andersson und Liv Ullmann in anderthalb Meter Entfernung vor mir.

Der Pilot ließ die Motoren auf Hochtouren laufen. Das Flugzeug erzitterte. Es machte einen furchtbaren Lärm. Schließlich dröhnte es ohrenbetäubend in unseren Köpfen. Alle hatten Ohrstöpsel, aber die halfen nicht viel. Dann löste der Pilot die Bremsen. Wie eine vollgefressene, übergewichtige Möwe aus Bohuslän begann das Flugzeug über die Rollbahn zu schaukeln. Die Flügel wippten. Langsam aber sicher wurde die Maschine schneller, und das Unglaubliche geschah, wir flogen! Wie gesagt, ich begreife es nicht.

Wir saßen zusammengepfercht auf harten Bänken an den Längsseiten des Flugzeugs. Es war eng, und man konnte sich fast nicht bewegen. Wer auf die Toilette mußte, der mußte sein Geschäft in aller Öffentlichkeit in einen der vielen Eimer verrichten, die an den Schotten hingen. Gott sei Dank gibt es den kleinen Unterschied. Jetzt war es entschieden von Vorteil, ein Mann zu sein. Die meisten hielten sich jedoch zurück, obwohl viel gelacht wurde.

Liv und Bibi hatten Taschenlampen, sie lasen und machten sich Notizen.

Nach einigen Stunden näherten wir uns Sarajevo. Wir flogen hoch, um außer Schußweite zu sein für den Fall, daß es nach dem Dayton-Abkommen noch Nachzügler geben sollte. Dieses war zwar vor einigen Monaten unterzeichnet worden, aber es gab keine absolute Garantie. Der Pilot hatte mir erzählt, es sei schon einmal auf ihn geschossen worden, die Granaten hätten das Flugzeug jedoch verfehlt – das gleiche, in dem wir jetzt saßen. Deshalb war vorgesehen, die Höhe bis in unmittelbare Nähe des Flugplatzes zu halten und anschließend in einem ziemlich steilen Sinkflug hinunterzugehen. Das war das sicherste.

Wer noch nie einen Sturzflug mit einer übergewichtigen Herkules erlebt hat, dem sei verraten, daß es schnell abwärts geht. In den letzten Minuten vor der Landung unterhielten sich nur noch wenige. Wie durch ein Wunder trafen wir in einer samtweichen Landung die Erde. Hubschrauber, Kampfflugzeuge, Transportflugzeuge, Lastwagen, Jeeps, gepanzerte Fahrzeuge und Fahrzeuge mit Wachtposten rasten an den Fenstern vorbei. Dann kam die Maschine zum Stillstand. Die Möwe hatte es geschafft.

Welcome to Sarajevo.

Auf dem Flugplatz herrschte scheinbar Chaos. Einige norwegische Journalisten hatten Liv erblickt. Vorwärts mit Block und Bleistift. Die Kameras mußten warten, bis wir das Flughafengelände verlassen hatten. Dann kamen zwei, drei Busse. Unser Fahrer stammte aus Värmland in Schweden. Neben ihm saß ein schwer bewaffneter Wachtposten. Beide gehörten zu den IFOR-Truppen. Das Gepäck wurde später mit anderen Fahrzeugen zum »Holiday Inn« gebracht. Ich durfte Platz nehmen und setzte mich ganz nach vorne, damit ich durch die Windschutzscheibe filmen konnte. Liv war nicht mehr zu sehen.

Die Straße vom Flughafen in die Stadt führte durch ein völlig zerstörtes Wohngebiet. Wir fuhren an einer endlosen Reihe ausgebrannter Ruinen vorbei. Granaten und Feuer hatten die gesamte Umgebung verwüstet. Kein Mensch war hier zu sehen. Vor nicht allzulanger Zeit war dieses Gebiet noch ein netter Vorort Sarajevos gewesen.

Die Gesichter im Bus waren ernst. Jemand weinte. Nur der Fahrer und der Wachtposten plauderten über Alltägliches, scherzten und lachten. Sie hatten Schlimmeres gesehen, denn sie waren schon einige Zeit hier.

Das »Holiday Inn« ist von Granaten ziemlich durchlöchert.

Mehrere Etagen sind völlig zerstört, viele Fensterscheiben zerbrochen, der Strom fällt ständig aus, Taschenlampen sind ein absolutes Muß. Die Toiletten funktionieren, aber es gibt kaum warmes Wasser für die Duschen. Wir werden hier logieren und Liv Ullmann wird mitten im Zentrum im »Hotel Bosnia« wohnen, wo das meiste funktioniert.

In der Halle ihres Hotels gibt es eine kleine Bar, ein paar Stühle und Tische. Sie ist voll mit Menschen. Soldaten und Offiziere in Uniform, Journalisten, Diplomaten, Mitarbeiter der verschiedenen Hilfsorganisationen und einige Ortsansässige, die sich bei einem Bier oder einem Glas Wein erholen. Es ist ein ständiges Kommen und Gehen. Einige der Leute tragen Fernsehkameras. Viele unterschiedliche Sprachen sind zu hören, ein paar davon sind mir völlig unbekannt.

Es herrscht eine fast ausgelassene Atmosphäre, als wären die Menschen voller Erwartungen. Gleichzeitig erinnern einen die Uniformen und Waffen daran, daß man sich nicht auf einer Rucksackreise mit Star Tours befindet. Egal, wo man sich in der Stadt aufhält, es fallen einem immer Soldaten oder Fahrzeuge der IFOR-Truppen ins Auge.

An der Rezeption klingelt unablässig das Telefon. Nachrichten werden in der Hotelhalle ausgerufen. Sie ist die große Begegnungsstätte, nicht nur für Neuankömmlinge. Sie ist auch ein geeigneter Treffpunkt für alle anderen. Hier funktioniert das meiste. Man braucht nicht hier zu wohnen, um sich zu Hause zu fühlen. So ist es oft in von Krieg heimgesuchten Städten, in die in Scharen Journalisten und Fernsehteams strömen. Ein Hotel wird zum Treffpunkt für alle.

Liv Ullmann tritt etwa fünfzig Sekunden vor der vereinbarten Zeit aus dem Fahrstuhl. In all den Jahren, seit ich sie kenne, ist sie noch nie zu spät zu einer Verabredung gekommen. Ein junger Mann in langem blauen Mantel und dicken Stiefeln geht auf sie zu.

»Miss Ullmann, I am Mark Bartolini. How are you?«
Er ist stellvertretender Leiter des IRC-Büros in Sarajevo.

Sie kommen auf mich zu, und gemeinsam gehen wir nach draußen zu seinem Range Rover, der schon etwas mitgenommen aussieht. Er ist mit einer riesigen, geschwungenen Antenne ausgestattet, die in einem großen Bogen von der vorderen Stoßstange über das Dach zu einem Seil an der Anhängerkupplung führt. Mark steigt ein, nimmt das Mikrofon in die Hand und meldet seinem Büro, daß er uns abgeholt hat und wir uns auf den Weg zum »Käse« begeben. Liv Ullmann sitzt vorne neben ihm, ich mit der Kamera auf dem Rücksitz.

»My god, you are handsome!« – »Mein Gott, wie gut Sie aussehen«, sagt Liv, als sie sich ihn genauer betrachtet. Ich kann nicht sehen, ob er rot wird, höre ihn aber verlegen lachen. Und er sieht wirklich gut aus, ist hübsch wie die jungen Amerikaner in den Filmen mit James Dean und Marlon Brando vor etwa hundert Jahren.

»Ich meine das ernst, Sie sehen sehr gut aus, ach, was habe ich für ein Glück!« fährt sie fort und lacht.

Er ist Liv nie vorher begegnet und wird noch verlegener und unsicherer.

»Nein, ich mache nur Spaß, Mark. Sie sehen überhaupt nicht gut aus. Eigentlich sind Sie ziemlich häßlich – und sicher können Sie auch nicht Auto fahren. Wohin fahren wir eigentlich – zum »Käse«?«

»Ja, wir wollen zum ›Käse‹. Wegen der vielen Löcher von den Kugeln und Granaten nennen wir es so. Es handelt sich aber keineswegs um Käse, sondern um das Staatliche Krankenhaus. Sie werden verstehen, was ich meine, wenn wir ankommen.«

»Ja, ich habe Fotos gesehen und darüber gelesen«, antwortet Liv.

Dann wechselt sie wieder das Thema, dreht sich zu mir um, spricht aber weiter englisch.

»Er sieht doch gut aus, nicht wahr? Doch, er sieht gut aus. Wissen Sie, es ist schon witzig.«

Sie wendet sich wieder Mark zu und fährt fort: »Jedesmal, wenn ich neu irgendwo hinkomme, werde ich von einem Mitarbeiter des IRC empfangen, und jedesmal sind es wirklich hübsche Kerle wie Sie hier. Ich meine nette, gutaussehende, junge Männer, Sie wissen schon, was ich meine. Man kann sich darauf verlassen. Auf einer meiner ersten Reisen dieser Art, ich glaube, ich war in Thailand oder Kambodscha, ja, das war vor vielen Jahren, als ich in Amerika noch richtig berühmt war. Wir waren mehrere Stunden unterwegs gewesen. Ich war erschöpft, verschwitzt, hatte wenig geschlafen und war selbstverständlich auch nicht geschminkt. Dann kamen wir in dieses Flüchtlingslager, in dem unzählige Menschen und eine Reihe von Journalisten warteten. Wir stiegen aus dem Auto und wollten Guten Tag sagen. Der Leiter des Lagers wußte ja genau, wer ich war, deshalb sagte er zu den Wartenden: »I want you all to meet our famous star . . .«

Er meinte natürlich mich, aber alle stürzten sich auf meinen Fahrer und begrüßten ihn. Die Leute wußten nicht, in welchen Filmen sie ihn gesehen hatten, aber alle waren davon überzeugt, daß er der Star war und nicht die graue Maus mit den langen fettigen Haaren, die ihnen entgegenwankte.«

Jetzt lachte auch Mark.

»Das stimmt wirklich, Mark, und jetzt Sie. Es ist ein richtiges Muster. Okay, genug von Liv Ullmann. Jetzt zum Käse. Glauben Sie, daß Sie den Weg finden, oder soll ich Ihnen helfen?«

Von allen Menschen, die ich kenne, hat Liv den schlechtesten Orientierungssinn. Sogar eine Fahrt von ihrer Wohnung in Skillebekk zum »Norsk Film« in Jar kann ihr anfangs Probleme bereiten. Und das ist wahrlich keine Entfernung.

Als wir zum Krankenhaus kamen, veränderte sich die Stimmung völlig. Wir wurden von einer Anästhesistin begrüßt, die während des ganzen Kriegs dort gearbeitet hatte. Ihr Name war Vessna Cengič. Sie führte uns durch eine Ruine, die die ganze Zeit über ein funktionierendes Krankenhaus gewesen war. Im Keller gab es einen Operationssaal ohne Strom und fließendes Wasser. Während der schlimmsten Luftangriffe war das Untergeschoß der einzige Ort gewesen, an dem man vor Granaten einigermaßen sicher war. Hier haben sie bei Kerzenlicht operiert, auch nachdem ihnen die Betäubungsmittel ausgegangen waren.

Es war eiskalt. Die Holzbänke und Metalleimer auf dem Boden belebten unsere Phantasie. Es war nicht schwierig, sich vorzustellen, was die Patienten und das Personal durchgemacht haben mußten.

Im Stockwerk darüber befanden sich die eigentlichen Operationssäle. Fast überall fehlten die Fenster. Sie waren zerschossen. An einigen Stellen waren große Stücke aus den Wänden herausgebrochen. In vielen Räumen waren vor den kaputten Fenstern Matratzen aufgestellt worden, um Wind und Wetter abzuhalten. Die Patienten schliefen auf dem Boden.

Hier hatten Ärzte und Pflegepersonal vier Jahre lang gearbeitet. Viele von ihnen waren umgekommen. Einige hatten es nicht länger ausgehalten und waren aus der Stadt geflohen. Andere, wie Vessna Cengič, sind die ganze Zeit auf ihrem Posten geblieben. Sie war klein und schmächtig, aber ihre Kraft und ihr Wille müssen nahezu übermenschlich gewesen sein.

Sie erzählte ruhig und ohne viel Aufhebens. Für sie war der Krieg Alltag gewesen. Es war darum gegangen, die Arbeit zu erledigen. Durchzuhalten. Es war ihr Beruf, zu helfen, Leben zu retten, Schmerzen zu lindern. Das hatte sie getan, so gut sie konnte.

»Ich kann verstehen, warum einige es nicht mehr ausgehalten haben, aber ich bin sehr froh, daß ich geblieben bin. Ich habe mir die ganze Zeit gesagt: Ich laß mich nicht unterkriegen. Ich laß mich nicht unterkriegen. Und wie Sie sehen, habe ich mich nicht unterkriegen lassen.«

Sie lächelte, nicht triumphierend, sondern zufrieden. »Und Mark ...« Sie lehnte sich an ihn, hielt ihn einen kurzen Augenblick lang richtig fest. »Mark hat uns Wasser, Strom und Medikamente zurückgegeben, das Wichtigste. Es ist noch ein weiter Weg, aber allmählich kehren wir wieder zur Normalität zurück. Langsam, sehr langsam.«

Sie lächelte wieder, dieses Mal ein wenig fröhlicher, und es schwang so etwas wie Optimismus mit.

Wir zogen weiter durch die dunklen Flure, während sie Liv erzählte, welche Medikamente und Geräte sie am dringendsten benötigten. Und Liv notierte. Die Wörter und Ausdrücke waren ihr oft fremd. Sie fragte und bohrte nach. Und ich dachte, was brauchen sie eigentlich nicht?!

Während des gesamten Aufenthalts filmte ich. Das gab mir ein Gefühl von Distanz und Sicherheit. Distanz, weil die Welt, durch das Objektiv einer Filmkamera betrachtet, nur ein *Bild* der Welt ist und bleibt. Eine Kamera wählt aus, findet ihr Motiv und hält ihren Eindruck fest. Aber der Eindruck von etwas ist nicht die Wirklichkeit. Es entsteht eine Distanz, die dann hilfreich ist, wenn einem die Wirklichkeit zu nahegeht.

Der Akt des Filmens verleiht einem auch deshalb eine gewisse Sicherheit, weil man etwas zu tun hat, weil man ein Werkzeug hat, mit dem man arbeitet. Man ist nicht nur Tourist oder Besucher. Vielleicht können die Bilder andere Menschen dazu bewegen, etwas Sinnvolles zu tun. Das vermittelte mir eine gewisse Sicherheit.

Diese Sicherheit und Distanz brauchte ich, denn mir war ganz elend zumute. Ich war schließlich nur zu Besuch, auf Durchreise in den Ruinen. Verglichen mit der schmächtigen Vessna fühlte ich mich ganz klein.

Ich versuchte herauszufinden, was Liv dachte. Jetzt hatte ich sie und die Ärztin im Sucher. Mark stand im Hintergrund. Ich zoomte erst die zwei heran und anschließend Vessna allein. Jetzt hatte ich nur ihr Gesicht im Sucher und versuchte, Zugang zu ihren Gedanken zu finden, versuchte, Spuren von dem zu entdecken, was sie durchgemacht hatte. Sie unterhielt sich leise mit Liv.

Auf dem Bild war nichts weiter als eine gutaussehende, fähige Anästhesistin zu erkennen, die engagiert von ihrer Arbeit berichtete. Ich drehte mich ein wenig und hatte jetzt Liv im Bild. Sie hörte aufmerksam zu. Ihr Blick war fest auf Vessna Cengič gerichtet. So blieben die beiden lange Zeit stehen.

»Nun, mehr gibt es nicht zu erzählen«, hörte ich Vessna sagen. Ich zoomte zurück, bis ich wieder beide im Bild hatte.

»Gut, wir werden sehen, was ich machen kann. Ich habe mir alles aufgeschrieben, was Sie gesagt haben. Falls ich noch Fragen habe, kann ich mich an Mark wenden. Wir werden uns noch einmal treffen, bevor ich nach New York fliege. Ich bin mir ziemlich sicher, daß wir Ihnen helfen können. Danke, daß Sie sich die Zeit für mich genommen haben.«

Liv Ullmann streckt die Hand aus. Vessna ergreift sie und umarmt Liv.

»Danke, daß Sie gekommen sind. It was very nice to see you. – Ich weiß, daß man das auf Englisch ständig sagt und daß es nicht sehr viel bedeutet. Aber ich meine es aus tiefstem Herzen! Es war ›Very nice to see you!‹ Wie spricht man Lif aus, Liiiv...?« Liv half ihr. »Ah, Liv.«

Sie lacht und hält ihre Hand fest. »Liv, es war sehr schön, Sie kennengelernt zu haben. Passen Sie auf sich auf.« Dann winkt sie Mark und mir zu, und wir drei gehen.

Unsere nächste Station ist ein Rehabilitationszentrum für Frauen, die gefoltert und vergewaltigt worden sind. Normalerweise erhält kein Mann Zutrittserlaubnis. Mark ist die Ausnahme, die die Regel bestätigt. Das IRC ist zwar für dieses Projekt verantwortlich, aber für die Frauen ist Mark derjenige, der ihnen eine Unterkunft, Therapeuten und Kaffee beschafft hat.

Als sich die Tür öffnet, ist es, als würde man dem Weihnachtsmann folgen, der sich zu einer Gruppe Kinder begibt, die ihn gespannt erwarten. Erwartung, Spannung und Freude sind in jedem einzelnen Gesicht zu erkennen. Wie brennende Kerzen stehen die Frauen nebeneinander. Einige von ihnen überreichen Liv Blumen.

»Welcome Liv« steht auf einem großen Plakat an der Wand. Es wird deutlich, daß Liv Ullmann für diese Frauen mehr ist als nur eine Botschafterin des IRC. Ob es der Filmstar, die Autorin, Regisseurin oder Humanistin ist, die sie gerne treffen wollen, weiß ich nicht, aber sie betrachten sie wie eine alte Bekannte.

»Hello, I am Liv, thank you for having me . . .« Sie wird buchstäblich umarmt. Alle lachen und reden durcheinander. Die Stimmung ist gut. Sie begrüßen auch uns, aber wir sind schnell vergessen. Dann gehen sie in einen anderen Raum und schließen die Tür.

Mark und ich unterhalten uns, während die Geräusche der Frauen durch die Wände zu uns dringen. Bald schweigen wir und lauschen. Die Worte, das Weinen und Lachen schwellen an und ab wie wogende Wellen. Manchmal wird es ganz still, dann ist eine einzelne Stimme zu hören, dann wird es wieder still, plötzlich wird Gelächter laut, reden sie laut. Dann mit einemmal Stille. Fast lautloses Weinen. Schluchzen. Dann reden sie wieder leise.

Pause. Kaffeetassen klirren. Stille. Danach eine einzelne Stimme, die schnell und laut erzählt. Pause. Eine einzelne leise Stimme. Dann nichts. Eine unendliche Pause.

Wir hören Schritte. Wieder ist es still. Dann beginnen die Stimmen wieder, leise, aber es werden immer mehr. Dann lauter. Alle reden durcheinander. Wieder Lachen. Es ist unmöglich, einzelne Wörter zu verstehen, wir wissen nicht, was sie sagen. Die Laute werden zu einer Symphonie aus Frauenstimmen, die versuchen, Empfindungen und Erinnerungen, die sie nur schwer beschreiben können, in Worte zu fassen.

Durch die wogende Intensität, den Rhythmus, der sich aus dem Wechsel zwischen lauten und leisen Sätzen ergibt, durch die kurzen und langen Pausen, das Weinen, das kommt und geht, durch diese lautliche Kulisse werden Geschichten erzählt, die uns beiden, die wir hier draußen sitzen, wahrer scheinen als Worte.

Die Tür öffnet sich. Sie kommen heraus. Als würden sie einander seit langem kennen. Ja, wie Schwestern im Grunde. Die meisten haben Tränen in den Augen, aber nicht nur wegen allem Leid. Jetzt wollen sie, daß auch wir mit ihnen Kaffee trinken. Liv ist in glänzender Stimmung. Sie halten sich an den Händen. Neue Verbindungen wurden geknüpft. Wo es Lachen gibt, gibt es auch Hoffnung. Mark und ich fühlen uns ein wenig ausgeschlossen, aber dennoch willkommen. Auch das gibt Hoffnung.

Wieder im Auto ist Liv ganz still. Sie hat ja auch die Worte mitbekommen. Mark fährt uns zu einem Rehabilitationszentrum für Kinder. Er erzählt, daß der Krieg für die Kinder und Mütter besonders grausam war.

»Das ist nichts Neues«, fährt er fort, »aber dieser Krieg war nicht nur schlimm, weil sie allein zurückbleiben mußten und sich um die Männer sorgten, die in den Krieg gezogen waren. Das Besondere an diesem Krieg war auch, daß Frauen und Kinder selbst zum Angriffsziel des Feindes wurden. Während des ganzen Krieges waren die Bewohner Sarajevos Zielscheibe für Heckenschützen und Granatenangriffe. Es wurde auf alle geschossen: alte Menschen, Frauen und Kinder.

Es gibt kaum einen Menschen in dieser Stadt, der keine Angehörigen oder Freunde verloren oder miterlebt hat, wie jemand von einer Kugel getroffen wurde. Wochenlang waren Kinder in dunkle enge Keller oder Zufluchtsräume eingesperrt, weil ihre Mütter es nicht wagten, sie auf die Straße zu lassen. Die Kinder haben furchtbar gelitten.«

Wir nähern uns dem Häuserblock, in dem die Kinder warten. Er erzählt weiter: »Mit dieser Therapiegruppe versuchen wir, den Kindern über die schlimmsten Erinnerungen hinwegzuhelfen. Wir hoffen, daß sie wieder anfangen können zu spielen, Kinder zu sein, die verlorenen Jahre nachzuholen.«

Mark berichtet, daß viele der Therapeuten aus Sarajevo kommen. Sie wissen, wo der Schuh drückt, und die Kinder vertrauen ihnen. Viele haben sich freiwillig gemeldet. Einige von ihnen hatten zuvor noch nicht als Therapeuten gearbeitet, aber sie wurden von Spezialisten des IRC ausgebildet.

»Wir versuchen, ihnen Hilfe zur Selbsthilfe zu geben. Wir schaffen die Grundlagen, suchen Unterkünfte, helfen mit ein wenig Geld aus, versuchen herauszufinden, was sie selbst zu brauchen glauben. Dann machen sie allein weiter. Ich glaube, es funktioniert.«

Wir sind vor Ort und gehen die breite Treppe hinauf in die enge Wohnung. Die Frau, die hier wohnt, gehört zu den treibenden Kräften der Initiative.

Wir werden begrüßt. Alle kennen Mark und freuen sich, ihn zu sehen, aber Liv Ullmann ist ihnen fremd. Anfangs sind sie etwas schüchtern und abwartend. Die Gruppe besteht aus acht bis zehn Kindern, alle sitzen um einen Tisch.

Die Therapeutin erzählt Liv, wie sie versuchen, sich gegenseitig zum Sprechen zu bringen, die schlimmen Erinnerungen ans Licht zu holen. Zusammen sind sie stärker. Alle haben Freunde und Verwandte verloren, alle haben den Kriegsalltag miterlebt. Väter, Brüder und Onkel ihrer früheren Spielkameraden standen »auf der anderen Seite« und haben auf ihre Freunde und Verwandten geschossen, sie getötet oder verwundet. So etwas ist schon für Erwachsene schwer zu verstehen. Für Kinder ist es unbegreiflich.

Ein kleines Mädchen ist in der Gruppe, das heftig stottert, wenn es spricht, aber nicht, wenn es singt. In der Musik folgt Wort auf Wort, werden die Worte durch die Melodie und die klare, dünne Stimme verbunden. Später erzählt uns Mark, daß sie auf dem Plumpsklo im Hof saß, als das Haus ihrer Familie von Granaten getroffen wurde. Ihre Mutter kam dabei ums Leben. In dem anschließenden Chaos kam kein Mensch auf die Idee, sie zu suchen. Sie blieb stundenlang alleine sitzen, bis jemand sie fand. Seither stottert sie.

Die Geschichten wollen nicht enden. Aber sie müssen erzählt werden – das ist Teil der Therapie.

Liv Ullmann sitzt da und hört aufmerksam zu, gelegentlich schreibt sie etwas auf. Sie stellt Fragen. Und die Kinder erzählen. Jetzt haben sie Vertrauen geschöpft, und sie haben viel auf dem Herzen, ein Mädchen jedoch sitzt stumm da. Tränen kleben schwer an ihren Wangen, bevor sie den Halt verlieren und in ihren Schoß fallen. Ihr Gesicht ist kreideweiß, die Augen dunkel wie verbrannte Kastanien, das Haar rabenschwarz. Einige Male atmet sie tief ein, stakkato, aber niemand kann hören, daß sie weint. Sie blickt auf ihre Hände, in denen sie ein feuchtes Taschentuch dreht. Dann werden die anderen Kinder auf sie aufmerksam und hören auf zu reden.

Die Therapeutin schlägt vor, daß sich alle an den Händen fassen und dem Mädchen ihre ganze Kraft und Liebe senden.

Es wird ganz still im Zimmer. Alle wissen, daß sie ihre Mutter verloren hat. Jetzt schauen alle sie an. »Spürst du die Kraft und die Liebe, die zu dir strömten?« fragt die Therapeutin.

Auf dem Papier klingt diese Frage leicht wie eine zuckersüße Bemerkung auf einer Erweckungsversammlung für Neubekehrte. Aber die Therapeutin stellt die Frage so natürlich, so einfach und konkret, als würde sie sagen: »Siehst du, es hilft, ein Glas Wasser zu trinken gegen den Durst.«

Das kleine Mädchen sieht rasch auf, ein Lächeln huscht über ihr Gesicht. Sie nickt. Dann sagt sie leise: »Die Frau, die zu Besuch ist, erinnert mich an meine Mutter. Deshalb kann ich nicht mit dem Weinen aufhören.«

Liv steht auf, geht zu ihr hin und nimmt sie in den Arm. Lange ist es still. Dann fragt Liv: »Wie können wir Kriege verhindern?«

Ein Junge hebt die Hand. Die Therapeutin nickt.

»Nur Liebe kann Kriege verhindern. Ich werde meine alten Freunde auf der anderen Seite mit Liebe empfangen, aber ich werde zu ihren Vätern sagen, daß es besser ist, ins Gefängnis zu gehen als Soldat zu werden und zu töten. Nur Liebe kann Kriege verhindern.«

Da ich die Sprache nicht verstehe, versuche ich in seinem Gesicht zu lesen, zu beobachten, wie er seine Worte findet. Sie wirken nicht einstudiert. Seine Augen blicken wach und lebhaft, er gestikuliert und äußerst sich engagiert und spontan, als würde er von einem Fußballspiel erzählen. Er redet am meisten, hat die Hand am häufigsten oben, will die ganze Zeit erzählen. Er fungiert als Sprachrohr der Gruppe. Die anderen nicken zustimmend.

Die Botschaft ist klar: Sie wollen Versöhnung, keine Konfrontation. Sie wollen die Wunden heilen, trösten und vergeben. Die Liebe ist das einzige, was die Menschen vor dem Krieg bewahrt. Vielleicht kann sie ihnen auch helfen, zu vergessen?

Jetzt, wo wir gehen wollen, ist alle Schüchternheit verflogen. Sie scharen sich um Liv, schenken ihr Blumen und eine große Gemeinschaftszeichnung. Dann wollen sie ein Gruppenfoto machen mit ihr im Hintergrund. Der junge Wortführer stellt sich direkt vor Liv und lehnt sich mit einem breiten Lächeln an sie. Sein Kopf reicht ihr bis zum Bauch. Mit beiden Händen hält er sich an ihrem Rock fest.

Als wir gehen, sagen sie: »Good bye. Thank you. It was nice to meet you. Come back.« Dann fällt die Tür ins Schloß.

Ein paar Tage später stehen wir in den Ruinen von dem, was einmal die Nationalbibliothek in Sarajevo war. Sogar als Ruine ist es ein unglaublich schönes Gebäude. Hier gab es bis vor wenigen Jahren Hunderttausende wertvoller alter Bücher. Es war die Seele der Stadt. Auch sie wurde bombardiert und brannte aus. Nur ein Bruchteil der Sammlung wurde gerettet. Der größte Teil des Daches ist weg, die Wände sind voller Ruß.

Während wir dastehen und uns die Verwüstung anschauen, kommt ein kleiner schwarzer Hund vorbei. Ihm folgt unser junger Freund aus der Therapiegruppe – der Junge mit der Liebesbotschaft. Er geht auf Liv zu und will ihr erklären, was passiert ist, macht Zeichen mit den Händen, ahmt Granaten nach, wie sie vom Himmel fallen, danach »Booom-Boom-Crash!«. Er verdreht die Augen zum Himmel, macht eine hilflose Bewegung mit den Armen und zieht die Schultern hoch, als wollte er sagen: »So ist das Leben . . .«. Danach verschwindet er im Dämmerlicht, während der Schnee durch das offene Dach fällt.

Plötzlich kommt er noch einmal angerannt und faßt Liv bei der Hand: »Ich habe vergessen, dir einen schönen Tag zu wünschen, am 8. März – du weißt schon, dem Frauentag!«

Er sieht sie vielsagend an.

»Ciao.«

Dann ist er weg.

Am Tag danach wollen wir nach Goražde. Es liegt drei bis vier Stunden Autofahrt östlich von Sarajevo. Um dorthin zu gelangen, muß man durch ein von Serben kontrolliertes Gebiet. Nach dem Dayton-Abkommen war das an sich kein Problem, die Straße galt aber trotzdem als unsicher. Für Heckenschützen war sie absolut ideal, und es kam wiederholt vor, daß Reisende angehalten und ausgeraubt wurden und daß Autos verschwanden.

Kurz bevor wir aufbrechen wollten, erfuhren wir, daß auf der Strecke gerade ein Fernsehteam überfallen worden war. Man hatte ihnen alles abgenommen. Einer der Kameraleute hatte versucht, Widerstand zu leisten. Er wurde zusammengeschlagen, ohne daß die anderen ihm helfen konnten. Die einzige weibliche Reporterin war am Ende ihrer Kräfte, als sie endlich wieder in Sarajevo ankamen. Sie waren in der Kälte stundenlang zu Fuß unterwegs gewesen, nachdem das Auto selbstverständlich auch gestohlen worden war.

In der Bar von Livs Hotel hatten alle von dem Vorfall gehört. Mark überlegte, ob wir die Fahrt verschieben sollten.

»Verschieben? Wir haben doch an den anderen Tagen überhaupt keine Zeit mehr. Wir haben ein volles Programm«, sagt Liv.

Auf dem Weg aus der Stadt kamen wir an zahlreichen Militärfahrzeugen und einigen Panzern vorbei, die später an diesem Tag einen Konvoi bilden sollten. Mit Panzerwagen vor und hinter uns könnte man sich ziemlich sicher fühlen. Wir wären auch gern mit ihnen gefahren, wenn sie für die Strecke nicht doppelt so lange gebraucht hätten. Wir wollten an einem Tag hin und zurück und fuhren deshalb allein.

Bevor man Sarajevo verläßt, fährt man durch einen ziemlich langen Tunnel. Hier drinnen, vor Granaten und Heckenschützen gut geschützt, befindet sich die enorme Maschinerie der städtischen Wasserversorgung, die unter anderem mit Hilfe des IRC wieder aufgebaut worden ist. Im Verlauf der zurückliegenden vier Jahre hat die Organisation mit über hundert Millionen Dollar verschiedene Projekte unterstützt – Wasser-, Gas- und Stromversorgung gehörten zu den wichtigsten und teuersten.

Nachdem wir den Tunnel hinter uns haben, befinden wir uns plötzlich auf dem Land. Die Gegend ist verlassen, der Weg schlängelt sich an Berghängen entlang, und die Landschaft erinnert ein wenig an Norwegen, wirkt aber ungastlicher. Vielleicht lag es nur an dem trüben Wetter, dem Schnee und der Kälte.

Vielleicht war es auch nur das Wissen, daß wir uns in von Serben kontrolliertem Gebiet befanden.

Als wir uns Goražde näherten, sahen wir auf beiden Seiten der Straße zerbombte und ausgebrannte Häuser. Die Zerstörung schien komplett. Wir sahen keinen einzigen Menschen, nur Ruinen. Die »ethnische Säuberung« durch die Serben war gründlich gewesen. Wir besuchten eines der Aufnahmelager für Flüchtlinge in der Stadt. Die Häuser standen um einen großen offenen Platz und ließen an eine Mischung aus Kaserne und Scheune denken. Der Platz war fast leer, nur eine Handvoll Kinder tollten mit ein paar jungen Hunden herum.

Ich folgte Liv und Mark in eines der Häuser. Drinnen war es beinahe genauso kalt wie draußen. Wir gingen durch lange Flure mit Zementfußboden. Die Wände waren gemauert. Die Luft roch modrig und feucht. Man konnte den Gestank der Toiletten ahnen. Dann kamen wir an eine Tür und wurden in das große, offene Zimmer einer älteren Frau geführt. Sie leitete das Gebäude, dessen Bewohner meist ältere Menschen aus der Umgebung von Goražde waren. Sie hatten ihr gesamtes Hab und Gut verloren, ihre Häuser waren abgebrannt, sie hatten keine Bleibe. Sie zweifelten daran, daß sie noch ein neues Zuhause finden würden, bevor sie starben.

Vom Fußboden um uns herum starrten sie uns mit apathischen Blicken an. Einige saßen auf Holzkisten, andere auf dem Steinboden. Einige lagen auf alten Wolldecken und schliefen. Andere lagen nur da. Eine alte Frau mit zerfurchtem Gesicht und fast weißen Augen wiegte sich im Sitzen hin und her. Liv ging hin und setzte sich neben die Frau. Sie nahm ihre Hand und hielt sie mit der einen Hand fest, die andere legte sie ihr um die Schultern.

»Ich will so gern nach Hause, ich will so gern nach Hause«, sagte sie. »Aber ich bin fast blind, und ich bin so alt, und sie haben mein Haus angezündet.« Sie schwieg eine Weile. Dann sagte sie wieder »Ich will so gern nach Hause . . .«

Liv blieb lange bei ihr sitzen. Dann stand sie auf und ging zu einem der Männer, der etwas weiter entfernt lag. Er winkte ab und drehte uns den Rücken zu.

Wir blieben einige Zeit dort. Die Leiterin bedankte sich für die Fenster, für deren Installation Mark gesorgt hatte. Sie hatten ein wenig gegen die Kälte geholfen – auf jeden Fall schneite es jetzt nicht mehr herein. Sie freute sich, daß der Frühling im Anmarsch war. In den nächsten Monaten würde es wärmer werden. Vielleicht hatten sie dann Strom, bevor der Herbst kam. Sie war sich ziemlich sicher, daß die jungen Leute es schaffen würden, aber diese hier – sie ließ ihren Blick durch den Raum gleiten.

Die Woche ist rasch vorbei. Wir kehren mit unserer Herkules nach Stockholm zurück. Auf dem Heimweg schreibt und liest Liv wieder in ihrem Notizbuch. Die Eindrücke wollen geordnet und systematisiert werden. Sie wird jetzt in Stockholm ein paar Wochen mit dem Schnitt beschäftigt sein, anschließend geht es nach New York und Washington. Dort wird sie mit Mitarbeitern von UNICEF und IRC zusammenkommen, Vorträge halten und sich mit Spendern treffen.

Ich beschließe, sie zu begleiten.

New York

»Heute abend werde ich davon berichten, was ich in Sarajevo und Goražde gesehen habe.«

Liv befand sich in einem riesigen Raum, der zu einer eleganten Wohnung an der 5th Avenue in New York gehörte. Dort stand sie vor dem Kamin. Die Wohnung gehört dem Ehemann einer jungen Frau, die der Leitung des IRC angehört. Im Halbkreis um sie herum sitzen zwanzig bis dreißig Menschen. Einige sind mit dem New Yorker Büro der Organisation verbunden, andere sind Helfer, die während eines Kurzbesuchs in der Stadt Bericht erstatten, und wieder andere sind potentielle Spender – im allgemeinen Angehörige reicher, amerikanischer Privatfirmen.

Es werden Schnittchen gereicht, die Menschen nippen an ihrem Mineralwasser oder Weißwein. Niemand raucht. Von der Straße her kann man ganz leise das anhaltende Brummen des Verkehrs vernehmen. Gelegentlich ist ein Martinshorn zu hören. Ansonsten ist es vollkommen still im Raum, während Liv von ihrer Reise berichtet, die jetzt einige Wochen zurückliegt.

Sie hat ihre Aufzeichnungen zur Hand, schaut jedoch kaum hinein. Sie spricht leise und eindringlich, macht Pausen, wo sie angebracht sind, unterbricht sich einige Male, um sich wieder zu sammeln. Die Zuhörer sitzen still da und lauschen. Einige sind sichtlich beeindruckt. Andere wirken wie versteinert. Man kann unmöglich erkennen, was sie denken.

Ich betrachte zwei Helfer aus Sarajevo, die ich wiedererkenne. Auch sie verfolgen mit Interesse Livs Ausführungen. Sie selbst sind darin geschult, ihre Berichte mit nüchterner Sachlichkeit vorzutragen. Sie haben alles, wovon Liv erzählt, aus nächster Nähe miterlebt, aber sie haben es nie zuvor auf diese Weise gehört. Livs Bericht gleicht mehr einer Aufführung. Livs Energie und Einfühlungsvermögen sprechen die Zuhörer mehr im Herzen und im Bauch an als im Kopf. Die Beschreibung gibt ihrer Wirklichkeit neue Formen. Sie ist anders, aber genauso wahr. Ihre Betrachtungsweise ist menschlicher, die Assoziationen sind vielseitiger.

Niemand applaudiert, als sie fertig ist. Die Menschen sitzen wie gelähmt. Es dauert eine Weile, bis sie wieder anfangen, miteinander zu reden. Liv setzt sich und nimmt sich ein Glas Wasser.

Einige gehen auf sie zu und bedanken sich. Ein Mann kommt

zu mir und sagt: »Ich bin so bewegt, daß ich mich entschlossen habe, auf der Stelle einen Scheck über 10.000 Dollar aus meinem Privatvermögen auszustellen. Später werde ich mit der Firmenleitung sprechen, um noch mehr zu spenden.«

Liv Ullmann hat die Gabe, ihre Erlebnisse vor Ort auf eine Weise wiederzugeben, daß die Zuhörer das Gefühl bekommen, die Reise selbst erlebt zu haben. Sie bewegt die Menschen zum Zuhören. Ihre Berichte und Vorträge bewirken, daß viele die Not in einem neuen Licht sehen. An die Stelle von Verdrossenheit und Gleichgültigkeit treten Engagement und der Wunsch zu helfen.

Der Leiter des IRC, Bob DeVecchio, war an diesem Abend ebenfalls anwesend. Er faßte Liv Ullmanns Funktion in der Organisation folgendermaßen zusammen: »Ich glaube, eine ihrer Stärken liegt darin, daß sie bereit ist, sich dem Leid anderer Menschen zu öffnen. Viele Menschen können das nicht. Sie halten einen unsichtbaren Schild zwischen sich und die Tragödie, auf die sie stoßen. Bei Liv ist es genau umgekehrt. Es ist, als ob sie die Schmerzen derer, denen sie begegnet, absorbiert und zu ihren eigenen macht. Wenn sie anschließend von ihren Erlebnissen berichtet, hören die Menschen ihr zu, weil das, was sie zu sagen hat, so wahrhaftig wirkt.«

Er machte eine Pause. »Und dann gibt es noch etwas, was sie für uns so wichtig macht: Weil sie so berühmt ist, weil sie bei so vielen verschiedenen Menschen Respekt genießt – das Netz ihrer Kontakte ist so enorm groß, sie kennt Groß und Klein, macht aber keinen Unterschied zwischen den Leuten, sie bleibt sich treu, egal mit wem sie zusammen ist – einfach nur, weil sie ist, wer sie ist, wollen die Menschen sie gerne kennenlernen, wollen sie sehen, wollen hören, was sie zu sagen hat. Das alles, zusammen mit ihrer großen Arbeitskapazität, hat sie zu einem unverzichtbaren Teil unserer Organisation gemacht.«

Am Tag nach dieser kleinen Zusammenkunft fuhren wir nach Washington D. C. Dort sollte sie einen weiteren Vortrag halten und außerdem mit dem Repräsentanten einer der größten amerikanischen Arzneimittelfirmen zusammentreffen. Ich nenne die Firma Medizin AG, und den Repräsentanten Mr. Band-Aid, Herrn Pflaster. Beide haben nämlich darauf bestanden, anonym zu bleiben.

Die Firmenzentrale der Medizin AG befindet sich in unmittelbarer Nähe des Kapitols. Es ist ein beeindruckendes Gebäude, groß und schön, aus Beton, Glas und Marmor. Die Firma verdient gut, so gut, daß alle möglichen Leute kommen und für ihre Sache betteln. Deshalb wollte die Firma auch anonym bleiben. Niemand sollte wissen, daß sie zu einer Spende bereit war – falls sie sich dazu entschließen sollte.

Wir sollten Mr. Band-Aid nicht in dem Gebäude treffen. Außenstehende könnten Liv Ullmann erkennen und daraus den richtigen Schluß ziehen: Die Medizin AG helfe gerade entweder UNICEF oder dem IRC. Deswegen war vereinbart worden, Mr. Band-Aid in einer kleinen Pizzeria auf der gegenüberliegenden Straßenseite zu treffen. Ich durfte zwar filmen, aber nur von hinten, und ich durfte keine Tonaufnahmen machen. Das Ganze ähnelte regelrechten Deep-Throat-Verhältnissen.

Mr. Band-Aid kam auf uns zu und begrüßte uns. Er war groß und schlank, trug einen gepflegten kurzen Bart, war äußerst höflich, korrekt gekleidet und hatte ungefähr soviel Charme und Ausstrahlung wie eine Schaufensterpuppe. Er war mit anderen Worten nicht der Mann, mit dem man ohne weiteres eine Pizza essen wollte. Davon war auch gar nicht die Rede.

»Möchten Sie eine Tasse Tee, einen Kaffee – vielleicht ein Glas Wasser?« fragte er Liv Ullmann.

»Ein Glas Wasser wäre genau das Richtige«, antwortete sie und flüsterte mir auf Norwegisch zu: »Das wird noch richtig gemütlich werden, schätze ich.«

Ich ließ die beiden allein und filmte sie von weitem. Ich machte ein paar Aufnahmen von Liv, wie sie redete und ihm ihre Aufzeichnungen zeigte, die sie vorher abgetippt hatte. Es sollte auf jeden Fall nichts Handgeschriebenes dastehen.

Dann setzte ich mich ebenfalls an den Tisch und bestellte aus Trotz einen doppelten Espresso.

»Sie müssen das verstehen«, sagte er zu Liv, »es geht mir nicht darum, die Sache zu verkomplizieren, aber wir werden mit Bettelbriefen überflutet. Alle wollen Geld von uns, und alle sind eigentlich gleichermaßen dazu berechtigt, Hilfe zu bekommen. Es ist jedoch schwierig herauszufinden, wem schließlich geholfen werden sollte. Bekommt der eine etwas, so ist es unfair dem anderen gegenüber. Deshalb haben wir einen Beschluß gefaßt: In diesem Jahr bekommt niemand auch nur einen roten Heller. Wir benötigen Zeit, um eine neue Spendenpolitik auszuarbeiten.«

Liv sah ihn sichtlich enttäuscht an. Hatte sie richtig gehört? Es wäre nicht nötig gewesen, mit dem Wagen bis in die Innenstadt zu fahren, um ein Glas Wasser zu trinken. Wenn er nichts zu geben hatte, hätte er das ja vorher sagen können, dann hätte sie sich mit jemand anderem verabredet!

»Das bedeutet aber nicht, daß wir nicht nützlich sein könnten«, fuhr Mr. Band-Aid fort. Menschen wie Liv Ullmann war er schon vorher begegnet. »Wie Sie wissen, produzieren wir große Mengen Arzneimittel und medizinische Geräte. Falls Sie davon etwas möchten, so wäre das für uns interessant.«

Sie lächelte erleichtert.

»Das ist genau das, was wir brauchen«, sagte sie. »Das ist ja phantastisch.«

Nun lächelte auch dieser Ausbund an Charme von der Medizin AG. Als ob er sagen wollte: Sehen Sie, ich bin gar nicht so schlimm, wie Sie geglaubt haben.

»Okay, Miss Ullmann, shoot, try me! – Schießen Sie los, stellen Sie mich auf die Probe!«

Liv lachte. Der Mann hatte sogar noch Humor.

Dann legte sie los. Sie kam mit ihrer langen Liste an Dingen, die sie für den »Käse«, das Flüchtlingsaufnahmelager und das Physiotherapiezentrum benötigte, das Beatmungsgerät hätte sie beinahe vergessen, und von den Rollstühlen, Unmengen von Rollstühlen, gar nicht zu sprechen.

Mr. Band-Aid sah die Liste durch. Schnell. Sein Blick huschte über die Seiten. Es dauerte nur wenige Sekunden.

»In Ordnung«, sagte er, »das ist kein Problem für uns. Ich bin mir ziemlich sicher, daß wir uns in dieser Sache einigen können. Ganz sicher. Das ist genau das, wonach wir Ausschau halten. Kein Geld, sondern Sachwerte und technische Ausstattung.«

Das Treffen dauerte nur zwanzig Minuten. In zwei Tagen hatte Liv Ullmann zehntausend Dollar sowie medizinische Ausrüstung in deutlich höherem Gegenwert eingeworben. Wahrscheinlich wird noch erheblich mehr Geld hereinkommen, aber das würde noch ein wenig dauern. Sie hatte allen Grund, zufrieden zu sein.

Es ist schwer zu sagen, wieviel Geld Liv Ullmann für UNICEF oder das IRC beschafft hat, seit sie vor fast zwanzig Jahren angefangen hat, für diese Organisationen zu arbeiten. Es war der damalige Leiter von UNICEF, James Grant, der sie 1979 gebeten hatte, die erste »Goodwill«-Botschafterin zu werden. Sie hatte sich dazu bereiterklärt, ohne zu wissen, was auf sie zukam, aber sie wollte gerne helfen. Seitdem hat sie für die Organisation mehr als fünfzig Länder bereist, unzählige Vorträge gehalten, hat vor dem amerikanischen Kongreß gesprochen und ist in zahllosen Fernsehsendungen aufgetreten. Sie hat Hunderte von Artikeln geschrieben und noch mehr Interviews gegeben. Alles in ihrer Freizeit und ohne Bezahlung. Nur die Reise- und Aufenthaltskosten wurden bezahlt.

Nahezu gleichzeitig zu ihrem Engagement für UNICEF begann Liv, für das IRC – International Rescue Committee – zu arbeiten. Das ist die weltweit größte private Hilfsorganisation für Flüchtlinge. Albert Einstein hatte die Organisation vor dem Zweiten Weltkrieg gegründet. Damals bestand ihre wichtigste Aufgabe darin, Juden und anderen Verfolgten bei ihrer Flucht aus Nazideutschland zu helfen. Als der Krieg vorbei war und der Kalte Krieg begann, setzte das IRC seine Arbeit fort, half nun aber vor allem auf denjenigen, die hinter dem Eisernen Vorhang verfolgt wurden. Von einigen wurde die Organisation als äußerst anti-kommunistisch eingeschätzt.

Die politische Stimmung in den USA war zu der Zeit völlig anders als heute. Die Angst vor den Sowjets und der kommunistischen Gefahr war gewaltig. McCarthy konnte sich frei austoben. Die Amerikaner mußten ihre Treue fürs Vaterland unter Beweis stellen. Wurde jemand verdächtigt, Kommunist zu sein, wurde er auch in den USA verfolgt. Böse Zungen behaupteten, das IRC sei eine Frontorganisation des amerikanischen Geheimdienstes CIA.

Leo Cherne war jahrelang Leiter des IRC. Er fungierte auch als Ratgeber für eine Reihe amerikanischer Präsidenten – von Truman bis Reagan. Dabei ging es nicht nur um die Flüchtlingsfrage, sondern auch um Probleme, die mit der Sicherheit des Landes in Zusammenhang standen. Das verstärkte den Eindruck einer engen Verbindung zwischen dem Staat und der Hilfsorganisation.

1979 hatte das IRC eine Spende von einer Million Dollar erhalten. Das Geld war für die Opfer des Pol Pot-Regimes in Kambodscha bestimmt. Leo Cherne war auf der Suche nach einer bekannten Persönlichkeit, die den Scheck bei einer großen Veranstaltung präsentieren könnte. Zu diesem Zeitpunkt war Liv Ullmann in New York und spielte am Broadway. Leo Cherne hielt sie für eine glänzende Wahl. Er nahm Kontakt auf, und Liv sagte zu.

Anschließend saßen sie noch zusammen und unterhielten sich. Liv erwähnte Cherne gegenüber, daß sie das IRC künftig auch bei anderen Anlässen gerne unterstützen würde. »Your time will come, be you sure!« hatte Cherne geantwortet.

Kurze Zeit später rief er bei ihr an und fragte, ob sie für die Opfer Pol Pots marschieren würde – nicht in New York, sondern in Thailand! Es war ihm gelungen, auch andere Stars und berühmte Persönlichkeiten dafür zu gewinnen. Sie sollten mit Nahrungsmitteln und Medikamenten bis zur Grenze Kambodschas marschieren. Presse und Fernsehen würden über den Marsch berichten.

»Es ist wichtig, Liv. Du mußt unbedingt mitkommen«, hatte er ihr am Telefon gesagt.

Liv sagte unter Vorbehalt zu. Sie müsse erst klären, ob der Spielplan am Broadway ihr die Zeit dafür ließe. Wofür sie aber eigentlich Bedenkzeit brauchte, war, zu prüfen, was für eine Organisation das IRC eigentlich war. Einige ihrer Freunde hatten ihr nämlich von den angeblichen Verbindungen zum CIA erzählt und sie gewarnt. Sie hatten behauptet, sie würde ihr Engagement bitter bereuen.

Aber Liv mochte Leo Cherne instinktiv. Sie hatte Lust, ihm zu helfen. Sie hatte Lust, nach Thailand zu fahren und für eine gute Sache zu marschieren. Wenn Joan Baez mitmachte und Elie Wiesel und einige andere, konnte wohl kaum das CIA Drahtzieher sein? Ganz sicher kann man jedoch nie sein. Sie brauchte Rat. Was war naheliegender, als den amerikanischen Außenmister Henry Kissinger anzurufen? Zu dieser Zeit waren sie bereits gute Freunde. Sie konnte ihn direkt anrufen, egal, wo auf dem Erdball er sich gerade aufhielt.

Henry Kissinger lacht laut, als er mir die Geschichte erzählt. »Es war, als würde man mir eine Goldmedaille verleihen«, sagt er. »Wenn es um das CIA ging, war ich schließlich der letzte, den man fragen konnte. Wäre an dieser Behauptung etwas Wahres gewesen, hätte ich es ihr niemals sagen können. Nun war es aber so, daß das CIA mit dem IRC überhaupt nichts zu tun hatte, deshalb legte ich ihr nahe zu fahren. Seitdem hat sie für das IRC gearbeitet und viel Gutes getan.«

Ich fragte Kissinger, wie es dazu kam, daß ein Realpolitiker wie er und eine in politischen Dingen blauäugige Frau wie Liv Ullmann so gute Freunde geworden seien. Er reagierte verärgert. Er wollte keineswegs als »Realpolitiker« abgestempelt werden.

»Als Politiker habe ich die gleichen übergeordneten Ziele wie Liv Ullmann, aber ich habe natürlich andere Rahmenbedingungen, denen ich mich anpassen muß. Was die Freundschaft zwischen ihr und mir betrifft – und es ist wirklich eine –, so basiert sie auf einem tiefen Respekt für sie als Mensch, und ich glaube, sie respektiert mich in gleicher Weise. Ihre Gesellschaft ist stets ausgesprochen angenehm. Ich kann von ihr lernen, und ich hoffe, daß sie das gleiche von mir behauptet. Sie hat viel Verständnis und ein Einfühlungsvermögen in menschlichen Dingen, die meine eigenen Fähigkeiten in dieser Beziehung bei weitem übersteigen. Ich fühle mich nach unseren Treffen immer sehr bereichert.«

Liv Ullmann und New York ist anders als Liv Ullmann und Oslo, Trondheim und Norwegen. Hier draußen ist sie eine kraftvolle, glückliche Legende, die sich nicht zu rechtfertigen braucht. Hier ist sie ein Mensch, der großen Respekt genießt, sowohl für ihr künstlerisches Schaffen als auch für ihren humanitären Einsatz. Kurz, sie wird geliebt, bewundert und respektiert.

Im Flugzeug nach Oslo versuche ich, die Eindrücke zu verarbeiten. Jetzt geht es heim in unser Vaterland und seine unerschütterliche Nüchternheit. Dort werden Komplimente nicht so freigebig verteilt. Ich denke über den Unterschied zwischen Livs Status in Norwegen und in den USA nach, frage mich, wie sie dorthin gekommen ist, wo sie heute ist.

Ich denke an den Weg vom »Rogaland Theater« nach Fårö, zum Broadway und wieder nach Hause. Ich denke an ›Kristin Lavranstochter‹, an Sarajevo, ›Private Confessions‹ und ›Ein Puppenheim‹ in New York. Denke an Liv Ullmann und Max von Sydow als Kristina und Karl Oscar in ›Die Auswanderer‹.

Der Weg in die USA

In der Schlußszene des Films sehen wir das bescheidene Grabmal aus Holz. Darauf steht:

Hier ruht Kristina Johansdotter
Frau des Karl Oscar Nilsson
Geboren in Duvemåla Schweden 1825 –
Gestorben in Nordamerika 1862
Wir sehen uns wieder

Hinter dem Grabmal steht der alte Karl Oscar Nilsson. Er ist seit achtundzwanzig Jahren Witwer. Auf der Überfahrt, als er Schweden mit seiner jungen Frau und seinen Kindern verließ, wäre sie beinahe gestorben. Nach vier Wochen auf See bekam sie Skorbut, blutete heftig aus Nase und Mund. Alle glaubten, ihr letztes Stündlein habe geschlagen.

Karl Oscar saß bei ihr und hielt ihre Hand. Da sagte sie zu ihm: »Ich liebe dich, Karl Oscar. Das habe ich immer getan . . .«
Sie hält einen Augenblick inne. Sagt dann:
»Wir sind die besten Freunde.«
Und er antwortet lächelnd: »Ja, das ist wahr. Wir sind die besten Freunde, das ist wahr.«

Vilhelm Moberg hat diese Zeilen geschrieben. Vielleicht hat er sie von Sigrid Undset gestohlen, vielleicht sind es aber auch Worte, die allen guten Dichtern einfallen.

Das Buch heißt ›Der Roman von den Auswanderern‹. Der Film erschien in zwei Teilen – wie der Roman –, die ›Die Auswanderer‹ und ›Die Siedler‹ hießen und später in ›Die Emigranten‹ und ›Das neue Land‹ umbenannt wurden. Das Drehbuch stammte von Jan Troell und Bengt Forslund. Troell filmte und führte Regie. Liv Ullmann und Max von Sydow hatten die Hauptrollen inne. Der Film ist längst ein Klassiker.

Für Liv Ullmann war dieser Film neben ›Persona‹ der womöglich glücklichste, allerdings in ganz anderer Weise.

»Ich habe es geliebt, die Kristina zu spielen«, erzählt sie. »Diese treue Frau, die mit ihrem Mann durch dick und dünn geht, ihre Wurzeln in Schweden ausreißt, ihm nach Amerika folgt, viele Kinder schenkt, sich abplagt, aber im Einklang mit ihrem Gott lebt. Ich selbst bin ja ganz anders als Kristina. Jedesmal, wenn ich einem Mann folge, ob nach Fårö oder Polen oder wo auch immer hin, bin ich es meist ziemlich bald leid und wünsche mich wieder weg – und gehe dann auch. Aber irgend etwas an Kristina hat mich berührt. Ich kann es nicht genau erklären, vielleicht liegt es nur daran, daß ich irgendwann einmal gewünscht habe, das Leben möge so sein.«

Der Film wurde im Herbst 1969 und im Frühjahr 1970 gedreht. ›Die Auswanderer‹ hatte im Frühjahr 1971 Premiere, ›Die Siedler‹ wurde erstmals um Weihnachten des gleichen Jahres gezeigt. Mobergs Geschichte von den armen, gottesfürchtigen Auswanderern, die Schweden verließen und sich in Amerika ein neues Leben aufbauten, voller Mühen und Entbehrungen, kam auf beiden Seiten des Atlantik sofort an. Es war ein Stoff, der die Menschen ansprach, in den sie sich einleben konnten, eine Geschichte, die sie in ihren Bann zog. Troells einfacher Alltagsrealismus und die schauspielerischen Leistungen der Darsteller erhoben die Serie in eine poetische Dimension.

Es war damals der teuerste Film Schwedens. Die Dreharbeiten dauerten ein Jahr, und ein Jahr brauchte man für den Schnitt. Die Fernsehversion dauerte sechs Stunden, aber Troell hatte mehr als neunzig Stunden Film aufgezeichnet.

Jan Troell war von Haus aus eigentlich Volksschullehrer und hatte niemals davon geträumt, Regisseur zu werden. Aber er war mit bewegten Bildern aufgewachsen. Seine Eltern besaßen eine 16-Millimeter-Kamera, die fleißig zum Einsatz kam. Jan Troell wurde schon früh mit Filmen konfrontiert, zu Hause wie im Kino. Schließlich begann er selbst zu filmen, mit der Kamera seiner Eltern und mit seiner eigenen 8-Millimeter-Kamera. Troell hat nie eine Filmschule besucht, niemals eine Ausbildung auf diesem Gebiet absolviert. Hat niemals in der Theorie den richtigen Umgang mit Schauspielern gelernt.

Einzelne haben behauptet, Liv Ullmann brauche einen starken Regisseur, sie brauche konkrete Anleitung, um Höchstleistungen zu erbringen. Im Klartext: sie braucht einen wie Ingmar Bergman. Aber Jan Troell und Ingmar Bergman unterscheiden sich erheblich. Für Liv muß der Übergang vom Fellini des Nordens zum Volksschullehrer aus Skåne ziemlich heftig gewesen sein. Welche Art von Regieanweisungen hat er ihr gegeben, damit sie so gut wurde?

»Jan Troell gab fast überhaupt keine Regieanweisungen«, sagt Liv, »und das ist ebenfalls eine hervorragende Art, Regie zu führen. Er lief ein Jahr lang mit der Kamera in der Hand herum und gab uns nur die allernötigsten Informationen. Und wir erledigten den Rest. Es war nie schwer zu wissen, worauf es ihm bei einer Szene ankam. Und außerdem ist er ein toller Mensch.«

Für alle, die den Film gesehen haben, scheint es selbstverständlich, daß niemand anderes als Liv Ullmann die Kristina spielen konnte, aber sie war keineswegs die einzige, die in Frage kam.

Alle Möglichkeiten waren offen, als Bengt Forslund Jan Troell bat, sich Bergmans letzten Film, ›Die Stunde des Wolfs‹, anzuschauen. Er war noch nicht offiziell angelaufen, aber Forslund hatte sich eine Kopie beschafft. Nach der Vorführung waren sich die beiden einig.

Vilhelm Moberg wurde konsultiert. Liv Ullmann war ja trotz allem keine Schwedin. Es war, als würde eine Schwedin daherkommen und die Rolle der Kristin Lavranstochter an sich reißen – fast ein Hohn auf das norwegische Nationalgefühl. Aber Moberg war der Meinung, daß sich Liv Ullmann hervorragend für die Rolle eignete. Außerdem unterschied sich die norwegische Sprache nicht allzusehr vom Dialekt in Småland. Dieser würde Liv sicher liegen, glaubte er. Er behielt Recht, niemals hat sie besser schwedisch gesprochen als in diesem Film.

Wie sieht Jan Troell selbst das Verhältnis zwischen sich und Bergman als Regisseur?

»Ich schieße mit abgesägtem Gewehrlauf, und Bergman schießt mit der Linse eines Fernglases. Es sind zwei völlig unterschiedliche Methoden, aber ab und an treffen wir beide.« Er lacht.

»Die Auswanderer-Filme hatten ja einen gewissen Erfolg, kann man sagen. Größtenteils ist das Liv Ullmanns Einsatz zu verdanken. Sie glitt gewissermaßen ganz selbstverständlich in die Rolle der Kristina.

Ich arbeite sehr intuitiv. Erzähle den Schauspielern nicht viel. Ich war von begabten und einfühlsamen Menschen umgeben, da bedarf es nicht vieler Worte. Was Liv betrifft, so ist sie stets sehr präsent und hochkonzentriert. Das war besonders auffallend, als sie mit ein paar Laien zusammen spielte, die wir im Film einsetzten. Mit einer anderen Schauspielerin ihres Kalibers hätte das problematisch sein können, aber sie war immer zur Stelle und hilfsbereit. Sie spielte niemals für sich allein, spielte immer *mit*.

Sie hat so viel von sich in die Arbeit gegeben. Meine Aufgabe bestand lediglich darin, es anzunehmen. Ich habe bei diesem Film von ihr und von Max von Sydow viel gelernt. Es war eine glückliche Zeit.«

›Die Auswanderer‹ und ›Die Siedler‹ waren die ersten großen Filme, die Liv Ullmann ohne Ingmar Bergman gemacht hat. Sie waren zwar noch immer zusammen, aber Bergman hatte nichts mit dem Film zu tun. Er hatte es verstanden, ihre Ausstrahlung in ›Persona‹ auszunutzen. Aber gleichzeitig lag etwas Stereotypes über den düsteren Rollen, die sie später in seinen freudlosen Filmen übernahm, mit denen er sich gegen die dröhnende Leere des Lebens auflehnte. Auch wenn die Filme und Liv Ullmann noch so gut waren, bekam das Publikum allmählich das Gefühl, das alles vielleicht doch schon mal gesehen zu haben.

Liv Ullmann erzählte einmal halb im Scherz, daß sie, wenn Bergman ihr am Frühstückstisch von seinen Alpträumen erzählte, wußte, sobald das Drehbuch fertig war, würde sie eine der Hauptrollen darin spielen. Der Scherz enthielt durchaus ein Körnchen Wahrheit.

Sie hatte das Bedürfnis, etwas Neues zu machen. Zu zeigen, daß sie auch zu anderem fähig war. In ›Die Auswanderer‹ und ›Die Siedler‹ hatte sie Gelegenheit zu zeigen, wozu sie noch taugte. Hier kam ihr Humor zum Vorschein, ihr Lachen, ihre Tatkraft, Treue, Abenteuerlust und nicht zuletzt ihre Sinnlichkeit und ihr Liebeshunger von alttestamentarischer Prägung. Hier war nichts unheimlich oder spekulativ. Liv Ullmann und Max von Sydow führten dem Publikum die Liebe als Naturgesetz vor. Und Jan Troell filmte sie und setzte sie zu einem Bild zusammen, in dem sich alle spiegeln konnten und sich danach schöner, reiner und glücklicher fühlten. Es war wahrhaftig eine Leistung, der man Respekt zollen muß.

Adresse Beverly Hills

»Wenn ich mein Leben noch mal von vorne leben müßte, würde ich alles wieder genauso machen, mit einer Ausnahme: Ich würde mir nicht noch einmal Liv Ullmann in ›Lost Horizon‹ anschauen!«

Ihr Freund Woody Allen soll das einmal gesagt haben.

Liv war sich darüber im klaren, daß dieser Film nicht gerade als ein künstlerischer Durchbruch anzusehen wäre. Aber was tut man nicht alles, wenn einem eine Hauptrolle an der Seite von John Gielgud und Peter Finch angeboten wird, samt einer Summe, die sie in mehreren Jahren am Nationaltheater nicht verdienen könnte? Man akzeptiert die Rolle – beinahe hätte ich gesagt: natürlich.

Andere hätten es sich vielleicht zweimal überlegt, aber es ist typisch für Liv Ullmanns Lebenshunger und Abenteuerlust, daß sie den Zuschlag gibt, ohne allzusehr auf die Qualität des Drehbuchs zu achten. Es war ja trotz allem ein harmloser Film, ein netter Film, ein leichtes Musical mit viel Liebe und einer Fabel. Aber ein guter Film war es nicht. Ihr Agent in Hollywood, Paul Kohner, mußte zugeben, daß er sich manchmal fragte, ob sie überhaupt imstande war, ein Drehbuch zu beurteilen.

Liv Ullmann war auf dem besten Wege, ein internationaler Star zu werden, das heißt, sie stand kurz vor ihrem Durchbruch in Hollywood. Jan Troells aufwendiger Film wurde 1971 als bester fremdsprachiger Film für den Oscar nominiert. Aber erst im Jahr darauf wurde Liv Ullmann als beste Hauptdarstellerin für ihren Einsatz in ›Die Auswanderer‹ vorgeschlagen. Auch Troell wurde mit dem Folgefilm, der auf englisch ›The New Land‹ hieß, ein weiteres Mal nominiert. Es war jedoch ›Der diskrete Charme der Bourgeoisie‹, der den Sieg in der Kategorie bester fremdsprachiger Film davontrug, und Liza Minnelli erhielt den

Preis als beste Hauptdarstellerin in ›Cabaret‹. Der beste amerikanische Film 1972 war ›Der Pate‹, unter der Regie von Francis Ford Coppola.

Liv Ullmann war zweimal hintereinander in Zusammenhang mit der Oscar-Verleihung genannt worden. Darüber hinaus hatte ihre Zusammenarbeit mit Bergman Spuren bei den amerikanischen Kritikern hinterlassen, auch wenn die Filme bisher noch kein größeres Publikum erreicht hatten.

Im Dezember 1972 wurde sie von der amerikanischen Zeitschrift ›Time‹ als »Hollywood's New Nordic Star« mit einem hübschen Titelfoto lanciert. Ihre Erfolge wurden auf fünf Seiten in lobenden Tönen beschrieben. Die Überschrift lautete: »Just an ordinary, extraordinary woman – Nur eine gewöhnliche, ungewöhnliche Frau.« Der Zeitschrift »Time« zufolge war sie derzeit der heißeste Name in Hollywood. Die Produzenten standen Schlange, um sich beim Aufbau einer neuen Greta Garbo, einer neuen Ingrid Bergman einen Teil der Ehre zu sichern. Liv Ullmann erhielt Rollen, die eigentlich für Größen wie Elisabeth Taylor, Audrey Hepburn und Vanessa Redgrave gedacht waren. Kurz und gut, es gab Lob ohne Ende.

Los Angeles ist eine große Stadt, aber Hollywood ist klein. Als ausländischer Star war Liv Ullmann nicht zu übersehen. Sie war ein begehrter Gast in Johnny Carsons Talk-Shows und nahm sowohl ihn als auch das Publikum für sich ein. Sie war anders, so natürlich und unaffektiert. Beim Filmen zeigte sie nicht die Starallüren der meisten ihrer amerikanischen Kollegen. Produzenten, Regisseure und Schauspielerkollegen konnten ihre menschlichen Qualitäten nicht genug loben. Außerdem waren alle der Meinung, sie sei eine der besten naturalistischen Schauspielerinnen ihrer Zeit. Sie spiele nicht, sie *sei* die Rolle, hieß es.

Leider waren die Rollen, die sie zugeteilt bekam, nicht immer dazu geeignet, ihr Talent auszuschöpfen. Wer ›Lost Horizon‹ oder ›Forty Carats‹ nicht gesehen hat, hat nicht wirklich etwas verpaßt.

›The Abdication‹ ist zweifellos ihr bester amerikanischer Film aus dieser Zeit. Er war eine Neufassung des alten Klassikers ›Königin Christine‹, in dem Greta Garbo 1933 für MGM gespielt hatte. Hier spielte Liv Ullmann erneut mit Peter Finch, Regie führte der routinierte Engländer Anthony Harvey. Er war nicht irgendwer, er war bei Stanley Kubrick in die Schule gegangen und bei mehreren seiner Filme für den Schnitt verantwortlich gewesen, unter anderem für ›Lolita‹ und ›Dr. Seltsam oder Wie ich lernte, die Bombe zu lieben‹. Harvey war ein geschickter Regisseur mit einem Blick für Tempo und Rhythmus. Vor ›The Abdication‹ hatte er gerade die Filmfassung von Tennessee Williams ›The Glass Menagerie‹ mit Katharine Hepburn in der Hauptrolle abgeschlossen.

Er erzählte mir, es sei eine Freude gewesen, mit Liv Ullmann zu arbeiten. Sie wäre Profi durch und durch. Peter Finch und sie hatten zusammengepaßt wie füreinander geschaffen. Kurz, die Dreharbeiten seien das reinste Vergnügen gewesen.

Aber Liv Ullmanns Talent für eine Neufassung des alten Greta-Garbo-Films über eine schwedische Königin aus dem 17. Jahrhundert heranzuziehen, erwies sich als fataler Fehler.

Der Film war nicht schlecht, er erhielt zum Teil gute Kritiken, Peter Finch und Liv Ullmann hatten sehr gute Arbeit geleistet, aber das Publikum war nicht interessiert. Das alte historische Drama stieß bei den Kinogängern nicht auf Resonanz. Diese wollten Alltagsrealismus sehen. Sie wünschten sich Filme, die ihren Stoff von der Straße holten, den rauhen Alltag zum Gegenstand hatten.

1976 erhielt Peter Finch post mortem einen Oscar für seinen Einsatz in dem Film ›Network‹. Dieser war nur zwei Jahre später gedreht worden und handelte von einer Fernsehgesellschaft, die bereit war, vor laufender Kamera zu morden, um die Einschaltquoten zu erhöhen. Das war etwas, was die Leute ansprach! Faye Dunaway erhielt ebenfalls einen Oscar für ihre Rolle in der gleichen Produktion, und ›Rocky‹ mit Sylvester Stallone in der Hauptrolle wurde zum besten Film des Jahres gekürt. Das sagt durchaus etwas über das damalige Publikum aus.

Dreißig Prozent aller Schauspieler, die einen Oscar erhalten haben, kommen aus Europa. Hollywood hat schon immer von der anderen Seite des Atlantik Talente und Arbeitskräfte importiert. Aber das gilt in weitaus größerem Maße für die Zeit vor dem Zweiten Weltkrieg, als viele der Produzenten und Regisseure aus der alten Welt stammten, als es nahezu chic war, einen kleinen Akzent zu haben. In den siebziger Jahren sah vieles anders aus.

»Liv kam nach Hollywood in einer Zeit, in der Hollywood im Begriff war, sich zu verändern. Die Zeit für die alten Europäer war vorbei.«

Robert Lantz hat das gesagt, selbst Auswanderer aus Berlin, jetzt wohnhaft in New York. Dort arbeitet er seit vielen Jahren als Agent für Film und Theater, länger als er wahrhaben will. Er hat Stars wie Marlene Dietrich und Bette Davies vertreten, um nur zwei von ihnen zu nennen. Und er war jahrelang Liv Ullmanns Agent.

»Ich meine, wenn Marlene heute durch meine Tür käme oder Heddy Lamar oder Charles Boyer, was sollte ich mit ihnen machen? Und Liv, was will man mit einer hübschen, intelligenten, seriösen Schauspielerin machen, wenn es für sie kein Material gibt? Können Sie sich vorstellen, daß Liv zum Beispiel mit Sylvester Stallone zusammen spielt? Vielleicht per Zeichensprache? Ich sage das nicht, um sein Talent zu schmälern. Aber Liv hat zuviel Substanz. Das ist ihre Stärke, aber für Hollywood war das ein Problem.«

Aber die Filmgesellschaft »Warner Brothers« wollte nicht aufgeben. Wie wäre es, wenn sie Jan Troell in die USA einladen würden? Er könnte Liv Ullmann aus Schweden, Entschuldigung, Norwegen, mitbringen, und dann könnte Warner mit

Gene Hackman aufwarten. Gemeinsam würden sie einen neuen Film aus dem Einwanderermilieu in Kalifornien drehen. Das würde die Kassen füllen. Außerdem sollte der Film die Schauspielerin Liv Ullmann und den Regisseur Jan Troell ein für allemal weltberühmt machen.

Mit Warner Brothers im Rücken.

Aber Jan Troell war kein gewöhnlicher Regisseur. Abgesehen von seinem Talent, bestand der größte Unterschied zwischen ihm und nahezu allen anderen Regisseuren darin, daß er selbst filmte. Er benutzte die Filmkamera wie ein Schriftsteller seinen Stift. Der Regisseur und der Kameramann Jan Troell sind ein und dieselbe Person. Nur auf diese Weise kann er sich frei in seiner künstlerischen Landschaft bewegen.

Troell war mit neunzigprozentiger Sicherheit zugesagt worden, er dürfe filmen, wie er es immer getan habe. Aber es kam ganz anders. Als die Produktion anlief und es zu spät war um umzukehren, wurde Warner Brothers gezwungen, den amerikanischen Kameraleuten das Filmen zu überlassen und Troell die Verantwortung für die Regie und die Schauspieler zu übertragen. Hollywood hatte einen begabten ausländischen Regisseur eingeladen, ihm aber das wichtigste Werkzeug genommen. Jan Troell drückte es so aus:

»Es war, als würde ein Maler gezwungen, einem anderen den Pinsel zu überlassen! Als säße ich neben der Staffelei und müsste ihm sagen, wie er den Pinsel zu führen hat und welche Farben er verwenden soll. So zu arbeiten, ist ungemein frustrierend.«

Aber Liv Ullmann spielte, daß es knisterte, und die englische Sprache schien sie nicht im mindesten zu behindern. Gene Hackman war einer der professionellsten Schauspieler, mit dem sie je gespielt hat. Sie genossen die Zusammenarbeit in der großartigen Landschaft um den Big Sur, nördlich von Los Angeles, wo die Außenaufnahmen gedreht wurden.

›Fremd unter heißer Sonne‹ war kein schlechter Film. Der

Kleinbauer Zandy lebt allein, wünscht sich aber eine Frau für die Nachkommenschaft. Er gibt eine Annonce auf und lernt allmählich seine Braut kennen. Sie haben nicht viel gemeinsam. Dann folgen Kampf und Liebe in einem abgeschiedenen und strengen Umfeld. Strindberg im Wilden Westen.

Der Film erhielt sehr gute Kritiken, aber die Leute standen an der Kasse nicht gerade Schlange. Der Geschichte fehlte die Unmittelbarkeit und die Kraft des Films ›Die Auswanderer‹. Zum Teil lag es wohl am Drehbuch, zum Teil aber auch an der Erzählweise. Wo die Kamera früher suchend, leichtfüßig und intuitiv agiert hatte, war sie jetzt vorhersagbarer und eine Spur zu glatt geworden.

Mit Ingrid Bergman hatte Hollywood eine neue Greta Garbo schaffen wollen. Das war über die Maßen gelungen. Dreißig Jahre später wollte man mit Liv Ullmann eine neue Ingrid Bergman schaffen.

Warum auch nicht? Beide hatten auf der Leinwand in Schweden reüssiert. Beide hatten etwas Unaffektiertes und Unprätentiöses an sich. Beide waren sie große Schauspielerinnen, spielten aber nur auf der Bühne oder vor der Kamera. Ansonsten standen sie mit beiden Beinen auf der Erde.

Vom Alter her hätten sie Mutter und Tochter sein können. Ingrid Bergman ist im August 1915 geboren, Liv Ullmann dreiundzwanzig Jahre später, im Dezember 1938. Die eine kam in Stockholm zur Welt, die andere in Tokio, aber beide sind in Skandinavien aufgewachsen. Keine der beiden hat eine Schauspielschule besucht. Beide haben ihren Beruf auf der Bühne erlernt – als »Lehrlinge« gewissermaßen – Ingrid Bergman am Dramatischen Theater in Stockholm, nur wenige Häuserblocks von ihrem Geburtshaus entfernt, und Liv Ullmann am »Rogaland Theater«. Beide wurden früh von Männern mit großem Einfluß entdeckt: Ingrid Bergman von Olof Melander am Dra-

matischen Theater, Liv Ullmann von Gisle Straume und Tormod Skagestad.

Als Zwanzigjährige spielte Ingrid Bergman mit Gösta Ekman
in der schwedischen Verfilmung von ›Intermezzo‹. Diese wurde
von vielen gesehen – unter anderem von einem der Agenten des
mächtigen Hollywood-Produzenten David Selznick. Drei Jahre
nach der Premiere in Stockholm befand sich Ingrid Bergman an
Bord des Luxusdampfers »Queen Mary« auf dem Weg nach New
York. Von dort ging die Reise weiter nach Los Angeles.

David Selznick war der Mann hinter Großfilmen wie ›Re-
becca‹ und ›Vom Winde verweht‹. Er war bekannt für seine Erfolge, und er war bekannt für seine Gabe, Talente aufzuspüren.
Er glaubte fest an seine neueste Entdeckung, aber seine Freunde
waren nicht sehr überzeugt.

Auf einem ihrer ersten Empfänge im Hause Selznick hörte
Ingrid Bergman einen Gast zu ihm sagen: »David, du hast dir
keinen Star eingekauft, sondern eine rundum gesunde schwedische Kuh!« Selznick wurde so wütend, daß er beinahe explodierte. Kein Mensch durfte seine Urteilskraft in Zweifel ziehen.
Kurze Zeit später sollte er Recht bekommen. Ingrid Bergman
spielte mit Leslie Howard in seiner amerikanischen Verfilmung
von ›Intermezzo‹. Ein neuer Star war geboren. Damals war Ingrid
Bergman vierundzwanzig.

Liv Ullmann war fast gleich alt, als sie mit dem berühmtesten
und markantesten Regisseur Skandinaviens ›Persona‹ machte.
Ingrid Bergman war lange Zeit eng mit David Selznick befreundet, Liv Ullmann lange Zeit mit Ingmar Bergman.

Selznick war ein Meister darin, Ingrid Bergman für den amerikanischen Markt auszunutzen. Ingmar Bergman war ein Meister
darin, aus Liv Ullmann das Beste herauszuholen, war aber nicht
im entferntesten so marktorientiert, wie es der Amerikaner David Selznick war. Ingmar Bergman drehte Filme um ihrer selbst
willen, und wenn das Publikum Lust hatte, diese zu sehen, um so

besser. Sein Ansatz war so unamerikanisch wie nur irgend möglich. Weder Bergman noch seine Schauspieler ließen sich leicht exportieren. Nur dem Kameramann Sven Nykvist erging es in den USA ausgezeichnet.

Hollywood hatte Liv Ullmanns Potential ausbauen wollen, aber nie verstanden, es zu nutzen. Weder seine Drehbuchautoren noch die Regisseure arbeiteten auf gleicher Wellenlänge wie ihr importierter Star. Mit anderen Worten: Als Künstlerin fand sich Liv Ullmann in Hollywood niemals zurecht.

Sie wurde keine Greta Garbo und keine Ingrid Bergman. Ihr gelang mit den amerikanischen Produktionen in den USA nie der große Durchbruch. Aber wenn sie ein Heimspiel gab, überzeugte sie mehr als die meisten.

Im Frühjahr 1972 erhielt Liv Ullmann einen Brief von Ingmar Bergman. Darin stand, er habe ein neues Drehbuch geschrieben. Der Film solle in sechs Abschnitten gedreht werden und ins Fernsehen kommen. Dieses Mal glaubte er, etwas geschrieben zu haben, das alle ansprach. Es hatte ihn ein ganzes Leben gekostet, den Stoff dafür zu sammeln, aber nur sechs Wochen, ihn zu Papier zu bringen.

Er bat sie, das Drehbuch zu lesen und ihre Ansicht mitzuteilen. Er hatte die Serie ›Szenen einer Ehe‹ genannt.

Szenen einer Ehe

»Ingmar war ein ausgesprochen begabter Zuhörer. Er hörte zu auf eine Art, wie ich es noch nie zuvor erlebt hatte, und aus mir sprudelte alles, was ich auf dem Herzen hatte. Sogar Dinge, an die ich nie zuvor gedacht hatte, kamen plötzlich mit der größten Selbstverständlichkeit aus meinem Mund. Wenn ich ihm manchmal Geschichten von mir erzählte, rief er bisweilen aus: Nein, Liv, erzähl jetzt nicht weiter. Erzähl nicht weiter! Es war, als wüßte er, daß er sie später vielleicht in einem seiner Drehbücher verwenden könnte, und als wolle er sich und mich davor bewahren. ›Szenen einer Ehe‹ hätte er ohne mich nicht machen können. Ich habe natürlich viel von ihm gelernt, daran besteht kein Zweifel, aber er hat auch viel von mir gelernt – zum Beispiel, wie es ist, eine Frau zu sein, wie Frauen denken und empfinden.«

Ingmar Bergman schreibt seine Drehbücher immer für ganz bestimmte Schauspieler. In ›Szenen einer Ehe‹ war alles auf Liv Ullmann und Erland Josephson – sowie Bibi Andersson und Jan Malmsjö zugeschnitten.

»Es ist das erste Mal, daß ich mit Verwunderung zwei Menschen auftauchen sehe, die nicht mit meiner eigenen Stimme sprechen«, behauptete Bergman. »Ich fühle mich Marianne und Johan nicht verwandt.«

Er wurde wütend, wenn ihn Journalisten ständig über die Nähe seiner Filmrollen zu seinem Leben befragten. Auch Liv Ullmann hielt sich sehr zurück, Parallelen zwischen sich und Marianne oder zwischen Johan und Ingmar Bergman zu ziehen.

Ich selbst kann es nicht lassen, an ihr Zusammenleben zu denken, wenn ich den Film sehe. Es ist unmöglich, die Phantasie im Zaum zu halten, sich nicht an Worten und Ereignissen festzubeißen, die ich wiederzuerkennen glaube aufgrund von Dingen, die ich gehört oder gelesen habe. Es gibt zum Beispiel eine Stelle im Film, an der Bergman Mariannes/Livs Kindheit und Jugend kommentiert. Ich dachte sogleich: Das *ist* Liv. Das ist Liv Ullmann und nichts anderes. Das hier ist keine Fiktion.

In Livs Tagebuch, das sie in ihrer Jugend geführt hat, habe ich mehrere Abschnitte gefunden, die exakt mit Passagen in ›Szenen einer Ehe‹ übereinstimmen. Wenn sie heimlich in Bergmans Drehbüchern lesen konnte – beispielsweise in ›Der Ritus‹ – als sie gemeinsam in Strømmen wohnten, weshalb sollte er ihr nicht auch in die Karten gucken können?

Hierin liegt der Grund, weshalb so vieles, was wir in diesen Filmen gesehen haben, so wahr wirkt. Es *ist* wahr. Nicht in dem Sinne, daß das, was gesagt und getan wird, tatsächlich passiert ist, aber daß einiges vom Inhalt des Drehbuchs dem Leben der Schauspieler entnommen ist. Auf diese Weise kann man auch sehr überzeugend spielen – auch wenn es vielleicht nicht immer so angenehm ist, mit sich selbst konfrontiert zu werden.

»An einigen Stellen in ›Szenen‹ fand ich, das Drehbuch ginge zu weit, wurde allzu persönlich. Der Film ist so gut geworden, daß es nett war, dabeigewesen zu sein. Aber einige Male fand ich, er käme sehr dicht an die Wirklichkeit heran. Und es gefiel mir nicht, daß Ingmar Fotografien aus meiner Jugend verwendete, daß er das Hochzeitsbild von Jappe und mir verwendete und dergleichen mehr. Und dann kann ich mich erinnern, daß wir uns über den Schluß nicht einigen konnten«, erzählt mir Liv.

›Szenen einer Ehe‹ wurde in Rekordzeit und auf Sparflamme in Bergmans eigenem bescheidenen Studio auf Fårö und in der Villa seiner neuen Ehefrau Ingrid gedreht. Alles an dem Film zeugt davon, daß er wenig Zeit und Geld zur Verfügung hatte, alles außer dem Inhalt, der Ausdrucksstärke und dem Spiel.

Der Film ist von der Form her einfach. Er handelt von Johan und Mariannes Ehe und – in einer Episode – von der Ehe ihrer engsten Freunde. Sechs Abschnitte lang folgen wir ihnen von der perfekten Mittelschichtidylle über ihren Kampf bis hin zu Verrat, Untreue, neuen Liebhabern und Liebhaberinnen, Scheidung und neuer Ehe. Erst am Ende finden Marianne und Johan zu einer neugewonnenen, tiefen und vertrauten Freundschaft, die beiden wichtiger ist als alle Beziehungen, die sie vorher gehabt hatten – davon ist die Ehe der Bergmans nicht ausgenommen, in der vieles verschwiegen wurde und auf Lügen beruhte.

Zehn Jahre ihres Lebens umfaßt der Film. Abgesehen von der zweiten Episode, in der uns Bibi Andersson und Jan Malmsjö eine bissige Vorstellung von der Ehe als Folterkammer liefern, sind nur die Gesichter von Liv Ullmann und Erland Josephson zu sehen. Fast ausschließlich sind ihre Stimmen zu hören. Trotzdem wirkt es, als sei kein einziges Wort überflüssig.

»Viele haben uns gefragt, ob wir viel improvisiert hätten«, erzählte Erland Josephson. »Die Antwort lautet: Wir haben keine einzige Zeile improvisiert. Ingmars Drehbuch ist unglaublich gut geschrieben und der Text für die Schauspieler leicht zu lernen. Liv und ich standen jeden Morgen um fünf Uhr auf und gingen den Text durch. Jede Szene haben wir fünf Tage lang geprobt und an den nächsten fünf Tagen gefilmt. Wir haben in zehn Tagen fünfzig Minuten geschafft. Das haben wir sechs Wochen lang gemacht.«

Er und Liv fanden schnell den Ton. Sie hatten bereits ›Die Stunde des Wolfs‹, ›Eine Passion‹ und ›Schreie und Flüstern‹ mit Bergman gemacht und wußten, worum es ging. Sie waren von den üblichen Mitarbeitern umgeben, alles war ihnen vertraut, und sie fühlten sich sicher.

Wenn ich mir die Bilder des Backstage-Films anschaue, erstaunt es mich, wie sehr alle miteinander scherzen und lachen. Es gibt fast keine einzige Aufnahme, bei der die Beteiligten ernst dreinblicken. Bergman, die Schauspieler, die Kameraleute und alle im Team schienen die ganze Zeit über gut gelaunt.

Im Film gibt es vor allem eine Szene, die viel Wut, Schwung und Engagement verlangt. Die Hauptdarsteller sollen einander fast hassen. Sie sitzen in Johans/Josephsons Büro, um die Scheidungspapiere zu unterzeichnen. Dann sollen sie plötzlich heftig anfangen zu streiten. Marianne/Ullmann soll einen furchtbaren

Wutanfall bekommen. In den Minuten vor dieser Aufnahme saßen alle um den Tisch und lachten aus vollem Halse. Dann läuft die Kamera, und alles verwandelt sich ins Gegenteil. Spiel wird zu Ernst. Entspannung zu Konzentration.

»Es gibt kein Gesicht, das sich während einer kurzen Filmsequenz so grundlegend verändern kann wie ihres«, erzählt Josephson. »In dem einen Moment hat sie ihr schmales, hübsches, offenes Gesicht mit den phantastischen Augen und dem gefühlvollen Mund, und im nächsten Augenblick hat sie sich in ein aufgequollenes, schreckliches Monster verwandelt, das sich auf sein Opfer stürzt. Oder sie gibt sich selbst als Opfer aus und bringt den anderen dazu, wie ein widerlicher Kloß zu wirken. Sie ist so großzügig mit ihrer Mimik und bietet ihre ganze Vielfalt dar. Gelegentlich kann es etwas ausarten und ins Theatralische abgleiten, aber in den Händen eines starken Regisseurs ist sie einfach unbeschreiblich.«

Die sechste und letzte Episode in der Reihe heißt ›Mitten in der Nacht in einem dunklen Haus irgendwo in der Welt‹.

Johan und Marianne sind jeweils wieder anderweitig verheiratet, haben sich aber von ihren jeweiligen Ehepartnern losgeeist, um zusammen eine Nacht auf einer Insel verbringen zu können. Sie haben zu einer inneren Harmonie und einem harmonischen Miteinander gefunden und sind zusammen eingeschlafen. Es ist, als wolle der Film sagen: Sie lieben einander, aber sie können nicht zusammenleben. Dann erwacht Marianne aus einem fürchterlichen Alptraum. Sie stürzt aus dem Bett und geht ruhelos in dem dunklen Raum auf und ab. Johan wacht auf und schaltet das Licht ein. Sie unterhalten sich. Es ist eine lange Szene, und ich möchte nur ein paar der Sätze wiedergeben:

Marianne: »Haben wir irgend etwas Wichtiges versäumt?«

Johan: »Wir alle?«

Marianne: »Du und ich.«

Johan: »Was könnte das sein?«

Marianne: »Manchmal kann ich voll und ganz verstehen, wie du denkst und fühlst. Und dann empfinde ich große Zärtlichkeit für dich und vergesse mich selbst, obwohl ich mich dabei nicht selbst auslösche. Verstehst du, was ich meine?«

Johan: »Ich verstehe, was du sagen willst.«

Man hört draußen das Nebelhorn.

[. . .]

Marianne: »Johan.«

Johan: »Ja.«

Marianne: »Manchmal trauere ich darüber, daß ich nie einen Menschen geliebt habe. Ich glaube auch nicht, daß ich geliebt worden bin. Das macht mich etwas betrübt.«

Johan: »Jetzt bist du aber reichlich überspannt, finde ich.«

Marianne: »Findest du?«

Johan: »Ich kann nur für mich selbst antworten. Und ich finde, daß ich dich auf meine unvollkommene und ziemlich selbstsüchtige Weise liebe. Und manchmal glaube ich, daß du mich auf deine ungebärdige, gefühlsbeladene Weise liebst. Ich glaube ganz einfach, daß wir uns lieben. Auf eine irdische und unvollkommene Weise.«

Marianne: »Glaubst du das wirklich?«

Johan: »Du hast immer so verdammte Ansprüche.«

Marianne: »Ja, das habe ich.«

Johan: »Aber so wie jetzt, in aller Einfachheit, mitten in der Nacht, in einem dunklen Haus, irgendwo in der Welt, sitze ich tatsächlich da und halte dich in meinen Armen. Und du hältst mich. Ich kann nicht behaupten, daß ich irgendeine besondere Art von Einfühlung oder Mitgefühl empfinde.«

Marianne: »Nein, das tust du nicht.«

Johan: »Ich habe für so was wahrscheinlich nicht die Phantasie.«

Marianne: »Nein, du bist ziemlich phantasielos.«

Johan: »Ich habe keine Ahnung, wie meine Liebe aussieht.

Ich kann sie nicht beschreiben, und für gewöhnlich spüre ich sie nicht.«

Marianne: »Und du glaubst, daß ich dich auch liebe?«

Johan: »Ja, das tust du vielleicht. Aber wenn wir das alles zu sehr zerreden, ist es mit der Liebe aus.«

Sie lächelt und schmiegt sich noch enger an ihn. Die Szene endet damit, daß sie sich gegenseitig eine gute Nacht wünschen, sich für das Gespräch bedanken, das Licht löschen und eng aneinander geschmiegt ganz still daliegen. Dann wird das Bild allmählich schwarz und geht in eine Außenaufnahme vom Haus über. Der Mond ist ganz schwach zu erkennen über einer niedrigen Wolkendecke. Wir hören das Nebelhorn.

Zu diesem Bild auf dem Bildschirm hören wir Bergmans Stimme, der erzählt, wie es weitergeht.

Die letzte Szene in der letzten Episode ist vorbei, aber sie wurde nicht ohne Einwände von Liv Ullmann gedreht. Es ist eine schöne Szene, eine tröstliche Szene, und genau an diesem Punkt hat Liv protestiert. Sie wollte, daß Bergman den Schluß umschreibt.

»Worauf ich so stark reagierte«, sagte Liv, »war, daß Marianne, die soviel durchgemacht hatte, die wirklich aus der harten Schule des Lebens gelernt und sich entwickelt hatte, sich einfach so neben Johan legen sollte! Ich hielt es nicht für unmöglich, daß sie einander vielleicht liebten und festgestellt hatten, daß sie trotz allem zueinander paßten. Das fand ich in Ordnung, aber dann, meine ich, hätte sich Marianne von dem Mann, mit dem sie nun zusammen war, scheiden lassen, um ganz zu Johan zurückzukehren. So wie der Film verläuft, sind sie ja lediglich von einem verlogenen Leben in das nächste gerutscht. Dort liegen die beiden im Bett und betrügen ihre jeweiligen Ehepartner! Ich glaube nicht, daß Marianne das je getan hätte. Aber Ingmar wollte es so haben. Wir konnten uns überhaupt nicht einigen.

Es ist ja alles ohnehin nur ein Haufen Kompromisse, sagte er, soweit ich mich erinnere. Aber es ist natürlich schön, daß die beiden nun eine richtige Freundschaft verbindet.«

Bergman hatte für diese Produktion nur ein kleines Budget zur Verfügung, deshalb wurde alles auf Sechzehn-Millimeter-Film gedreht. Das war billiger und einfacher. Er hatte auch gefragt, ob die Schauspieler sich vorstellen könnten, ohne feste Gage und statt dessen gegen Umsatzbeteiligung zu arbeiten.

Als Liv Ullmann das Drehbuch zum ersten Mal las, kam ihr der ganze Film wie eine scheinbar endlose Aneinanderreihung von Monologen vor. Zwei Menschen – ein Ehepaar –, die über absolut alles sprachen. Fast alle Szenen spielten sich im Haus ab, und der Geschichte fehlte jegliche äußere Handlung. So schien es auf alle Fälle. Dann war es wahrscheinlich nicht besonders geschickt, bei der Bezahlung darauf zu warten, daß sich der Film gut verkaufte?

Sie beriet sich mit ihrem Agenten in Los Angeles. »Take the money and run«, war die Antwort. Daß sie dies beherzigt hat, hat sie noch oft in ihrem Leben bereuen können.

Auch die anderen glaubten nicht daran, daß die Serie mehr als einige Male im schwedischen Fernsehen gezeigt werden würde, aber sie hatten sich trotzdem auf eine Beteiligung eingelassen. Vielleicht einfach nur, um Bergman einen Gefallen zu erweisen. Sie verdienten mehr Geld an ›Szenen einer Ehe‹ als sie es sich je hätten träumen lassen.

Am 11. April 1973 wurde die erste Episode im norwegischen und schwedischen Fernsehen ausgestrahlt. Es ist keine Übertreibung zu sagen, daß die Leute vor den Bildschirmen klebten. In Schweden hatte ›Szenen‹ sechs Wochen lang jeden Mittwoch Einschaltquoten von mehreren Millionen Zuschauern im Alter von sieben bis achtzig.

Die Zeitung ›Expressen‹ schrieb: »Interessant ist natürlich we-

niger, was mit Marianne und Johan passiert, als zu welchem Ge-
flüster und welchem Geschrei es in allen Häusern gekommen
ist.«

Die Mattscheibe hatte die Leute endlich dazu gebracht, miteinander zu reden. Nahezu alle fanden etwas vor, worin sie sich
wiedererkannten. Die Sympathie der Zuschauer ging in Wogen
von einem zum anderen, und die Diskussionen wurden laut geführt. In Schweden und Norwegen fanden viele, daß sich Johan
zwischendurch wie ein Dummkopf benahm, während in Däne-
mark häufig die entgegengesetzte Reaktion zu beobachten war:
Sollte er sich mit einer Frau wie Marianne etwa keine Geliebte
nehmen dürfen – das fehlte gerade noch.

»Im Kielwasser des Films folgte eine Reihe geglückter Scheidungen«, behauptete Erland Josephson, »Scheidungen, die schon
vor langer Zeit hätten stattfinden sollen.«

›Dagens Nyheter‹ schrieb, es handle sich vor allem um einen
Film über die Befreiung der Frau: »Zwar ist Johan derjenige, der
zuerst ausbricht, aber Marianne ist diejenige, die von dem Ganzen am meisten profitiert, sobald sie sich erst einmal von dem
Schock erholt hat.«

Die Presse nennt Bergman einen genialen Kenner der weiblichen Psyche. Alle Schauspieler wurden hochgelobt, aber am
meisten wurde natürlich über die Hauptdarsteller geschrieben:
»Man kann Liv Ullmann und Erland Josephson nicht genug
dafür bewundern, daß sie sich für diese unbarmherzige Durch-
leuchtung zur Verfügung gestellt haben. Zwar sind die Schauspieler nicht mit den Personen gleichzusetzen, die sie spielen,
aber alle Kraft und Schwäche, die sie an den Tag legen, ist ihre
eigene.«

Liv Ullmann behauptete, daß sie in ›Szenen einer Ehe‹ ein
modernes ›Puppenheim‹ sah, wobei dieses Mal Mann und Frau
befreit werden sollten, nicht Nora allein!

›Ein Puppenheim‹ hatte 1880 im Königlichen Theater in Kopenhagen Welturaufführung erlebt. Im gleichen Maße, wie Ibsen mit seinem Stück vor über neunzig Jahren heftige Reaktionen ausgelöst hatte, sollte ›Szenen einer Ehe‹ seinen Siegeszug antreten, nicht nur durch Skandinavien, sondern durch weite Teile der Welt.

Nora goes to New York

Bergman hatte die sechs Episoden der Fernsehserie zu einem Spielfilm von zwei Stunden und achtundvierzig Minuten zusammengeschnitten. Ab Neujahr 1974 wird er in den Kinos auf dem ganzen amerikanischen Kontinent gezeigt.

Als Liv Ullmann sich einmal in New York in ein Kino hineinschleichen wollte, um den Film zu sehen, ging die Kinoschlange um den ganzen Häuserblock. Als sie im Saal saß, war sie genauso ergriffen wie das Publikum. Es ist einer der wenigen Filme, in dem sie mitgewirkt und den sie sich anschließend im Kino angesehen hat.

Kritiker und Publikum urteilten ausnahmsweise einmal gleich, auch wenn einzelne in dem Film »weniger einen modernen Strindberg als eine Oberschichten-Seifenoper« sahen.

In der Presse wurde ›Scenes‹ sofort zum Oscar-Gewinner des Jahres gekürt, aber es sollte sich zeigen, daß das Oscar-Komitee überhaupt nichts von dem Film wissen wollte. Da der Film im Vorjahr zunächst in Schweden als Fernsehserie gezeigt worden war, war er nicht berechtigt, am Wettbewerb teilzunehmen. Der bekannte Kritiker Vincent Canby mokierte sich in der ›New York Times‹ über das Komitee. Er erwähnte, daß Institutionen wie die »National Society of Film Critics« und »NY Critics Circle« den Film allesamt in den Kategorien bester Film, beste weibliche

Hauptdarstellerin und bester männlicher Hauptdarsteller, bester Nebendarsteller, bestes Drehbuch usw. nominiert hatten und schloß mit den Worten: »Wäre der Film im schwedischen Fernsehen 1974 statt 1973 gezeigt worden, wäre alles in Ordnung gewesen. Man könnte meinen, man befände sich an einem vergessenen Grenzübergang in einer obskuren Ecke Asiens mit törichten Bürokraten. Aufgrund irgendeines idiotischen technischen Details wird der Film nicht am Wettbewerb um den angeblich wichtigsten Filmpreis Amerikas teilnehmen können!«

Wäre ›Szenen‹ nominiert worden, hätte er mit ausländischen Filmen wie ›Uzala, der Kirgise‹ von Kurosawa – dem Gewinner – und Wajdas ›Das gelobte Land‹ sowie ›Der Duft der Frauen‹ konkurrieren müssen. Der Oscar für die beste weibliche Hauptdarstellerin ging an Louise Fletcher für ›Einer flog über das Kuckucksnest‹, und Jack Nicholson trug den Sieg als bester männlicher Hauptdarsteller für den gleichen Film davon.

Man kann unmöglich wissen, wie es ›Szenen‹, seinen Schauspielern und dem Regisseur in dieser Gesellschaft ergangen wäre. Die gesamte Presse hatte gefordert, den Film am Wettbewerb teilnehmen zu lassen, eine Reihe bekannter Schauspieler hatte ganzseitige Annoncen in der ›New York Times‹ geschaltet, um das Oscar-Komitee zur Umkehr zu bewegen. Dieses Vorgehen hätte genausogut gegen sie verwendet werden können wie für sie.

Eine Statuette oder zwei wären natürlich schön gewesen, aber sie hatten bereits soviel Lob, Berühmtheit, Publikumszuspruch und Geld eingeheimst, daß es fast schlimmer gewesen wäre, zu verlieren als nicht teilzunehmen. So wie die Stimmung war, hatten Liv Ullmann, Erland Josephson, Bibi Andersson, Jan Malmsjö und Ingmar Bergman allesamt gewonnen, allerdings außer Konkurrenz. Das war im Grunde auch nicht schlecht.

Ein Jahr, nachdem der Film im Kino gelaufen war, wurde er als Fernsehserie in einer verkürzten Version und in englischer

Synchronfassung ausgestrahlt. Auch das war ein Erfolg, aber die Kritiker protestierten und verlangten die ganze Serie in Originalsprache. Nachdem er also zunächst im Kino und anschließend einmal im Fernsehen gelaufen war, wurde er 1977 zum dritten Mal in den USA gezeigt – dieses Mal ungekürzt und auf Schwedisch. Nicht gerade etwas Alltägliches für billige Produktionen aus Schweden.

Vier Jahre nach der Premiere in Skandinavien war ›Szenen einer Ehe‹ nahezu auf der ganzen Welt gelaufen. Auch fünfundzwanzig Jahre danach wird der Film noch immer im Fernsehen gezeigt.

Mit Liv Ullmann wurden überall, wo der Film lief, seitenlange Interviews gemacht. Erland Josephson erzählte mit einem Blitzen in den Augen, daß er noch Jahre später von Leuten in den entlegensten Gegenden der Erde gefragt wurde, wie es »Herrn Ullmann« denn ginge. Und während Marianne und Johan immer weitere Ehepaare dazu anhielten, ihre Beziehung neu zu überdenken, fanden auch die anderen, schmaleren Bergman-Filme bei einem größeren Publikum Beachtung. Auch in ihnen spielten Liv Ullmann und Erland Josephson mit.

Zum großen Erstaunen aller Mitwirkenden sowie Bergmans selbst sollte sich zeigen, daß auch ›Schreie und Flüstern‹ ein Welterfolg wurde – nachdem sich der Film anfänglich nicht verkaufen ließ, wohlgemerkt. Dies war einer der Gründe gewesen, weshalb Bergman für ›Szenen einer Ehe‹ so wenig Geld zur Verfügung hatte. Für seinen geheimnisvollen Film in Rot über Liv Ullmann und Ingrid Thulin, die darauf warteten, daß Harriet Andersson sterben sollte, wurde Bergman in den Kategorien beste Regie und bester Film für den Oscar nominiert, während Sven Nykvist für die beste Kamera vorgeschlagen wurde. Nykvist gewann, während sich Bergman George Roy Hill für die Unterhaltungsstunde mit Paul Newman und Robert Redford in ›Der Clou‹ geschlagen geben mußte. Für ihre

Hauptrolle in Bergmans ›Von Angesicht zu Angesicht‹ wurde Liv Ullmann zum zweiten Mal in der Kategorie beste weibliche Haupdarstellerin für den Oscar nominiert, aber der Preis ging an Faye Dunaway für den Film ›Network‹. Das war im Jahr 1976.

Während die Filme, in denen Liv Ullmann mitwirkte, weltweit erfolgreich waren, spielte sie trotzdem noch nebenbei Theater, sowohl in Skandinavien als auch in den USA. 1975 wurde sie vom Lincoln Center in New York eingeladen. Sie durfte selbst das Stück und den Regisseur bestimmen. Sie brauchte nicht lange, um sich zu entscheiden. Bald saß sie mit Tormod Skagestad im Flugzeug nach Manhattan, eine englische Version von ›Ein Puppenheim‹ im Koffer.

Das Stück sollte sechs Wochen lang laufen. Alle Theaterkarten − 75.000 Stück − waren im Nu weggegangen und bereits Monate vor der Premiere verkauft. Es war the hottest ticket in town. »Alle« wollten die Aufführung sehen. Nun machte auch die Zeitschrift ›Newsweek‹ eine Cover-Story daraus: »How Liv Conquers All − Wie Liv alle erobert.« ›Newsweek‹ fragt, wie es ihr gelingt, ihr Publikum so nachhaltig zu betören:

»Worum auch immer es sich handelt, sie gewährt uns Einblick in ihr Innerstes, erfüllt uns mit Wärme, Mitgefühl und einer intensiven Neugier, denn sie ist nicht allein Nora Helmer, die große Heldin in Ibsens ›Ein Puppenheim‹, sondern auch die zur Zeit charismatischste Schauspielerin der Welt − Liv Ullmann.«

Der gefürchtete Kritiker der ›New York Times‹, Clive Barnes, lobte sie über den grünen Klee, und die Zeitung ›Wall Street Journal‹ hatte folgendes zu sagen: »Es gibt viele Dinge, über die man sich in Liv Ullmanns Spiel wundern kann, eins davon ist ihr Register. Die meisten Bühnenkünstler spielen in der Regel auf einer Note, andere auf zwei oder drei. Mitunter begegnen wir einem Schauspieler, der eine ganze Oktave beherrscht, aber äußerst selten sehen wir jemanden, der ein noch größeres Volumen hat. Liv Ullmann hat es.«

Die Erwartungen an ›Ein Puppenheim‹ waren nahezu unerträglich groß. Für Liv stand viel auf dem Spiel. Jetzt wollten alle sehen, ob sie auf der Bühne genausogut war wie auf der Leinwand. Für sie hieß es sein oder nicht sein. Die Probezeit war kurz. Der Text englisch. Das war im Grunde für sie kein größeres Problem, wenn sie nicht vorher das Stück schon auf Norwegisch gespielt hätte. Ihre Mitspieler waren Profis, vor allem Sam Waterston. Aber die Bühne war anders als im »Norske Theater«, sie war rund, und es war schwierig, den Kontakt zu den anderen Schauspielern und gleichzeitig zum Publikum zu halten. Des weiteren sollte sich herausstellen, daß sich Skagestad in der Stortingsgate bedeutend sicherer fühlte als auf dem Broadway.

Es war paradox, daß sich dieser große norwegische Theatermann, der eine der treibenden Kräfte war, wenn es darum ging, die Welt nach Oslo zu holen, draußen in der Welt nicht allzu wohl fühlte. Es war nicht seine Inszenierung, die über die Maßen gelobt wurde, sondern Liv Ullmanns Nora.

Ihr Maskenbildner Roy Helland erzählte, daß nach jeder Vorstellung irgendeine Berühmtheit in die Garderobe kam, um ein paar Worte mit ihr zu wechseln, ihr zu danken, Blumen oder Champagner abzugeben. Liv und er machten sich einen Spaß daraus zu erraten: »Who is coming today? Name anybody who is anybody. Let's see.«

»Ich erinnere mich an einen Tag gegen Ende der Produktion, die Vorstellung war zu Ende und ich war dabei, ihre Haare zurechtzumachen. Da klopfte es an die Tür. Herein kommt Joanne Woodward und überschüttet Liv mit Komplimenten. Hinter ihr steht Old Blue Eyes, Paul Newman, mit einem Sixpack in der Hand. Ich meine, haben Sie ihn schon mal gesehen? Er ist der *bestaussehende Mann* der Welt! Ich fiel beinahe in Ohnmacht, und Liv ging es genauso.«

Newman nahm einen Schluck Bier und ging zu Liv. »You know«, sagte er, »heute ist Joans Geburtstag. Ich habe zu ihr gesagt: Joan, du kannst dir wünschen, was du willst, du sollst es bekommen. Sie hat geantwortet: Es gibt nur eins, was mich glücklich machen würde. Ich möchte Liv Ullmann in ›Ein Puppenheim‹ sehen.«

Newman sah Liv gespielt hilflos an: »Alles andere wäre leichter gewesen. Es war völlig unmöglich, an Karten ranzukommen!«

Seit dem Film ›Die Auswanderer‹ war Liv ständig zwischen den USA, Schweden, Norwegen und Deutschland hin und her gejettet. In Schweden und Deutschland hat sie mit Bergman Filme gedreht, in Norwegen Theater gespielt und an verschiedenen Fernsehserien mit Per Bronken mitgewirkt, zum Beispiel ›Die Frau vom Meere‹ und ›Jenny‹. Außerdem hat sie mit Toralv Maurstad ›Ein Puppenheim‹ als Hörspiel aufgenommen.

Beide waren hervorragend, und anschließend gaben sie zusammen mit Espen Skjønberg im »Oslo Nye Theater« ›Ein Mond für die Beladenen‹ von Eugene O'Neill. Der Amerikaner José Quintero führte Regie. Später sollte Liv auch in seiner Broadway-Inszenierung von O'Neills ›Anna Christie‹ die Hauptrolle übernehmen. Die Aufführung lief nur vor vollem Haus und fiel mit dem Erscheinen der amerikanischen Version ihres Buchs ›Wandlungen‹ zusammen.

In Norwegen war es im November 1976 herausgekommen. Der Redakteur der deutschen Zeitschrift ›Stern‹ beabsichtigte, eine Story über den Star zu machen, der gerade in Bruns Buchhandel in Trondheim saß und Bücher signierte. Dort hatte ihre Mutter jahrelang gearbeitet, und auch Liv hatte in ihrer Jugend einen Sommer lang dort gejobbt.

Laut ›Stern‹ waren von ihren biographischen Philosophiereien in Norwegen bereits 60.000 Exemplare und in Schweden

160.000 verkauft worden, und die Erstauflage in Deutschland betrug 100.000. Aber zu Bruns Buchhandel kam fast niemand, um sie zu sehen.

Es war kein guter Tag für Liv Ullmann gewesen, und sie war eher schlecht gelaunt, als sie in der Suite des »Hotels Britannia« zusammensaßen und sich auf das Interview vorbereiteten. Der Journalist aus Deutschland war ratlos und wußte nicht, wie er die Situation handhaben sollte. Er entschied sich für eine neutrale und ungefährliche Frage: Was hatte sie dazu bewogen, diesen Bestseller zu schreiben?

»Bestellen Sie mir lieber einen großen, starken Drink mit viel Alkohol«, antwortete Liv Ullmann. Sie erzählte ihm, daß sie nicht mit allzu guten Verkaufszahlen in ihrem Heimatstädtchen gerechnet hatte, die Situation nun aber doch als ein wenig demütigend empfinde. Der ›Stern‹ fragte, wieso sie überhaupt gekommen sei, wenn sie mit dem Ausbleiben der Leute gerechnet hätte.

Liv antwortete, es wäre auch auf Kritik gestoßen, wenn sie nicht erschienen wäre. »Dann hätten sie gesagt: Seht nur, was für eine arrogante Kuh. In Oslo kann sie ihre Bücher signieren, in Stockholm und Helsinki, aber in ihre eigene Heimatstadt schafft sie es nicht!«

Ich habe später gehört, sie habe mit dem Inhaber von Bruns Buchhandel gewettet, daß am ersten Tag weniger als zehn Bücher verkauft würden. Sie hatten um eine Flasche Wodka gewettet. Liv hat sie gewonnen.

»Ich erinnere mich, daß eine alte Frau vorbeikam, um das Buch zu kaufen. Sie holte sich ein Exemplar und war auf dem Weg zur Kasse. Da flüsterte ihr die Kassiererin etwas zu und zeigte verstohlen auf mich, die ich zum Gespött aller im Fenster saß. Die Autorin sitzt dort drüben. Weiter kam sie anscheinend nicht, bevor die Kundin ihr ins Wort fiel: Nein, ein Autogramm, das wolle sie auf keinen Fall haben!«

Heute kann Liv darüber lachen, mehr als zwanzig Jahre später, aber damals versetzte es ihr einen Stich. Das Buch wurde in den großen deutschen Zeitungen hochgelobt und kletterte in der Bestsellerliste des ›Spiegel‹, der sie auch mit positiver Kritik bedachte, ganz nach oben. Als das Buch im Frühjahr darauf in den USA herauskam, wurde es auch dort weitestgehend positiv aufgenommen. Im Buchclub ›Book of the Month‹ wurde es zum Buch des Monats gewählt. Es war das erste Mal, daß dies einem Buch eines nicht-amerikanischen Autors und einem nicht-professionellen Schriftsteller gelang. ›Changing‹ landete auch auf dem achten Platz in der Bestsellerliste der ›New York Times‹.

Wenngleich einige Kritiker der Meinung waren, ›Wandlungen‹ sei banal, fand das Buch sein Publikum. Als Liv in New York signieren sollte, standen die Leute bis um die Häuserecke Schlange. Stunde um Stunde saß sie da. Alle wollten ein paar Worte mit ihr wechseln, viele erzählten ihr, wie toll sie in ›Szenen einer Ehe‹ gewesen sei. Andere erwähnten ›Die Auswanderer‹.

Es kamen vor allem Frauen. Für sie war Liv Ullmann der Inbegriff einer unabhängigen, selbständigen Frau, die es geschafft hatte, sich allein durchs Leben zu schlagen. Im Geschlechterkampf und in Frauenfragen war sie ein Vorbild, mit dem sich die Frauen gerne identifizieren wollten. Aber auch für die männlichen Leser – und Zuschauer von ›Szenen‹ – war sie auf vielerlei Weise ein Ideal. Sie hatte sich als Kämpferin ausgezeichnet und trotzdem ihre Weiblichkeit, ihre Weichheit und ihre Umsicht gegenüber Männern bewahrt.

Sie war wohl vereinzelt als brüllende Löwin aufgetreten, trotzdem aber eine Löwin gewesen, in die man sich verlieben konnte, eine Löwin, die nicht bedrohlich oder dominant wirkte. Mit Frauen wie ihr als Gegenpart gab es durchaus noch Hoffnung auf Versöhnung und Liebe.

Dies ist zweifellos einer der Gründe, weshalb das Buch ein Bestseller wurde. Ihre Gedanken über das Dasein als Mutter kamen bei den Leserinnen ebenfalls an. Die meisten Frauen konnten sich mit irgend etwas an ihr identifizieren. Denn ›Wandlungen‹ ist in vielerlei Hinsicht auch ein Brief an die Tochter Linn. Die Liebe zu ihr durchzieht das Buch wie ein roter Faden. Trotzdem ist Liv Ullmann nicht imstande, ihre Arbeit zu opfern, um mehr Zeit mit Linn zu verbringen.

Für viele war ›Wandlungen‹ einfach nur die Schilderung dessen, was Nora auf der anderen Seite der Tür erwartete, die sie vor Helmers Nase zugeschlagen hatte. Und der Bericht war von allgemeinem Interesse. Das Buch wurde in mehr als zwanzig Sprachen übersetzt. An vielen Orten der Welt kennt man Liv Ullmann heute eher als Schriftstellerin denn als Bergman-Star oder Schauspielerin.

Tochter Linn war zehn Jahre alt, als ›Wandlungen‹ erschien. Seit ›Die Auswanderer‹ war sie mit ihrer Mutter auf Reisen und zu Dreharbeiten unterwegs. Sie wohnten abwechselnd in Norwegen, den USA und Schweden.

Liv und Linn verbrachten soviel Zeit miteinander, wie sich nur irgend einrichten ließ. Linn hatte verschiedene Kindermädchen, aber wenn Liv alleine verreisen mußte, kam in der Regel Mutter Janna und paßte auf ihr Enkelkind auf. Ironischerweise hatte Linn zu ihr ein ganz ähnliches Verhältnis wie Liv Ullmann es zu ihrer eigenen Großmutter gehabt hatte. Janna wurde zu Linns Vertrauter.

Für Liv war es praktisch und angenehm, daß Janna als Linns Mama Nummer zwei fungierte. Die Folge war, daß Liv und ihre eigene Mutter sich ebenfalls näherkamen. Liv überschüttete sie mit all dem Luxus, den sie sich nur wünschen konnte. Flugtickets über den Atlantik waren immer erster Klasse. Kleider, die sie geschenkt bekam, nur vom Feinsten. Ferienreisen und Ausflüge gingen stets zu den interessantesten und exotischsten Orten. Durch den Weltstar Liv Ullmann konnte Janna vieles von dem ausleben, wovon sie immer geträumt hatte, was sie sich aber nicht hatte leisten können. Für sie müssen Aufenthalte in Hollywood und New York phantastisch gewesen sein. Sie war nicht nur eine stolze Mutter, die auf Abenteuerreisen ging, sie konnte auch mehr mit ihrem Enkelkind zusammen sein als die meisten anderen Menschen.

Und mit ihren Enkelkindern wollen die meisten Großmütter zusammensein. Es ist soviel einfacher und dankbarer mit ihnen, als es der Umgang mit den eigenen Kindern war. Man kann sich gut vorstellen, daß sie es genossen hat, Linn stärker an sich zu binden, als es normalerweise üblich gewesen wäre. Nicht nur weil sie ihr Enkelkind liebte, sondern auch um ihrer Tochter Liv zu zeigen, daß sie keineswegs überflüssig war, nein, sie war absolut unentbehrlich, damit Liv ihrer Arbeit nachgehen konnte.

So wurden die Bande zwischen Mutter und Tochter wieder enger. Und Liv wünschte es sich so. Sie wollte, daß sie Frieden schlossen, einander nahe waren, wollte, daß Janna spürte, wie sehr ihre Tochter sie trotz allem, was gewesen war, liebte und sie gerne um sich hatte. Sie waren viel zusammen, auf Reisen und in New York, drei Generationen Ullmann. Aber das Zusammenleben gestaltete sich nicht immer einfach.

Livs Maskenbildner Roy Helland kannte sie alle drei. Er verbrachte viel Zeit mit der ganzen Familie. Auch den einen oder anderen Heiligabend in New York. Ich fragte ihn nach seinem Eindruck: »Only chiefs, no indians! Noooo indians, that's how it was!«

Nur Häuptlinge also, keine Indianer.

Als Liv Ullmann im Herbst 1977 nach Norwegen fuhr, um mit Ingrid Bergman ›Herbstsonate‹ in der Regie von Ingmar Bergman zu drehen, war Linn mit von der Partie. Sie hatte ebenfalls eine kleine Rolle in dem Film bekommen, sie spielte ihre Mutter als Kind. Der Film handelt von einer radikalen Abrechnung zwischen Mutter und Tochter. Die Mutter wird von Ingrid Bergman gespielt, die Tochter von Liv Ullmann. Die Mutter hat ihr ganzes Leben lang ihren Beruf als Konzertpianistin über die Bedürfnisse ihrer Kinder gestellt. Als Folge davon ist eine der Töchter schwer erkrankt und die andere – von Liv gespielt – nachhaltig gestört. Sie hätte selbst eine große Pianistin werden können, zog es aber vor, sich um die kranke Schwester zu kümmern, ihren Mann zu umsorgen und die Erinnerungen an ihren Sohn hochzuhalten, der als Vierjähriger starb.

In einem der ergreifendsten Augenblicke des Films sehen wir, wie die Tochter versucht, ihrer Mutter ein Stück von Chopin vorzuspielen. Es geht daneben. Der Mutter wird in diesem Moment klar, was aus ihrer Tochter hätte werden können, wenn sie ihr mehr Zeit gewidmet hätte. Jetzt will sie ihr zeigen, wie man das Stück wirklich spielen muß. Sie tauschen die Plätze.

Die Mutter erklärt ihr das Geheimnis von Chopin, zeigt ihr, wie er gespielt werden muß, um wahrhaftig zu klingen. Plötzlich sieht die Tochter ganz klar, wohin alle Fürsorge, Zeit und Kraft der Mutter geflossen sind. Die Kunst hatte alles bekommen, was sie entbehren mußte.

Gegen Ende des Films kommt es zu einer heftigen Auseinandersetzung. Die Tochter provoziert beinahe den Zusammenbruch der Mutter, als sie sagt: »Ist der Tochter Tragödie der Mutter Triumph? Mama, ist meine Trauer für dich ein heimlicher Genuß?«

Unter all dem Rohmaterial, das ich von Ingmar Bergman in Form des Backstage-Films erhalten habe, gibt es mehrere Szenen, in denen Linn Regieanweisungen von ihm bekommt. Sie ist elf Jahre alt, trägt ein hübsches, einfaches Kleid und ist von graziler Gestalt. Es ist deutlich zu sehen, daß ihr das Ganze Spaß macht. Ihr Vater behandelt sie mit dem gleichen Ernst und Einfühlungsvermögen wie Liv und Ingrid Bergman. Er macht keinen Unterschied zwischen Groß und Klein.

Aber als er ihr zeigen will, wie sie den Raum betreten und wieder verlassen soll, in dem Ingrid Bergman am Klavier sitzt und spielt, trippelt er unfreiwillig mit kleinen Schritten davon genau wie Linn. Sie lacht. Er braucht ihr nicht zu zeigen, wie sie gehen soll! Das kann sie selbst.

Linn hat teil an der Welt der Erwachsenen und wird ernstgenommen. Dann spielt sie ihre Szenen, und Papa ist zufrieden. Anschließend kommt die nächste Szene mit ganz vielen Schauspielern, Arne Bang-Hansen ist zu erkennen und Georg Løkkeberg. Der Fokus wechselt. Plötzlich sind es die anderen, die alle Aufmerksamkeit bekommen. Ingrid Bergman wird von allen überschwenglich begrüßt. Liv verschwindet, um sich ein neues Kostüm anzuziehen. Ingmar erzählt den Neuankömmlingen, wie er sich die nächste Szene vorstellt.

Linn ist fertig und vergessen – genau wie jeder andere Schauspieler, der für den Tag fertig ist. Der Unterschied ist lediglich, daß sie hier zu Hause ist. Ihre Eltern sind beide da. Zur Abwechslung findet sie einmal beide an einem Ort versammelt. Ohne zu wissen, daß sie gefilmt wird, tanzt sie kleine Pirouetten, während sie ungestört die Erwachsenen beobachtet.

Sie ist mitten in deren Welt und gehört doch nicht dazu.

Diese kurzen Szenen haben mich nachhaltig beeindruckt, als ich sie zum ersten Mal sah. Ich weiß nicht genau, warum. Vielleicht lag es daran, daß ich die Situation so gut kannte, so wie sich alle Menschen an Momente in ihrer Kindheit erinnern können, in denen sie vergessen waren und doch nicht vergessen.

Vielleicht war es das Bild von Ingrid Bergman, die hereinkam und Linn freundlich begrüßte, bevor sie mit festem Griff von Bergman weggeführt wurde, weil er in seinem Tagesprogramm weiterkommen wollte. Das Bild von Liv, die aus der Tür verschwand, während Linn alleine im Halbdunkel zurückblieb.

Ich weiß nicht, aber ich dachte jedenfalls an Linn, die dort vor sich hin tanzte, umgeben von Erwachsenen, die im Begriff waren, ein künstlerisches Meisterwerk über den Preis der Kunst zu erschaffen. Ich dachte an ihren Vater, der diesen unter die Haut gehenden und schönen Film über das schlechte Gewissen und das Versagen einer Mutter vor ihrer Tochter geschrieben hatte.

Und ich dachte an Liv Ullmann, die diese Tochter spielen sollte und die selbst viel Kraft in ihre Arbeit gesteckt hatte: in Film und Theater. Was ging in ihr vor, als sie Linn sah, die sie als Kind spielte? Was ging in ihr vor, als sie selbst Linn als Erwachsene spielte?

Ich dachte auch über Ingrid Bergman nach, die oft behauptet hat, sie hätte die Arbeit über die Kinder und die Familie gestellt. »Ich habe stets vor allem für die Arbeit gelebt. In ihr bin ich am glücklichsten«, schrieb sie in ihrer Autobiographie.

Sie hatte der Liebe wegen ihren ersten Mann und ihre kleine Tochter Pia verlassen und war nach Rom gegangen zu dem italienischen Regisseur Roberto Rossellini. Damals sollten sieben Jahre vergehen, bis sie ihre Tochter wiedersah.

Im Film ›Herbstsonate‹ waren auch sieben Jahre vergangen, seit die Mutter ihre Kinder besucht hatte. In einer der Szenen des Backstage-Films diskutiert Ingrid Bergman mit Ingmar Bergman darüber. Ihre Äußerungen sind absolut kategorisch:

»Sieben Jahre, Ingmar, es gibt ja wohl keine Mutter, die ihre Kinder sieben Jahre lang nicht sieht!«

»Doch, in diesem Film ist es so, sieben Jahre!« antwortet Bergman.

Sie diskutieren weiter. Keiner will nachgeben. Zum Schluß entscheiden sie sich für einen Kompromiß: Sie hat ihre Kinder fünf Jahre nicht gesehen.

Möglicherweise war es Zufall, daß Ingmar Bergman zunächst sieben Jahre geschrieben hatte. Aber es war kaum ein Zufall, daß Ingrid Bergman sich nicht an das Frühjahr 1949 erinnerte, als sie ihren Ehemann Peter und Tochter Pia zurückließ, um Rossellini in Rom zu treffen.

Ich weiß, daß Liv Ullmann und Ingrid Bergman gänzlich anderer Meinung waren als Ingmar Bergman, in welchem Maße die Mutter in ›Herbstsonate‹ ein schlechtes Gewissen haben sollte. Beide Frauen hatten das Gefühl, der Drehbuchautor und Regisseur übertreibe. Es war ja trotz allem keine Sünde, eine Arbeit zu haben, von der man völlig vereinnahmt wurde, auch wenn man Mutter war.

Während der Dreharbeiten kam es zwischen den beiden Bergmans zu einer heftigen Auseinandersetzung, als die große Abrechnungsszene gefilmt werden sollte. Zunächst war die Kamera auf Liv gerichtet, und sie spielte ihren langen, vorwurfsvollen Monolog voller Einfühlungsvermögen und Kraft. Anschließend sollte die Kamera auf Ingrid Bergman schwenken, und sie sollte die Tochter um Vergebung bitten. Aber sie protestierte.

»Das hier spiel ich nicht! Hätte meine Tochter so mit mir gesprochen, hätte ich ihr eine Ohrfeige verpaßt, mitten ins Gesicht«, sagte sie.

Ingmar Bergman explodierte. Zusammen gingen sie hinaus auf den Flur, und es kam zu einem lauten Wortgefecht. Durch die dicken Wände des Studios konnte man nicht hören, was gesagt wurde, aber es war zu hören, daß sie einander anschrien. Nach einer Weile kamen sie zurück, und die Szene wurde nach dem Drehbuch gedreht. Aber in ihr Spiel legte Ingrid Bergman all ihre Kränkung und Wut, soweit sie darin Platz fanden.

Die Szene bildet den Höhepunkt des Films. Gemeinsam erschaffen sie ein Bild des Hasses zwischen Tochter und Mutter, nach dem man lange suchen muß.

Zusammen wußten die drei »Filmhandwerker« vermutlich mehr über das schlechte Gewissen als die meisten anderen Menschen. In ›Herbstsonate‹ erhielt es seine künstlerische Form. Keiner von ihnen erwähnte auch nur mit einem Wort, daß der Film vielleicht ein wenig von ihnen selbst handelte.

Als ›Herbstsonate‹ Premiere hatte, schrieb Ingmar Bergman gerade an einem neuen Drehbuch, für dessen Hauptrolle er Liv Ullmann vorgesehen hatte. Er erzählte ihr, dieses Mal handele es sich um eine Komödie, um einen Film, in dem sie lachen und Possen spielen sollte, in dem sie endlich ihre heiteren Seiten zeigen konnte.

Er schickte ihr das Drehbuch. Der Film hieß ›Fanny und Alexander‹. Liv las das Drehbuch, konnte aber nicht viel von einer Komödie erkennen. Sie fand, es sei ein weiterer düsterer Film, in dem Bergman ihre Fähigkeit, traurige und melancholische Frauengestalten zu spielen, ausnutzen wollte. Und davon hatte sie nun genug. ›Herbstsonate‹ stand ihr noch zu klar vor Augen. Außerdem hatte sie eingewilligt, mit Per Bronken für das Fernsehtheater zu arbeiten. Gemeinsam wollten sie Sigrid Undsets ›Jenny‹ drehen.

Sie verspürte eine nahezu desperate Sehnsucht, wieder in Norwegen zu arbeiten, ihren Wurzeln näher zu sein. Sie fragte Bergman, ob er die Produktion von ›Fanny und Alexander‹ nicht verschieben könnte, damit sie beides machen konnte, aber das wollte er nicht. Da lehnte Liv Ullmann ab.

»Damit hast du dein Erstgeborenenrecht eingebüßt«, antwortete Bergman. Zum ersten und einzigen Mal in ihrem Leben sprachen sie ein ganzes Jahr lang kein Wort miteinander.

Bergman schrieb das Drehbuch ein wenig um und machte den Film mit Ewa Fröling. Und Liv machte in Norwegen und Rom ›Jenny‹, aber die Entscheidung bescherte ihr in den folgenden Jahren viele schlaflose Nächte.

Nahezu zeitgleich zu den Dreharbeiten zu ›Fanny und Alexander‹ konnte man in der »New York Times« lesen, der amerikanische Regisseur Alan J. Pakula wünsche sich Liv Ullmann für die Hauptrolle seines Film ›Sophie's choice‹. Pakula hatte früher Filme wie ›Klute‹ mit Jane Fonda und Donald Sutherland in den Hauptrollen gedreht und ›Die Unbestechlichen‹ mit Robert Redford und Dustin Hoffman. Nun plante er seit längerem seinen neuen Film, aber die Finanzierung hatte lange Zeit nicht gestanden, und als es endlich soweit war, forderten die Produzenten eine jüngere Schauspielerin. Zum ersten Mal bekam Liv Ullmann zu hören, sie wäre für eine Rolle zu alt. Die Wahl fiel auf die zehn Jahre jüngere Meryl Streep. Ihr Maskenbildner war Roy Helland, der gleiche Mann, der Liv Ullmann in den Ibsen-Stücken in New York geschminkt hatte und später bei ihrer alten Freundin und Maskenbildnerin Cilla Drott in die Lehre gegangen war.

›Sophie's choice‹ hatte im Jahre 1982 Premiere. Liv Ullmann war dreiundvierzig Jahre alt. Im Jahr darauf erhielt ›Fanny und Alexander‹ Oscars in vier Kategorien: bester fremdsprachiger Film, beste Kamera, beste Ausstattung und bestes Kostümdesign.

Eine Epoche war zu Ende. Bergman sollte wohl noch ein paar kleinere Filme machen, aber die Zusammenarbeit zwischen Liv Ullmann und ihm war anscheinend ein für allemal vorbei. ›Herbstsonate‹ war ihr letzter Film vor der Kamera in seiner Regie gewesen.

Sie sollte noch weitere zehn Jahre als Schauspielerin arbeiten mit ungefähr gleich viel Anteilen an Filmen. Ihre Arbeit auf der Bühne war auch noch nicht zu Ende, aber die Angebote waren nicht mehr so interessant und ansprechend.

Kamera läuft

Er sah schäbig aus, wie er auf dem kleinen Pferd saß. War ärmlich gekleidet, in braunen Kleidern, hatte eine Art Kapuze auf dem Kopf, lange, zerzauste Haare und einen ungepflegten falschen Bart. Er sollte einen Knecht vom Jörundhof darstellen, der mit seinem Herrn über die Berge nach Nidaros wollte. Auch sah es nicht so aus, als würde er sich auf dem Pferderücken sonderlich wohl fühlen. Und der Frühling steckte dem Pferd in den Knochen.

Es herrschte strahlendes Wetter. Selten zeigte sich die Hochebene von solch freundlicher Seite. Die Sonne schien, es duftete nach Gras und Blumen, die Vögel zwitscherten, und die anderen Pferde wieherten und waren ungeduldig. Am liebsten würden sie davongaloppieren, schnurstracks hinein in die Wildnis.

Ein Stück weiter weg stand Liv Ullmann mit einem Megaphon. Es war nicht einfach, sich Gehör zu verschaffen. Der Pferdetrainer Anders rannte umher, brüllte seinen Helfern etwas zu und versuchte, seine vierbeinigen Komparsen in Schach zu halten. Am meisten beschäftigte ihn das große stattliche Pferd, Gullsveinen. Auf ihm saß Sverre Anker Ousdal als Lavrans mit der kleinen Kristin vor sich auf dem Pferderücken.

Der Abstand zum Boden ist groß, wenn man fällt. Gullsveinen war nicht immer ganz einfach zu handhaben, und Sverre konnte besser schauspielern als reiten. Nun sollte er die Truppe anführen, die im Bogen hinter der Kamera vorbei und von links ins Bild kommen sollte. Anschließend sollte das ganze Gefolge weiter den Berg hinauf ziehen.

Alles war bereit zur Aufnahme.

»Kamera!«

»Kamera läuft!«

»Ton läuft!«

»Los geht's!« brüllt Liv, jetzt ohne Megaphon.

Lavrans setzt Gullsveinen in Bewegung und reitet langsam in großem Bogen hinter der Kamera vorbei und dann wieder hinein ins Bild. Eine Zeitlang geht alles gut. Dann brechen ein paar Pferde aus und galoppieren in die falsche Richtung davon. Der Knecht ist nicht einmal in die Nähe der Kamera gelangt.

»Schnitt!«

Kamera und Ton halten an. Große Geschäftigkeit bei den

Pferdeaufsehern. Es gilt, die Tiere einzusammeln, bevor sie mit ihren ungeübten Reitern in die Berge verschwinden.

Die Stimmung ist leicht gespannt. Die Zeit läuft. Liv sieht auf die Uhr. Sven Nykvist blinzelt in die Sonne und in die Wolken. Es sollten auf möglichst allen Aufnahmen auf der Hochebene die gleichen Lichtverhältnisse herrschen.

Es ist noch früh am Tag, aber das Programm ist lang. Dies ist nur das erste Bild, anschließend soll weiter oben weitergedreht werden.

Neue Aufstellung. Neuer Versuch.

»Kamera!«

»Läuft!«

»Ton läuft!«

»Los geht's!« Dieses Mal etwas schroffer und ungeduldiger.

Alles geht gut. Auch der Rücken des Knechts kommt ins Bild. Die Szene ist im Kasten. Ausrüstung zusammenpacken und zum nächsten Schauplatz. Das ganze fahrende Volk setzt sich in Bewegung.

Ganz hinten in der Truppe, zusammen mit den Pferdehütern, läuft der Knecht mit dem falschen Bart. Er ist von weither angereist, um bei den Dreharbeiten ein paar Tage lang dabeizusein. Die Arbeit als Komparse gefällt ihm gut, aber er macht sie nicht des Geldes wegen. Er möchte vor allem in der Nähe der Regisseurin sein. Er stapft durch das unwegsame Gelände und freut sich über das Wetter und die großartige Natur.

Für ihn ist Rondane exotisch, denn er ist nicht unbedingt daran gewöhnt, sich zu Fuß durch das norwegische Fjell zu bewegen.

An einem unangenehm kalten Novembertag im Jahre 1983 hatte er hinter dem Steuer seiner Limousine, eines alten Mercedes Benz 600, gesessen und sich durch den geschäftigen Nachmittagsverkehr von Boston geschlängelt. Er war unterwegs zum Logan International Airport, um den Ehrengast und die Hauptrednerin des Abends, eine Frau mit Namen Liv Ullmann, abzuholen.

Die Veranstaltung stand unter der Regie des »United Jewish Appeal«, einer Organisation, der er selbst als aktives Mitglied angehört. Die Organisation sammelt Geld für jüdische Einrichtungen in den USA und Israel – Schulen, Museen, Krankenhäuser etc. – alle mit nicht-militärischen Zielen.

Für derlei Anlässe brauchte man ein Zugpferd, und er hatte sich an ein Büro in New York gewandt, das einen Karteikasten voller Vortragsredner – mit Leuten wie Henry Kissinger und Liv Ullmann, beispielsweise – hatte.

Er wußte nicht viel über sie. Hatte nie einen ihrer Filme gesehen. Wußte, daß sie am Broadway aufgetreten war, aber auch dort hatte er sie nicht gesehen. Er interessierte sich nicht sehr für Filme und Theater. Er hatte keine allzu klare Vorstellung davon, wie sie aussah, ging aber davon aus, daß er sie erkennen würde. Er hatte sich vorgenommen, mit dem Auto ganz an das Flugzeug heranzufahren und sie abzuholen, bevor sie das Flughafengebäude betrat. Er hatte Verbindungen. Brauchte nicht im Gewimmel der Wartenden hinter dem *gate* zu stehen.

»Liv Ullmann, L-i-v U-l-l-m-a-n-n.« Er blickte auf die Innenseite seiner Hand, wo er den Namen aufgeschrieben hatte. Er konnte sich Namen nur sehr schlecht merken und wollte nicht wie ein Idiot dastehen. Er wiederholte ihn halblaut für sich: »Liv Ullmann, Liv Ullmann, Liv Ullmann.« War sie Schwedin oder Norwegerin?

Er stieg aus dem Auto und ging die Treppe zum Flugzeug hinauf. Das Bodenpersonal erkannte ihn. Die Flugzeugtür wurde geöffnet. In der ersten Reihe der ersten Klasse saß sie.

»Liv Ullmann, welcome to Boston, my name is Saunders, Donald Saunders. I am your host for tonight's event.«

Beide verschwanden in der Limousine und fuhren zu ihrem Hotel. Dort beschrieb er ihr das Programm des Abends: zu-

nächst Empfang um sieben, dann Abendessen um acht, anschließend . . .

»Ich kann Empfänge nicht ausstehen, hasse es herumzustehen
und dummes Zeug zu reden mit Menschen, die ich überhaupt
nicht kenne«, fiel sie ihm ins Wort.

Sie war gebeten worden, eine Rede zu halten, das war in Ordnung, aber zu Small talk über einem Glas Weißwein war sie nicht
verpflichtet. Liv Ullmann kann ganz direkt sein, wenn sie die
Prämissen für ihre Auftritte festlegt. Manche Menschen sind von
dieser schroffen Art, Absagen zu erteilen, unangenehm berührt,
nicht Donald Saunders.

»Ok, ich werde sagen, Sie kämen erst zum Abendessen, aber
dann müssen Sie sich in dieser Stunde mit mir unterhalten«, antwortete er sanft.

Seltsamerweise protestierte sie nicht. Normalerweise hätte sie
ziemlich direkt geantwortet, sie brauche die Zeit für sich selbst
und ihre Vorbereitungen. Aber Mr. Saunders durfte bleiben. Sie
verbrachten eine angenehme Stunde miteinander, und auch das
anschließende Abendessen war für sie beide ein Genuß. Liv hielt
ihre Rede. Als die Veranstaltung vorbei war, begleitete er sie zu
ihrem Zimmer. Nicht, weil er fürchtete, sie würde den Weg nicht
finden, sondern weil er seine Jacke dort vergessen hatte. Er hatte
sie wirklich vergessen, aber bis zum heutigen Tag ist Liv Ullmann
davon überzeugt, daß er sie absichtlich zurückgelassen hatte.

Als sie in ihr Zimmer kamen, fand Liv die Nachricht vor, sie
solle sofort ihre Tochter Linn in New York anrufen. Sie wurde
nervös, hatte Angst, etwas sei nicht in Ordnung. Wählte die
Nummer, bat aber Mr. Saunders, das Telefonat zu führen. Er
nahm den Hörer in die Hand.

Es war Marion, die am anderen Ende abnahm. Sie war Liv
Ullmanns Sekretärin, Haushälterin, rechte Hand und Freundin –
alles in einer Person. Saunders und sie sprachen fünf Minuten
miteinander. Dann legte er auf und wandte sich an Liv.

»Es ist alles in Ordnung. Ihre Tochter Linn ist längst zu Bett gegangen. Sie schläft. Es reicht, wenn Sie morgen zurückrufen. Es ist nichts Schlimmes vorgefallen. Ich soll von Marion grüßen und ausrichten, sie glaubte, Linn hätte ein wenig Liebeskummer. Ich habe selbst Töchter und weiß, wie das ist. Aber seien Sie unbesorgt, die Gefahr ist für heute abend vorüber.«

Liv Ullmann war sehr davon angetan, wie Mr. Saunders die Situation in die Hand genommen hatte. Er hatte sich nicht geweigert, als sie ihn bat, das Telefonat zu führen, hatte mit Marion gesprochen, die richtigen Fragen gestellt. Hatte alles geregelt. Es war nichts Weltbewegendes gewesen, aber die Art, wie er alles gemacht hatte, gefiel ihr. Sie begann, diesen Mann zu mögen.

Linn war damals siebzehn. In diesem Alter kann einem die Liebe schon mal einen kleinen Streich spielen. Aber das kann sie auch noch, wenn man vierundvierzig ist.

Liv war fünf Jahre lang mit Jappe Stang verheiratet gewesen. Dann hatte sie mit Ingmar Bergman fast fünf Jahre zusammengelebt. Mit wem sie in den Jahren von 1970 bis zum 5. November 1983 zusammen gewesen ist, entzieht sich meiner Kenntnis.

Ich habe einmal eine ihrer großen Lieben in New York getroffen. Die beiden waren in den siebziger Jahren zusammen gewesen. Nach zwanzig Jahren war er noch immer in sie verliebt. Jetzt hatte er sich erneut gemeldet, um das Verhältnis wieder aufzunehmen. Daraus war nichts geworden, aber an ihm hatte es nicht gelegen. Livs Problem mit Männern war nie gewesen, daß sie den nicht kriegen konnte, den sie gerne gehabt hätte. Das Angebot war stets größer gewesen als die Nachfrage. An fehlenden Möglichkeiten hatte es nicht gelegen, eher an ihrer ambivalenten Einstellung zum Sich-Binden.

Auf der einen Seite wünschte sie sich völlige Sicherheit, von einem Menschen umsorgt zu werden, auf der anderen Seite die totale Freiheit. Das ist natürlich ein Problem, mit dem sich viele

Menschen herumschlagen, aber bei Liv Ullmann ist das Spannungsverhältnis zwischen den beiden Wünschen größer als bei den meisten Menschen. Außerdem sind ihre Erwartungen und Ansprüche an Männer haushoch. Sie sollten alles haben, was sie sich wünscht, vereinigt in einer Person. Es war nicht leicht, solche Männer zu finden. Aber sie hat nie aufgehört, danach zu suchen. Sie ist voller Leidenschaft und Abenteuerlust, während sie gleichzeitig im Besitz einer naiven Unschuld ist. Diese Kombination hat ihr Leben zuweilen sehr bereichert.

In den siebziger Jahren war der sowjetische Regisseur Andrej Kontschalowski einmal zu einem Kurzbesuch in Oslo. Er war schon damals in seinem Heimatland eine berühmte Persönlichkeit und bekannt für seine Verfilmungen von Turgenev und Čechov sowie für seinen Debütfilm ›Der erste Lehrer‹ – eine poetisch-ironische Schilderung eines jungen Revolutionärs. Später ging er nach Hollywood und hatte seinen internationalen Durchbruch mit ›Runaway Train – Express in die Hölle‹ –, einem Thriller auf hohem Niveau, der auf einem Drehbuch von Akira Kurosawa basiert. Aber ich greife vor.

Kontschalowski war also zu einem Blitzbesuch in Oslo. Die sowjetische Botschaft in Oslo hatte den Auftrag erhalten, Liv Ullmann aufzutreiben. Er hatte ihre Filme gesehen und *mußte* sie einfach kennenlernen. Ein Treffen wurde arrangiert, und die Chemie zwischen den beiden stimmte. Liv wurde nach Moskau eingeladen, ein Visum in Rekordzeit ausgestellt.

Liv kam nach Moskau und sollte im Hotel National mit Blick auf den Roten Platz absteigen. Das war damals Standard für Berühmtheiten aus dem Westen. Aber am Flughafen stand Kontschalowski. Sie sollte keineswegs im Hotel wohnen. Nein, sie sollte mit ihm aufs Land kommen in die Datscha seiner Mutter. Und Liv kam mit.

Sie wurde wie eine sehnsüchtig erwünschte Tochter aufgenommen. Kontschalowskis Mutter war überglücklich über den Besuch. Sie wurde im schönsten Zimmer des Hauses untergebracht. Kontschalowski war voller Liebe.

»Morgen, Liv, wenn du ausgeruht bist, wird Mutter uns ein Picknick bereiten, und dann werden wir zum Grab meines Vaters gehen. Ich will, daß du es siehst.«

Tags darauf fuhren sie durch den schönen Birkenwald in der ebenen Landschaft, während Andrej von Čechovs ›Onkel Wanja‹ erzählte. Er sprach von einem Film, den er machen wollte und der ›Slave of love‹ heißen sollte. Er erzählte von seinem Vaterland und dessen großer Seele, die alles umschließt.

Als sie zu dem riesigen Friedhof kamen, bewegten sie sich langsam zum Grab seines Vaters. Dort stand eine kleine Bank, wie es auf russischen Friedhöfen üblich ist. Man setzt sich und spricht mit den Toten. Auf dem Grabstein sind häufig Fotografien von den Verstorbenen zu sehen.

Kontschalowski bat Liv, Platz zu nehmen, und öffnete dann den Picknickkorb, den seine Mutter gepackt hatte. Er enthielt Schwarzbrot, ungesalzene Butter, Pfeffer, ein paar Zitronen, eine große Dose mit schwarzem Kaviar und eine Flasche Stolichnaya Wodka. Er bereitete ein paar Scheiben Brot für sie beide und füllte zwei Gläser großzügig mit Wodka. Dann berichtete er von seinem berühmten Vater, der ein wahrhaftiger Revolutionär und Sohn des russischen Volkes gewesen war.

Der Birkenwald, Čechov, die Revolution, der Wodka, der Kaviar und Andrej Kontschalowski begannen ihre Wirkung auf Liv Ullmann zu entfalten. War es möglich, daß man sich so schnell so russisch fühlen konnte?

Er sah sie an, wie sie in dem fahlen Gegenlicht dasaß. Der Wind spielte leicht mit ihren Haaren. In den Bäumen war ein schwaches Rauschen zu hören.

»Du hast so schönes Haar! Darf ich dich Goldhaar nennen?«

fragte er. Dann knöpfte er sein Hemd auf und zog eine Goldkette hervor, die er um den Hals trug. »Noch nie ist ein Mensch
mit mir zusammen hier gewesen. Es ist ein ganz besonderer Ort
für mich. Diese Goldkette habe ich von meinem Vater bekommen. Ich möchte, daß du sie jetzt trägst!«

Liv protestierte schwach, aber er war unnachgiebig. Bald hing
die Kette um ihren Hals. Vom Grabstein blickte Andrejs Vater
auf sie beide.

»Ich war hingerissen«, erzählte Liv. »Er war ein phantastischer
Mann, gutaussehend, toll, und er konnte erzählen. Ein paar Jahre
später kam er nach New York, um mich zu besuchen. Damals
war eigentlich schon Schluß zwischen uns, aber es war nett, ihn
wiederzusehen. Er hatte russischen Kaviar mit. Wodka konnte er
in New York kaufen. Wir besuchten eine Broadway-Show mit
Shirley MacLaine. Nach der Vorstellung gingen wir mit ihr zusammen aus. Dann verschwanden die beiden – sie nahmen den
Kaviar mit und alles andere.

Einen Monat später rief mich Shirley aus Hollywood an. Sie
lag im Bett. Neben ihr lag Kontschalowski. Sie wollte sich nur
bei mir bedanken, daß ich ihn ihr überlassen hatte. Sie sei noch
nie in ihrem Leben so glücklich gewesen, erzählte sie mir.«

Liv Ullmann lächelt.

»Aber es geht noch weiter, müssen Sie wissen. Einige Zeit
später brachte Shirley MacLaine ihr Buch heraus, und darin berichtet sie von einem Treffen mit Kontschalowski in Moskau. Er
holte sie am Flughafen ab, aber nein, sie solle nicht im Hotel
wohnen, sondern müsse mit ihm zur Datscha seiner Mutter fahren. Dort verbrachten sie eine Nacht, bevor er sie mit zum Grabstein seines Vaters nahm. Es war phantastisch. Er fragte sie, ob er
sie Goldhaar nennen dürfe, und gab ihr eine Goldkette, die er
von seinem Vater bekommen hatte ...

Ich konnte es mir nicht verkneifen und rief Shirley an. Da

hatte sie das Ganze längst durchschaut, und sie waren schon nicht mehr zusammen.«

Liv lacht und fährt fort: »Aber das war noch nicht alles, müssen Sie wissen. Etwas später filmte ich in Hollywood. Kontschalowski war mittlerweile in Amerika sehr berühmt und wohnte in Los Angeles. Aus alter Freundschaft wollten wir miteinander essen gehen. Ich konfrontierte ihn mit der Geschichte von Shirley MacLaine. ›Dann war das alles ja der reinste Betrug mit mir‹, sagte ich zu ihm.

›Ganz im Gegenteil‹, antwortete er voller Entrüstung und eine Spur gekränkt. ›Das mit Shirley war ja nur, weil ich dich so wahnsinnig vermißt habe! Durch sie habe ich versucht, den Moment mit dir noch einmal zu durchleben!‹

Es war wohl ziemlich leicht, mich zu täuschen«, beschloß Liv Ullmann das Gespräch.

Donald Saunders war von anderem Schlag. Nachdem er aufgelegt und Liv damit beruhigt hatte, daß zu Hause in New York alles in Ordnung war, blieben sie noch einige Zeit sitzen und unterhielten sich. Dann ging er, nicht ohne mit ihr vereinbart zu haben, wann er sie am nächsten Morgen zum Flughafen bringen sollte.

Sie hatten beide Lust auf ein Wiedersehen. Liv Ullmann war sehr mit einer Reihe von Vorträgen beschäftigt und mußte ein paar Tage später nach Los Angeles. Das paßte Mr. Saunders ausgezeichnet. Er wollte nach Las Vegas, aber von dort nach Los Angeles war es nicht so weit. Ob sie sich vorstellen könnte, mit ihm und seiner Tochter essen zu gehen?

Und so ging es einen Monat lang. Liv reiste zu ihren Veranstaltungen kreuz und quer durch Amerika, und Donald Saunders tauchte an den meisten Orten auf. Nach vier oder fünf Wochen zogen sie in ihrer Wohnung in New York zusammen. Bald waren sie auf dem Weg zu Liv Ullmanns Sommerhaus in der

Nähe von Sandefjord. Sie fingen allmählich an, über eine Ehe nachzudenken, und das Gerücht machte bei ihren Freunden die Runde.

Jappe Stang kam vorbei, um seinen Nachfolger in Augenschein zu nehmen. Er wollte sich vergewissern, daß Liv dieses Mal den Richtigen wählte. Nach dem Treffen gab er seinen Segen. Er und Mr. Saunders wurden augenblicklich Freunde. Als Liv und Donald im September 1985 heirateten, waren Jappe und seine Frau selbstverständlich unter den Gästen.

Die Hochzeit fand in Rom statt. Am 6. September wurden sie zunächst standesamtlich getraut, und am Sonntag, dem achten, kirchlich. Die Hochzeit dauerte infolgedessen mehrere Tage, und Freunde und Verwandte aus Skandinavien und Amerika waren eingeladen und in den besten Hotels der Stadt untergebracht. Kurz und gut, es war eine prächtige Hochzeit.

Donald Saunders war der Reiter auf dem weißen Pferd, von dem Liv als Kind geträumt hatte. Ohne Vorwarnung kam er angeritten und hob sie in seinen Sattel. Dann ritten sie gemeinsam dem Sonnenuntergang entgegen – beinahe jedenfalls.

In den achtziger Jahren war Liv Ullmann als Schauspielerin immer noch sehr aktiv – sowohl am Theater als auch beim Film. Ihren letzten Auftritt am Broadway hatte sie im Musical ›I Remember Mama‹. Ihren Aussagen nach war es kein großer Erfolg. Ihr Produzent behauptet das Gegenteil. Auf alle Fälle waren sämtliche Karten vor der Premiere ausverkauft, es war also keine finanzielle Katastrophe. Aber den Kritikern gefiel die Produktion nicht.

Dann drehte sie ein paar Filme in Europa wie auch in den USA. Zu den berühmtesten zählen wahrscheinlich ›Rosengarten‹ und ›Wendezeit‹. Mit dem ersten wurde sie für den Golden-Globe nominiert, erhielt ihn allerdings nicht.

In London spielte sie zusammen mit Harold Pinter in seinem

Stück ›Old Times‹, und in Oslo stand sie zusammen mit Toralv Maurstad in Noel Cowards ›Kurze Begegnung‹ auf der Bühne. Erneut führte José Quintero Regie.

Neben ihrer künstlerischen Tätigkeit, war sie nach wie vor stark in die Arbeit für UNICEF und das IRC involviert, wie sie in ihrem zweiten Buch ›Gezeiten‹ schreibt. Sie hielt eine Reihe von Vorträgen zugunsten beider Organisationen.

Kurz und gut: Sie war sehr aktiv. Und an ihrer Seite stand Ehemann Donald Saunders.

»Wir führten eine sehr gute Ehe bis Liv anfing, als Filmregisseurin zu arbeiten. Solange sie Schauspielerin war, lief alles gut. Da war sie in der Regel ein oder zwei Monate weg – sie hatte soviel Routine, daß sie sich nicht ewige Zeiten vorbereiten mußte. Ich konnte sie am Drehort der verschiedenen Filme besuchen, und wir hatten immer noch Zeit füreinander.

Aber als sie anfing, Drehbücher zu schreiben und Regie zu führen, änderte sich alles. Ich kenne niemanden mit einer derart ausgeprägten Konzentrationsfähigkeit wie Liv. Sie kann sich ihrer Arbeit zu hundert Prozent hingeben. Ich existierte dann nicht mehr. Es gab nur noch die Arbeit. Und sie ist Perfektionistin. Alles muß immerzu ganz und gar richtig sein, und das kostete Zeit. Wenn sie früher zwei Monate wegblieb, um eine Arbeit zu beenden, blieb sie jetzt zwei Jahre. Das hat unser Zusammenleben komplett verändert.

Es hat mich nie gestört, daß sie und Ingmar ein enges Verhältnis hatten und daß einzelne Zeitungen über sie schrieben, als ob sie nach wie vor ein Paar wären. Das geschah beispielsweise noch 1998, als sie in Verbindung mit ihrem letzten Projekt in Stockholm eine Pressekonferenz gaben. Ich fand es auch nicht weiter schlimm, wenn die Leute mich Mr. Ullmann nannten oder daß ich nur »der Typ« war, der Liv Ullmann geheiratet hatte. Ich habe mein Ego und komme gut damit zurecht. Was ich nicht ertragen konnte, war, daß sie mich übersah, daß ich für sie nicht existierte, wenn sie ihre Arbeit machte. Ich mußte auf Zehenspitzen gehen, still sein, mich komplett auslöschen. Das konnte ich nicht.«

Aber Donald Saunders harrte eine ganze Weile aus. 1990 erhielt Liv Ullmann den Auftrag, ein Drehbuch über den dänischen Roman ›Sofie‹ von Henri Nathansen zu schreiben. Das Buch handelt von der jungen Jüdin Sofie, die sich zwischen der großen Liebe und den Ansprüchen der Familie an Tradition und Religion entscheiden muß. Ihr ganzes Erwachsenenleben lang versucht sie, »das Richtige« zu tun – das, was die Familie und die Glaubensgemeinschaft von ihr erwarten. Am Ende der Geschichte steht sie ohne alles da. Sie hat ihre große Liebe verloren, sie hat ihren Ehemann eingebüßt, der Mann, der ihr Liebhaber hätte werden können, ist weg, und der Sohn ist von zu Hause ausgezogen und lehnt die Religion der Familie ab. Trotzdem hat Sofie Hoffnung für die Zukunft.

Es war eine Geschichte, mit der Liv Ullmann etwas anzufangen wußte, eine Geschichte, in die man sich leicht hineinversetzen konnte.

Als sie mit der ersten Version ihres Drehbuchs fertig war, hätte es für einen sechsstündigen Spielfilm gereicht. Sie setzte sich hin und schrieb eine neue und kürzere Version. Als sie diese fertig hatte und sie den Produzenten vom Nordisk Film in Kopenhagen vorlegte, bot man ihr an, die Regie zu übernehmen. Sie sagte nicht nein. In typischer Liv Ullmann-Manier stürzte sie sich auf die Arbeit mit all der Kraft, der Konzentration, der Willensstärke und der Arbeitsfreude, die sie aufbringen konnte.

Der Stoff lag ihr am Herzen. Sie hatte gute Schauspieler gefunden, und es war ihr Debüt als Spielfilmregisseurin. All ihre Zeit und Konzentration steckte sie in diesen Film.

Donald Saunders besuchte sie »am Drehort« und erhielt erneut eine kleine Rolle als Komparse. Er war stolz auf seine Frau und ihre Arbeit.

Als ›Sofie‹ kurz vor der Premiere stand, war daraus ein starkes Frauenporträt geworden. Der Film ist subtil, während der Erzählstil gleichzeitig schlicht und direkt ist. Die schauspielerische Leistung ist erstklassig und das gefühlsmäßige Spektrum groß. Es ist schwer, sich nicht mitreißen zu lassen.

Der Film erhielt auch sehr gute Kritiken. Per Haddal schrieb in ›Aftenposten‹ unter anderem: »Der Film hat einen Blick auf das Leben, der fast dostojewskijhaft anmutet, er sieht es als Läuterung durch Leid, eine religiös gefärbte Ehrfurcht vor dem Leben, um nicht zu sagen vor dem Leid. Denn das Lebensgefühl des Films kennt zwei Opfer: die Frau und der Jude – und allen voran die jüdische Frau, die nahezu unsichtbar leidet. Liv Ullmanns neuer Film liefert den klaren Beweis dafür, daß sie auch die Rolle hinter der Kamera beherrscht.«

Auf dem Filmfestival in Montreal gewann ›Sofie‹ drei Preise, darunter den Spezialpreis der Jury sowie den Preis für den beliebtesten Film. Auf dem Filmfestival in Lübeck machte er ebenfalls auf sich aufmerksam. Nach der Premiere in Oslo wurde Liv Ullmann mit dem Chaplin-Preis ausgezeichnet.

Die Kritiker hatten im Grunde nur einen Einwand: Der Film war zu lang. Aber Liv Ullmann war anderer Meinung. Sie war mit ihrer Arbeit zufrieden und wollte keine einzige Szene verändert wissen – jedenfalls nicht, was das Tempo betraf.

Hier sind wir am Kern ihres Erzählstils. Liv Ullmann nimmt sich gerne Zeit! Sie ist der Meinung, daß die zeitliche Ausdehnung von sich aus eine Ruhe hervorbringt, und daß diese Ruhe dazu beiträgt, weiter in die Tiefe einzudringen. Wer das nicht so sieht, sollte sich besser ›Rambo III‹ anschauen.

Ihre Lehrmeister im Fach sind Ingmar Bergman und Jan Troell.

Auch Sigrid Undset paßt nicht gerade zum Kleinformatigen. ›Kristin Lavranstochter‹ eignet sich nicht für einen gewöhnlichen Spielfilm von neunzig Minuten.

Das alles müssen diejenigen gewußt haben, die Liv Ullmann das Angebot gemacht haben, das Drehbuch und die Regie des teuersten Projekts von »Norsk Film« in die Hand zu nehmen.

Eigentlich hatte sich Esben Høilund Carlsen von »Norsk Film« einen jungen männlichen Regisseur für den Film vorgestellt. Er kontaktierte Bengt Forslund in Stockholm, der die Millionen von »Norsk Film« und »TV Fond« verwaltet, und bat um Unterstützung. Forslund stand dem Film positiv gegenüber, nicht jedoch der Wahl des Regisseurs. Wie wäre es mit einem weiblichen Regisseur? Høilund Carlsen hörte zu.

Bengt Forslund kontaktierte Liv Ullmann, die sogleich sagte, sie wolle auf alles andere verzichten, wenn sie die Chance erhielte, die Verantwortung für den Kristin-Film zu übernehmen. Anschließend rief Forslund bei Sven Nykvist an. Auch er war begeistert von dem Gedanken, mit Liv zusammenzuarbeiten. Dann telefonierte Forslund nochmals mit »Norsk Film«, und die Verantwortlichen willigten ein. Sie waren der Meinung, Liv Ullmann und Sven Nykvist gäben ein äußerst gutes Team ab.

Ich war die meiste Zeit bei den Dreharbeiten zu ›Kristin Lavranstochter‹ mit meiner Kamera zugegen. Ich weiß, wieviel Arbeit alle Beteiligten hineingesteckt haben, und ich bin sicher, daß die Intentionen der Produzenten mit Liv Ullmann die allerbesten waren. Ich weiß, daß sie alles gegeben hat an Arbeitseinsatz, Kraft und Engagement. Das gleiche gilt für die Schauspieler und den Rest des Mitarbeiterstabs.

Weshalb gerieten die Dreharbeiten trotzdem bisweilen zu einem Alptraum für Liv Ullmann wie auch für »Norsk Film«? Weshalb redeten Produzenten und Regisseurin zum Zeitpunkt der Premiere fast kein Wort mehr miteinander?

Ich war nie bei den Treffen zwischen Liv und den Produzenten anwesend. Ich wollte vor allem Material für mein Porträt von Liv Ullmann sammeln – und gleichzeitig einen Film über den Film drehen.

Ich saß nicht zwischen den Stühlen, ich stand daneben! Und ich konnte beobachten, wie sie kurz davor waren zu kippen.

Die Geschichte läßt sich in wenigen Worten schildern: Liv Ullman erhält den Auftrag, ›Kristin Lavranstochter‹ zu verfilmen – eine Trilogie von rund tausend Seiten. Sie beschließt, sich auf den ersten und bekanntesten Teil zu konzentrieren: ›Der Kranz‹. Nach mehreren Entwürfen und Verhandlungen mit den Auftraggebern wird ihr Drehbuch akzeptiert. Dieses Drehbuch bildet die eigentliche Grundlage für den Film und ist bedeutend länger als ein gewöhnlicher, abendfüllender Spielfilm. Es bedarf keiner großen Erfahrung, um vorherzusagen, daß es bis zum Abschluß der Dreharbeiten ein weiter Weg ist, daß das Resultat deutlich länger als neunzig Minuten ausfallen wird und daß die Produktionskosten beträchtlich sein werden. Der Film ist ein Liebesdrama, aber auch ein historisches Kostümdrama, das viele Schauspieler, Komparsen und Pendeleien zwischen Oslo, dem Gudbrandsdal und Trondheim erfordert. Kurz vor Produktionsstart wird das Drehbuch abgesegnet. Wenngleich »Norsk Film« sich noch eine andere Version gewünscht hätte, bleibt keine Zeit mehr, ein weiteres Drehbuch auszuarbeiten. Und es ist zu spät, um umzukehren. Die Produktion ist im Gange. Alle sind bemüht, ihr Bestes zu geben.

Was anschließend geschieht, ist eine komplizierte Geschichte. Es ist nicht leicht, sie mit wenigen Worten wiederzugeben. Den Handlungsverlauf zu beschreiben und dabei allen Beteiligten gerecht zu werden, ist äußerst schwierig. Trotzdem will ich einen Versuch wagen und wähle dazu den Weg eines Gleichnisses:

Der Kapitän bricht mit seiner Ladung und seiner Mannschaft zu einer langen Reise auf, obwohl die Reederei insgeheim weiß, daß das Schiff nicht genug Bunkerkohlen an Bord hat, um die Fahrt zu überstehen.

Als der Kapitän das entdeckt, hat er das Gefühl, hereingelegt worden zu sein. Es kommt zu heftigen Auseinandersetzungen. Der Kapitän fühlt sich verraten, und die Reederei behauptet, keine andere Wahl gehabt zu haben. Das Schiff hatte ablegen müssen, sonst hätte es das offene Meer nie erreicht.

Um anzukommen, müßte das Schiff nun einen Teil seiner Ladung über Bord werfen. Das ist nichts Neues. Fischer haben das in früheren Tagen stets so gehalten, wenn das Schiff nicht mehr trug.

Der Kapitän protestiert und droht damit, von Bord zu gehen. Die Mannschaft behauptet, ihm folgen zu wollen. Die Reederei könnte natürlich einen neuen Kapitän einsetzen, aber das würde nicht leicht werden.

Notlösungen werden improvisiert. Unterwegs kommt es mehrmals zu Motorpannen. Die Mannschaft wird gelegentlich von Unglücksfällen und Krankheiten heimgesucht. Der Kurs wird aufgrund des schlechten Wetters ein-, zweimal geändert.

Kapitän und Reeder kommunizieren bald nur noch über Morsezeichen. Sie ertragen es nicht länger, die Stimme des anderen zu hören. Beide sind gleichermaßen unnachgiebig, aber der Kapitän sitzt am längeren Hebel. Schließlich befindet er sich an Bord und kann die Befehle direkt erteilen.

Als das Schiff endlich Land erreicht, beginnen die Schuldzuweisungen.

Die Presse fühlt sich berufen herauszufinden, was nun eigentlich auf See vorgefallen ist. Nichts wird dadurch leichter. Das Verhältnis zwischen Reeder und Kapitän wird noch mehr vergiftet.

Man ist nicht sicher, ob man die Ladung nun los wird. Erneut haben Kapitän und Reeder unterschiedliche Strategien. Der Kapitän wird zu Kompromissen gezwungen.

Am Ende wird die ganze Ladung zu einem Preis verkauft, der höher ist, als irgendwer zu hoffen gewagt hatte.

Mehr als sechshunderttausend Norweger haben den Film gesehen. Auch in Schweden hat sich ›Kristin‹ verkauft, aber der Weltmarkt hielt seine Tore verschlossen. Trotzdem hat »Norsk Film« sein Geld zurückbekommen. Man sollte meinen, beide Parteien seien nun zufrieden, aber in Wirklichkeit sind sie zutiefst verletzt und enttäuscht. Keine der beiden hat das Gefühl, die Strapazen der Reise seien angemessen gewürdigt worden. Beide fühlen sich mißverstanden und im Stich gelassen. Die Pläne, zwei Folgefilme zu Sigrid Undsets Werk zu drehen, werden in aller Stille begraben.

Das ernste Spiel

Am Morgen nach der Premiere, die während des Filmfestivals in Haugesund stattfand, befand sich Liv Ullmann auf dem Flughafen, zusammen mit Sven Nykvist und ihrer alten Freundin Cilla Drott, der Maskenbildnerin beim ›Kristin-Film‹. Sie saßen zusammen, tranken Kaffee und überflogen die Kritiken, während sie auf das Flugzeug warteten. Die Schlagzeilen sprachen eine deutliche Sprache. »Stark«, dazu Würfel mit fünf Augen im ›Dagbladet‹. ›Bergens Tidende‹: »Livs großer Triumph – schön, stark, erotisch.« »Sieg auf eigenem Platz«, schrieb ›Aftenposten‹, während ›VG‹ einen Würfel mit sechs Augen verteilte: »Meisterwerk«. Es gab den einen oder anderen Einwand wegen der Länge des Films, aber im großen und ganzen erging man sich in Lobeshymnen.

Trotzdem war die Stimmung gedämpft. Vielleicht waren sie

einfach nur zu erschöpft. Liv Ullmann hatte sich keine Pause mehr gegönnt, seit sie vor über zwei Jahren mit der Arbeit am Drehbuch begonnen hatte. Keiner hatte letzte Nacht viel geschlafen. Jetzt waren sie auf dem Weg zu einem neuen Drehort für einen neuen Film. Ich war ebenfalls mit von der Partie. Sie waren nicht gerade begeistert darüber, daß ich sie jetzt filmte, wie sie im gelbgrünen Neonlicht um sieben Uhr morgens dasaßen.

Ich dachte zurück an den Tag im Nidarosdom vor fast genau einem Jahr. Es hätte genausogut gestern sein können:

»Mittagspause« schrie der Aufnahmeleiter von draußen herein. Alle sind erleichtert. Alle haben Hunger. Die Mittagspause ist eine willkommene Unterbrechung, egal wieviel oder wie wenig noch zu tun ist.

Alle holen ihre Handys hervor und bewegen sich mechanisch wie eine Herde Vieh zum Stiftsgård. Sie bieten einen fast komischen Anblick. Manche in Mittelalterkostümen, die meisten in Steppjacken mit dicken Rollenheften, Notizen und Walkie-Talkies, die aus den überquellenden Taschen herauslugen, und alle – jedenfalls fast alle – mit einem winzigen Handy in der Hand. Es klingelt in den verschiedensten Tönen, die Ericsson, Nokia und Motorola der Elektronik entlocken können.

Liv Ullmann ist natürlich diejenige, die die meisten Anrufe erhält. Es klingelt am laufenden Band. Sie spricht norwegisch und englisch – und schwedisch. Gerade hat sie ein Gespräch beendet und stellt sich mit den anderen in die Essensschlange. Während sie sich von dem sich biegenden Tisch bedient und Teller, Drehbuch, Kaffee und Cola balanciert, klingelt es erneut. Sie muß fast alles absetzen, bevor sie auf den Sprechknopf drücken kann. Vom anderen Ende her hört sie eine Stimme. Ihr Gesicht hellt sich auf.

»Hei, nein das ist aber nett, kannst du einen Augenblick warten, nur einen Moment, ich will bloß ein paar Schritte weggehen, wir haben gerade Mittagspause, verstehst du ...« Liv Ullmann spricht ein Gemisch aus norwegisch und schwedisch. Sie ist sichtlich erregt und ein bißchen nervös. Sie schnappt sich den Becher mit Kaffee und verzieht sich in einen anderen Raum, abseits vom Lärm des Eßgeschirrs. Sie bleibt lange weg.

Als die Mittagspause vorbei ist, geht keiner los, um sie zu holen. Jeder ist mit seinen eigenen Dingen beschäftigt. Wenn die Regisseurin am Telefon sitzt, dann sitzt die Regisseurin am Telefon.

Die Arbeit im Nidarosdom geht weiter. Nach einer Stunde ist alles für die Aufnahmen bereit. Nicht viel später ist sie zurück. Wie weggewischt ist ihre Ungeduld und Angespanntheit. Leichten Schrittes tanzt sie über den Steinfußboden zur Maskenbildnerin Cilla Drott. Sie kennen einander seit ›Schande‹. Cilla war während der gesamten Aufnahmen von ›Die Auswanderer‹ dabei und ebenso bei ›Sofie‹. Sie und Liv haben wenige Geheimnisse voreinander. Bei Cilla sind sie auch besser aufgehoben als bei den meisten anderen Menschen. Deshalb fällt es leicht, sich ihr anzuvertrauen. Als Maskenbildnerin ist sie außerdem daran gewöhnt, die intimsten Gedanken der Menschen zu hören zu bekommen.

Wenn man sich als Schauspieler um sechs oder sieben Uhr morgens in ihren Schminkstuhl setzt, hat man es gewissermaßen noch nicht geschafft, ein Gesicht aufzulegen. Man ist nackt. Die Strapazen des Vorabends oder der Nacht hängen noch in den Gesichtszügen. Vor allem die Augen sprechen eine deutliche Sprache. Man sieht sich im Spiegel. Sieht sein wahres Ich. Seufzt. Die Depression über die Zeit, die geht, und das Alter, das kommt, legt sich über die Augen wie eine vorüberziehende Sommerwolke.

Cilla sieht es. Sie weiß es. Derjenige, der im Stuhl sitzt, weiß, daß Cilla es weiß. Und dann vertraut man sich Cilla an. So ist es gewesen, soweit man sich zurückerinnern kann. Und Liv Ullmann hat in fast allen Filmen, die sie mit Ingmar Bergman, Jan Troell und ein paar anderen gemacht hat, in Cillas Stuhl gesessen.

Jetzt ergreift Liv ihren Arm und zieht sie ins Dunkel, weg von den anderen. Sie erzählt ganz aufgeregt, hält aber den Finger vor den Mund zu einem »pssst« – streng geheim. Darf *wirklich* nicht nach draußen dringen! Alle anderen tun so, als würden sie von dem kleinen Auftritt nichts mitbekommen. Alle außer Erland Josephson. Er ist gekleidet in Bruder Edvins Mönchskutte und schlendert gutmütig hinüber zu den Damen. Auch er gehört zur gleichen Filmfamilie. Auch er ein enger Vertrauter. Wenn Cilla und Liv Geheimnisse haben, dauert es meist nicht lange, bis er eingeweiht wird – von Liv.

»Na, was ist passiert?« fragt er munter. Die drei entfernen sich noch mehr vom Gewimmel der anderen.

Dann gehen die Proben weiter, und der restliche Tag verläuft prima. Am nächsten Tag geht auch alles gut. Und auch am Tag danach. Liv Ullmann ist inspiriert und inspirierend. Die Szenen im Nidarosdom werden wunderschön und atmosphärisch. Das Licht ist göttlich. Alles wird fast genauso, wie sie es vor sich gesehen hat. Bald ist es an der Zeit zusammenzupacken und in die Studios von »Norsk Film« nach Jar zurückzukehren.

Auf der Heimreise bin ich an der Reihe, in das große Geheimnis eingeweiht zu werden: Es war Ingmar Bergman, der an besagtem Tag in der Mittagspause angerufen hatte. Er hatte sie gefragt, ob sie sich vorstellen könne, die Regie für die Fortsetzung von ›Die besten Absichten‹ – der Chronik über seine Eltern – zu übernehmen. Das Drehbuch, das er gerade geschrieben hatte, beruhte auf den Tagebüchern seiner Mutter und hatte den Titel ›Private Confessions‹ bekommen.

In gewisser Weise schloß sich somit der Kreis. Liv hatte ihren internationalen Durchbruch mit ›Persona‹ geschafft. Heute – beinahe dreißig Jahr später – sollte sie die Regie für Bergmans Bericht über seine eigenen Eltern übernehmen. Es war in jeder Hinsicht eine große Anerkennung für Liv als Künstlerin.

Aber es war nicht die Regisseurin Liv Ullmann, die an diesem Tag am glücklichsten war, es war der Mensch und die Freundin. Endlich sollten Trauer und Reue, weil sie abgelehnt hatte, die Hauptrolle in ›Fanny und Alexander‹ zu spielen, wiedergutgemacht werden. Noch einmal sollte sie mit Ingmar Bergman an einem Film zusammenarbeiten, aber dieses Mal würde sie hinter der Kamera stehen.

An diesem Tag hätte niemand sie glücklicher oder dankbarer machen können. Und sie brauchte ein wenig Aufmunterung mitten in den Aufnahmen zum ›Kristin-Film‹. Es stand nicht nur der Film auf dem Spiel.

»Braatens flight BU 4233 nach Trondheim, Gate 3. Wir sind soeben gelandet.«

Sven Nykvist, Cilla Drott und Liv Ullmann erhoben sich mühsam, ließen die Zeitungen liegen und bewegten sich langsam zum Ausgang. Nach einer mehrstündigen Reise sollten sie nun Pernilla August und Thomas Hanzon mit der Kamera einfangen. Der übrige Teil des schwedischen Teams steckte bereits mitten in den Vorbereitungen.

Vor Liv Ullmann lagen weitere Monate mit Filmaufnahmen. Anschließend sollte das Rohmaterial zu zwei Versionen verarbeitet werden, zu einer für das Fernsehen in zwei Episoden und zu einer für das Kino. Es kam ihr durchaus gelegen, daß sie viel zu tun hatte. Die Arbeit an ›Kristin Lavranstochter‹ hatte sie die Ehe mit Donald Saunders gekostet. Er wollte die Scheidung. Es war ein hoher Preis, den sie für die Umsetzung von Sigrid Undsets hübschem Liebesdrama in einen Spielfilm bezahlte.

Die Aufnahmen zu ›Private Confessions‹ begannen an dem kleinen Bahnhof Løkken, ein paar Kilometer von Orkanger entfernt. Der Rest wurde in Uppsala und Stockholm gedreht, zum größten Teil in den Studios des Filmhuset.

›Private Confessions‹ war kein aufwendiger Film mit vielen

Schauspielern und Komparsen, eher ein Kammerspiel. Vor wie hinter der Kamera hatte Liv Ullmann die besten Leute, die Schweden zu bieten hatte. Der größte Teil der Mitarbeiter hatte Bergman viele Jahre lang begleitet. Viele hatten mit ihr zusammengearbeitet, als sie noch Schauspielerin war. Jetzt freuten sie sich auf die Zusammenarbeit mit ihr als Regisseurin.

Max von Sydow und Hasse Alfredsson waren ebenfalls alte Bekannte. Sämtliche Mitarbeiter waren Profis bis in die Fingerspitzen. Die Dreharbeiten begannen auf hohem Niveau. Es gab keine Treppe, die es zu besteigen galt; alle fingen auf der obersten Stufe an. Sie hatten ein gemeinsames Gefühlsbarometer.

Es war in gewisser Weise, als käme man nach Hause. Nach Hause nach Schweden, das einmal Livs zweite Heimat gewesen war.

Hier ist der Ton ein anderer als in Norwegen. Es herrscht ein etwas größerer Abstand zwischen den Menschen. Man ist höflicher zueinander. Man behandelt den anderen mit mehr Respekt. Das war besonders deutlich zu erkennen im Umgang mit Liv Ullmann. Ich weiß nicht, ob es Einbildung ist, aber es kam mir vor, als fühlte sich Liv hier sicherer als in Norwegen. Es war, als müsse sie sich weniger verteidigen. Hier ist sie Bergman-Star und die Auswanderer-Kristina, die bei den Schweden zu Gast gewesen war und jetzt in einer neuen Rolle zurückgekehrt ist. Man freut sich über ihren Besuch.

Natürlich reden sich alle mit Vornamen an. Es klingt nur anders. Und wenn Liv eine Entscheidung trifft, ist sie nicht Gegenstand von Diskussionen. Die Regisseurin hat stets das letzte Wort. Einwände werden gehört, aber die Atmosphäre ist insgesamt so, daß man sich seiner Sache ziemlich sicher sein sollte, bevor man den Mund aufmacht. Das hat zur Folge, daß die Dreharbeiten ruhiger vonstatten gehen, glatter als es in Norwegen den Anschein haben kann. Vielleicht ist Liv in Stockholm deshalb entspannter.

Auf alle Fälle war es in jeder Hinsicht eine leichtere Produktion. ›Kristin Lavranstochter‹ und ›Private Confessions‹ lassen sich hinsichtlich Umfang und Schwierigkeitsgrad als Produktionen nicht vergleichen. Trotzdem bildete auch hier der Umgang mit dem Stab eine Herausforderung an die Regisseurin.

Liv Ullmann interessiert sich nicht sonderlich für den technischen Teil der Dreharbeiten, aber die schöpferische Atmosphäre mit den Schauspielern liegt ihrem Wesen. Sie weiß, was es heißt, Schauspieler zu sein. Sie weiß, wovor Schauspieler Angst haben, was sie befreit und was sie bindet. Sie weiß, wann sie sich verstecken und wann sie Schwierigkeiten haben. Sie kennt ihre innersten Triebkräfte. Sie weiß, wann sie lügen und wann sie ehrlich sind.

Als Regisseurin spielt sie ihnen niemals eine Szene vor, um zu zeigen, wie sie sie haben will. Viele Regisseure, die zuvor Schauspieler gewesen waren, gehen in diese Falle. Nicht Liv Ullmann. Mit *keiner* Bewegung, mit *keinem* Tonfall. Aber sie gibt ihnen den äußeren Rahmen vor. Sie hilft bisweilen mit einem Bild: »Das ist es, worum es hier geht. Hier kannst du noch etwas weitergehen. Hier solltest du dich etwas mehr zurückhalten. Hier kannst du sozusagen machen, was du willst. Hier solltest du gegen den Text spielen ... Wenn du mit diesem Satz Probleme hast, können wir ihn streichen.«

Sie ist die ganze Zeit präsent und meistens auf Seiten der Schauspieler. Wenn ein Konflikt zwischen Technik und Schauspielern entsteht, wird auf die Wünsche der Schauspieler stets größere Rücksicht genommen. Da ist sie kompromißlos. Auch Sven Nykvist ist der Meinung, die Kamera solle dem Schauspieler dienen und nicht umgekehrt. Beide sind sie auf der Suche nach dem menschlichen Ausdruck, und den findet man am ehesten in den Gesichtern, bevorzugt in Nahaufnahmen. Ein Erbe von Bergman? Ganz gewiß.

Liv Ullmann steckt enorm viel Zeit und Kraft in die Vorarbeit.

Das vermittelt dem gesamten Team Sicherheit, auch den Schauspielern. Aber was macht sie eigentlich mit ihnen? Weshalb arbeiten die Schauspieler so gerne mit ihr zusammen?

Ein Regisseur ist eine Art Dirigent. Der Regisseur soll den Überblick über das Ganze haben. Das ist seine wichtigste Aufgabe. Außerdem soll er aus allem das Beste herausholen und es zu einem Bild wie aus einem Guß zusammenfügen. Das ist im Grunde seine Aufgabe, macht uns aber nicht schlauer.

Lassen Sie mich ein Beispiel anführen:

Ich habe einmal eine Fernsehsendung über die ganz großen Dirigenten gesehen: Furtwängler, Toscanini, Karajan, Leonard Bernstein, Bruno Walter und andere. Eine Geschichte in dieser Sendung hat mich nachhaltig beeindruckt.

Die Berliner Philharmoniker hatten einen Paukisten, der Werner Thärichen hieß. Er erzählte von einer Orchesterprobe an Brahms 4. Symphonie, ohne den Namen des Dirigenten zu erwähnen.

»Sie wissen, wie es uns Paukisten ergeht. Wir haben zwischendurch oft lange Pausen. Ich hatte Komposition studiert mit dem Gedanken, Dirigent zu werden, und nun legte ich die Partitur auf meine Pauken und folgte dem Dirigenten. An der Aufführung war nichts falsch, aber die Musik hatte deutlich Probencharakter. Dann, ganz plötzlich, bekam alles einen anderen Klang. Es klang voller, genauer, lebhafter.

Ich begriff überhaupt nichts. Betrachtete den Dirigenten – er tat genau das gleiche wie vorher. Ich betrachtete meine Kollegen. Auch bei ihnen war nichts Ungewöhnliches zu beobachten. Ich blickte in den Saal, und dort fand ich die Erklärung.

Wilhelm Furtwängler hatte den Saal betreten und stand hinten an der letzten Reihe. Das Orchester hatte ihn erblickt. Durch seine bloße Anwesenheit hatte er hundert Mann dazu gebracht, sich voll zu konzentrieren und ihr Bestes zu geben!« ·

Das englische Wort für Dirigent, *conductor*, umfaßt auch die Bedeutung elektrischer Leiter oder überhaupt irgendeine Form von energetischer Leitung. Auch der Dirigent überträgt seine Energie auf das Orchester. Er ist der lebende Beweis für angewandte Telepathie.

Genauso verhält es sich mit einem guten Regisseur. Er braucht einem Schauspieler nicht allzuviel vorzugeben. Es ist seine Persönlichkeit, seine Ausstrahlung, Präsenz und Autorität, die den Schauspieler über sich selbst hinauswachsen läßt.

Pernilla August spielte als Anna Bergman die Hauptrolle in ›Private Confessions‹. Sie hat früher bereits für Ingmar Bergman gearbeitet, sowohl im Film ›Fanny und Alexander‹ als auch auf der Bühne. Sie versuchte, Livs Regiearbeit in Worte zu fassen:

»Es gibt eine geschwisterliche Ähnlichkeit zwischen Ingmar und Liv, wenn es um Regieführung geht. Mit Liv ist es sehr persönlich, man hat ständig kleine Geheimnisse, und es ist gut, daß es Geheimnisse bleiben, daß sie nicht ins ganze Studio hinausposaunt werden. Sie weiß die ganze Zeit über, wie weit ich gehen kann, und gibt mir kleine Anstöße. Man muß schon ein guter Regisseur sein, um zu wissen, wie sehr man einen Schauspieler schubsen kann.«

Am letzten Drehtag im Studio des Filmhuset in Stockholm kommt Ingmar Bergman zu Besuch. Die meisten kennen ihn. Es ist ein ergreifender Moment. Liv sitzt auf seinem Schoß und umarmt ihn, drückt ihn an sich.

»Ingmar, jetzt sind wir fertig mit deinem Film. Wir hatten phantastische Schauspieler, und es war so toll . . .« Weiter kommt sie nicht. Er sieht sie an und fällt ihr ins Wort:

»Es ist nicht mehr mein Film, ihr habt ihn längst erobert.«

Als Liv die letzten Handgriffe am Schnitt vornahm und nur noch ein paar Schönheitsreparaturen beim Ton ausstanden, besuchte ich sie im Studio in Stockholm. Das Resultat flimmerte über die Leinwand. Es war ein toller Anblick. Während Pernilla August und Samuel Fröler ihren bitteren Ehekrieg ausfochten, sprach sie zu mir, aber mindestens ebenso zu den Figuren auf der Leinwand:

»Normalerweise ist es für mich am wichtigsten, wenn die Schauspieler zufrieden sind, wenn ich nicht Gewalt gegen sie verübt habe. Aber dieses Mal wünsche ich mir, Ingmar zu zeigen, daß ich ihn verstanden habe. Und ich glaube, ich habe ihn verstanden. Nicht, daß ich diesen Film besser hinbekommen habe, als er es gekonnt hätte, aber anders. Vielleicht habe ich ihm etwas mitgegeben, das Ingmar selbst nicht gesehen hat.«

Als die dreieinhalbstündige Fernsehversion in Norwegen kurz nach Weihnachten 1996 gesendet wurde, war die Kritik verhalten. Als ›Private Confessions‹ im Jahr darauf als Weihnachtsfilm in verkürzter Version von knapp zwei Stunden ausgestrahlt wurde, wurde er mit Begeisterung aufgenommen.

»Obsessive Gespräche« lautete die Schlagzeile im ›Dagbladet‹. »Der Film handelt vom Konflikt zwischen Freiheit und Treue, Liebe und Loyalität, Wahrheit und Lüge und von Einsamkeit. ›Private Confessions‹ ist voller Sinn und Verstand, voller Erlebnisse und Tiefsinn. Schwer zu sagen, was den größten Eindruck hinterlassen hat: Pernilla Augusts Kraftakt, Liv Ullmanns sensible Regie oder einfach die Tatsache, daß zweistündige Gespräche einen so sehr fesseln können.«

Per Haddal von ›Aftenposten‹ schrieb: »Bessere Arbeit hat kaum ein Norweger in diesem Jahr dem Kino vorgelegt, wenngleich es ein ertragreiches Jahr für den heimischen Film war. Wer erwartet, daß das Kino neben Erlebnissen auch Erkenntnisse zu bieten hat, wird hier auf seine Kosten kommen. In aller Vertraulichkeit.«

Diese Kritiken waren Heiligabend 1997 zu lesen. Acht Monate später gab Liv Ullmann ihr Debüt als Theaterregisseurin am »Norske Theater« in Oslo. Auf Bühne 2 fand die Premiere von ›Mittagswende‹ des Franzosen Paul Claudel statt. Das Stück handelt von den letztgültigen Fragen des Lebens: Liebe, Verrat, Leid, Tod und Erlösung. Es handelt vom Weg zu Gott durch die Frau.

Der Text ist wunderschön poetisch, aber keineswegs einer der einfacheren in der moderneren Theatergeschichte. Es ist eine große Herausforderung für den Schauspieler, ihn auf der Bühne mit Leben zu füllen. Regie dabei zu führen, ist ein nahezu halsbrecherischer Akt. Trotzdem ist es gerade dieses Stück, das Liv Ullmann als Debüt für ihre Laufbahn als Theaterregisseurin gewählt hat.

Weshalb muß sie es sich selbst so schwer machen? Weshalb sollte sie mit einem derart schwer zugänglichen Stück beginnen?

Die Antwort ist einfach: weil es sie interessiert. Claudels Text fesselt sie. Sie hält ihn für allgemein menschlich und universal. Ihr Wunsch ist es, ihn zum Leben zu erwecken, auf der Bühne in Oslo, heute. Das ist mutig.

»Sie war so ganz anders, als ich geglaubt hatte«, erzählte mir Bjørn Floberg. Er hatte den Amalric gespielt, eine der drei männlichen Rollen des Stücks. »Ich hatte sie für ätherisch und naiv gehalten, und dabei war sie scharfsinnig und witzig, ja aggressiv. Außerdem ist sie sexy. Meine einzige Kritik: ihr Respekt vor dem Theater, den Schauspielern und dem Text ist möglicherweise ein wenig zu groß, sie ist vielleicht nicht zynisch genug. Aber gleichzeitig breitet sie um uns Schauspieler einen wärmenden Mantel.«

Nina Woxhollt, die die weibliche Hauptrolle der Ysé gespielt hat, war begeistert: »Sie ist analytisch, aber das ist nicht zu sehen. Zu sehen sind ihr Humor, ihre Gefühle, ihre verrückten Ideen und ihre Liebe. Sie gibt sich ganz hin und bringt uns dazu, es ihr gleichzutun. Ich habe noch nie mit einem vergleichbaren Regisseur gearbeitet.«

Für den Intendanten, Vidar Sandem, war sie eine zielgerichtete, kompromißlose, ergebnisorientierte Regisseurin, die sich zu hundert Prozent für das Theater einsetzte. »Es liegt einzig an ihr, ob sie für dieses Haus weiterarbeitet.«

Der Applaus nach der Aufführung schien darauf hinzudeuten, daß Liv Ullmanns gewagter Versuch, Claudels Text zum Leben zu erwecken, gelungen ist. Selten habe ich während der Schlußszene eines Stücks eine derart ohrenbetäubende Stille im Theatersaal erlebt. Es war kompromißloses und befreiendes Theater.

Sie war wieder dort angelangt, wo sie angefangen hatte. Ihren endgültigen Durchbruch hatte sie mit der Rolle der Grusche in ›Der kaukasische Kreidekreis‹ auf der Bühne des »Norsk Theater« erlebt. Das war sechsunddreißig Jahr her, und sie war damals gerade vierundzwanzig geworden. Seit dieser Zeit hat sie zahlreichen Frauengestalten auf der Bühne, beim Film und im Fernsehen Leben verliehen. Mit ihren besten Leistungen hat sie Geschichte geschrieben. Fast immer hat sie die Zuschauer zum Nachdenken angeregt und zu Engagement aufgerufen. Stets hat sie nach neuen Aufgaben, neuen Herausforderungen gegriffen.

Mehrmals, seit ich Liv Ullmann kenne, habe ich mich dabei ertappt, wie ich darüber nachdenke, wer sie eigentlich ist. Oder besser gesagt: wann sie wirklich sie selbst ist? Ihr eigentliches Selbst?

Ich bin nach wie vor nicht sicher. Sie ist so viel. Aber bei der Arbeit, glaube ich, ist sie wirklich sie selbst.

Für sie ist die Arbeit als Regisseurin nahezu eine Notwendigkeit. Früher war es die Schauspielerei. Jetzt ist es die Regie. Es ist ein Spiel voller Ernst. Die Regie ist ein Spiel mit der Wahrheit, der Lüge, mit Illusionen und anderen Menschen. Aber was bei dem Spiel herauskommt, ist bitterer Ernst.

Dort gibt sie sich ganz hin, für alle sichtbar.

Danksagung

Ich möchte gerne die Gelegenheit ergreifen, all denen zu danken, die ihre Zeit geopfert haben, um mir bei diesem Buch zu helfen. Manche wurden speziell für den Film über Liv Ullmann interviewt, andere nur für das Buch, einige waren mehrmals an der Reihe:

Donald Saunders, Bitten Øie, Kjell Erik Øie, Viggo Ullmann, Hans Jakob Stang, Jan Stang, Britt Kvaale, Anne Ruth Klein, Ingrid Liland, Inger Johanne Helland, Ingrid Rasch, Dickie Schibbye.

Bengt Forslund, Jan Troell, Cilla Drott, Sven Nykvist, Erland Josephson, Kai Larsen, Mischa Leszczylowski, Pernilla August.

Wenche Foss, Sverre Anker Ousdal, Toralv Maurstad, Joachim Calmeyer, Per Christensen, Kari Simonsen, Svein Erik Brodal, Edith Carlmar, Sverre Holm, Svein Selvig, Bjørn Floberg, Nina Woxhollt, Vidar Sandem, Arne Thomas Olsen.

José Quintero, Robert Lantz, Alexander H. Cohen, Sam Waterston, Anthony Harvey, Roy Helland, David E. Outerbridge, George Hearn, Mark Bartolini, Bob DeVecchio, Henry Kissinger, François Juliani.

Mein größter Dank geht an Liv Ullmann selbst für ihr Vertrauen, das es mir ermöglicht hat, zunächst einen Film über sie zu drehen und anschließend dieses Buch zu schreiben. Es erübrigt sich zu sagen, daß die Verantwortung für die Formulierungen und Ansichten in diesem Buch einzig bei mir liegt.

Oslo im November 1998, Edvard Hambro

Liv Ullmann in Film und Theater
(ausgewählte Rollen 1957–1998)

1957

Sjarmøren. »Oslo Nye Theater«
Das Tagebuch der Anne Frank. »Rogaland Theater«
Fjols til fjells. Regie: Edith Carlmar (no.)

1958

Aus dem Leben der Insekten. Karel Čapek. »Rogaland Theater«
Schau heimwärts, Engel. (Nach Thomas Wolfe) »Rogaland Theater«

1959

Kristin Lavranstochter – Der Kranz. Sigrid Undset. Dramaturgie/
Manuskript von Tormod Skagestad. »Rogaland Theater«
Der Flüchtling. Fritz Hochwälder. »Rogaland Theater«
Die Kronprätendenten. Henrik Ibsen. »Rogaland Theater«
Ung flukt. Regie: Edith Carlmar (no.)

1960

Hamlet. Shakespeare. »Rogaland Theater«
Die wunderbare Reise des kleinen Nils Holgersson. Selma Lagerlöf.
Regie: Erik Lassen. Hörspiel/NRK

1961

Die Flüchtende. Ugo Betti. Das »Norske Theater«
Svalene flyr lavt. Finn Havrevold. Regie: Jack Fjeldstad. Hörspiel/
NRK
En ung manns kjærlighet. Nordahl Grieg. Regie: Knut Thomma-
sen. Hörspiel/NRK
Prozeß Jesu. Diego Fabbri. Das »Norske Theater«

1962

Der kaukasische Kreidekreis. Bertolt Brecht. Regie: Peter Palitzsch.
Das »Norske Theater«
Brennande mørke. Antonio Buero Vallejo. Das »Norske Theater«
Peer Gynt. Henrik Ibsen. Das »Norske Theater«
Viel Glück, Tonnie. (Nach Jens Bjørneboe) Regie: Nils R. Müller
(no.)
Pan (Short is the summer). Regie: Bjarne Henning-Jensen (sw.)

1963

Ungen. Oskar Braaten. Das »Norske Theater«
Mitmensch. Olav Duun. Das »Norske Theater«
Faust. Goethe. Nationaltheater
Onkel Wanja. Anton P. Čechow. Regie: Gerhard Knoop. Fern-
sehtheater/NRK
Ein Bankrott. Bjørnsterne Bjørnson. Regie: Olafr Havrevold.
Hörspiel/NRK

1964

Herr Puntila und sein Knecht Matti. Bertolt Brecht. Regie: Peter Palitzsch. Das »Norske Theater«
Romeo und Julia. Shakespeare. Nationaltheater
Asmodi. François Mauriac. Regie: Tormod Skagestad. Hörspiel/NRK
Die Frau vom Meere. Henrik Ibsen. Regie: Hans Heiberg. Hörspiel/NRK

1965

De kalte ham Skarven. Regie: E. F. Gustavson (no.)
Die heilige Johanna. G. B. Shaw. Regie: Arild Brinchmann. Hörspiel/NRK
Smeltedigelen. Arthur Miller. Regie: Knut M. Hansson. Fernsehtheater/NRK
Persona. Regie: Ingmar Bergman (sw.)[1]
Jeanne d'Arc/Die heilige Johanna. G. B. Shaw. Nationaltheater

1966

Die Stunde des Wolfs. Regie: Ingmar Bergman (sw.)
Den ytterste dagen. Stig Dagermann. Regie: Jack Fjeldstad. Hörspiel/NRK
Quinder, kvinder, kvinner. Sandro Key-Åberg. Nationaltheater

---

[1] Die Bergman-Filme sind unter dem Produktionsjahr aufgeführt.

1967

Sechs Personen suchen einen Autor. Luigi Pirandello. Nationaltheater
Schande. Regie: Ingmar Bergman (sw.)
Die Cocktail-Party. T. S. Eliot. Regie: Michael Elliott. Fernseh-
theater/NRK

1968

An-Magritt. (Nach Johan Falkberget). Regie: Arne Skouen (no.)

1969

Eine Passion. Regie: Ingmar Bergman (sw.)

1970

Der unheimliche Besucher. Regie: Lazlo Benedek (am.)
Kalter Schweiß. Regie: Terence Young (am.)

1971

Die Auswanderer (später: *Die Emigranten*). (Nach Vilhelm Moberg).
Regie: Jan Troell (sw.)
Britannicus. Jean Racine. Nationaltheater
Schreie und Flüstern. Regie: Ingmar Bergman (sw.)

1972

Lost Horizon. Regie: Charles Jarrott (am.)
Papst Johanna. Regie: Michael Anderson (eng.)
Die Siedler (später: *Das neue Land*). Regie: Jan Troell (sw.)
Szenen einer Ehe. Regie: Ingmar Bergman (sw.)

1973

Brand. Henrik Ibsen. Regie (und Dramaturgie): Bjørn Endreson.
Das »Norske Theater«
Forty Carats. Regie: Milton Katselas (am.)

1974

Ein Puppenheim. Henrik Ibsen. Das »Norske Theater«
Fremd unter heißer Sonne. Regie: Jan Troell (am.)
The Abdication. Regie: Anthony Harvey (am.)

1975

Eleonore. Regie: Juan-Luis Buñuel (fr.)
Von Angesicht zu Angesicht. Regie: Ingmar Bergman (sw.)
Ein Puppenheim. Henrik Ibsen. Regie: Tormod Skagestad. Vivian
Beaumont Theatre, New York
Pygmalion. G. B. Shaw. Maxims, Stockholm

1976

Ein Mond für die Beladenen. Eugene O'Neill. Regie: José Quintero.
»Oslo Nye Theater«
Das Schlangenei. Regie: Ingmar Bergman (dt./am.)

1977

Die Brücke von Arnheim. Regie: Richard Attenborough/Sidnye
Hayers (eng./am.)
Anna Christie. Eugene O'Neill. Regie: José Quintero. Imperial
Theatre, Broadway
A Look at Liv/Norway's Liv. Regie: Richard Kaplan (am.) (Do-
kumentarfilm über Liv Ullmann)
Herbstsonate. Regie: Ingmar Bergman (sw.)

1979

I Remember Mama. Richard Rogers (Musical). The Majestic
Theatre, Broadway
Die geliebte Stimme. Jean Cocteau. Regie: José Quintero. The
New Yorker Television
Die Frau vom Meere. Henrik Ibsen. Regie: Per Bronken. Fernseh-
theater/NRK

1980

Richard's Things. Regie: Anthony Harvey (eng.)

1982

Love. Regie: Liv Ullmann. Kurzfilm (kan.)
Die Wildente. Henrik Ibsen. Regie: Henri Safran (austr.)

1983

Jenny. Sigrid Undset. Regie: Per Bronken. Fernsehtheater/NRK
Der Weg durch die Hölle. Regie: Linda Yellen (am.)

1984

The Bay Boy. Regie: Daniel Petrie (kan./fr.)

1985

Alte Zeiten. Harold Pinter. »Royal Haymarket Theatre«, London

1986

Mutter Courage und ihre Kinder. Bertolt Brecht. Regie: Peter Palitzsch. Das »Norske Theater«
Speriamo che sia femmina. Regie: Mario Monicelli (it.)

1987

Gaby – Eine wahre Geschichte. Regie: Luis Mandoki (am.)
Farewell Moskau. Regie: Mauro Bolognini (it.)

1989

Rosengarten. Regie: Fons Rademakers (am./dt.)

1990

Kurze Begegnung. Noel Coward. Regie: José Quintero. Victoria Theater
Wendezeit. Regie: Bernt Capra (am.)

1991

Der Ochse. Regie: Sven Nykvist (sw.)

1992

Sofie. Regie: Liv Ullmann (dän.)
Der lange Schatten. Regie: Vilmos Zsigmond (am.)

1994

Ein Traumspiel. (Nach Strindberg) Regie: Unni Straume (no.)
Zorn. Regie: Lars Säfström/Gunnar Helström (sw./nord.)

1995

Kristin Lavranstochter. Sigrid Undset. Regie: Liv Ullmann (no.)
(Für das Fernsehen in drei Teilen, 1997)

1996

Private Confessions. Drehbuch: Ingmar Bergman. Regie: Liv Ullmann (sw.) (Für das Fernsehen in zwei Teilen; als Spielfilm 1997)

1998

Mittagswende. Paul Claudel. Regie: Liv Ullmann. Das »Norske
Theater«

Literatur

Arctander, A. M. St.: ›Skolemannen Viggo Ullmann. Et minde‹, Kviteseid 1913

Andersen, Merete Morken: ›Ibsenhåndboken‹, Oslo 1995

Andersson, Bibi: ›Ett ögonblick‹, Stockholm 1996

Bergman, Ingmar: ›Mein Leben‹, Reinbek 1992

Bergman, Ingmar: ›Bilder‹, Köln 1991

Bergman, Ingmar: ›Persona‹ und ›Schande‹, Drehbuch

Bergman, Ingrid/Burgess, Alan: ›Mein Leben‹, Frankfurt/Main/Berlin [7]1992

Björkman, Stig/Manns Torsten/Sima, Jonas: ›Bergman über Bergman‹, Frankfurt/Main 1987

Cowie, Peter: ›Ingmar Bergman‹, New York 1982

Eidem, Odd: ›Sett fra min plass‹, Oslo 1965

Ferguson, Robert: ›Henrik Ibsen: eine Biographie‹, München 1998

Garfinkel, Bernie: ›Liv Ullmann, Ingmar Bergman: Szenen aus zwei Leben‹, Bergisch Gladbach 1977

Jensen, Johan O.: ›Trondheim. Vår barndoms by‹, Oslo 1996

Josephson, Erland: ›Spielräume: Notizen während einer Tournee mit Peter Brooks Inszenierung des Kirschgarten vom 24.2.1989 – 15.5.1989‹, Berlin 1991

Josephson, Erland: ›Sanningslekar‹, Stockholm 1990

Josephson, Erland: ›Vita sanningar‹, Stockholm 1995

Jung, C. G.: ›Die Archetypen und das kollektive Unbewußte‹ (Hrsg.: Lilly Jung-Merker, Elisabeth Rüf), Solothurn/Düsseldorf 1995

Lorenz, Astrid: ›Forstandens lys og hjertets varme. Kvinnesilhu-
etter i slektsramme: Conradine Dunker – Vilhelmine Ullmann‹,
Oslo 1996

Mæhle, Leif (Hrsg.): ›Det Norske Teatret 75 år‹, Oslo 1988

Outerbridge, David E. (Hrsg.): ›Liv Ullmann: eine Biographie in
Bildern‹, München 1980

Outerbridge, David E.: ›Liv Ullmann: ihre Filme – ihr Leben‹,
München 1984

Slettbak, Nils (Hrsg.): ›Det Norske Teatret 50 år‹, Oslo 1963

Sontag, Susan: ›Styles of Radical Will‹, New York 1969

Spoto, Donald: ›Ingrid Bergman‹, München 1998

Ullmann, Liv: ›Wandlungen‹, Bern/München/Wien 1976

Ullmann, Liv: ›Gezeiten‹, Bern/München/Wien 1985

Ullmann, Vilhelmine: ›Fra Tyveaarene og lidt mere‹, Kristiania
1903

Undset, Sigrid: ›Kristin Lavranstochter‹, Berlin/Bonn/Herbig
1949

Vindsetmo, Bjørg (Hrsg.): ›Ord av Ibsen‹, Oslo 1998